经济思想管窥

A restricted view on economic thought

田学斌 ◎编著

中国言实出版社

图书在版编目（CIP）数据

经济思想管窥 / 田学斌编著 . ——北京 : 中国
言实出版社 , 2014.7
ISBN 978-7-5171-0545-9

Ⅰ . ①经… Ⅱ . ①田… Ⅲ . ①经济思想－研究 Ⅳ .
① F09

中国版本图书馆 CIP 数据核字（2014）第 129358 号

责任编辑：王蕙子

出版发行　中国言实出版社

　　　　　地　　址：北京市朝阳区北苑路 180 号加利大厦 5 号楼 105 室
　　　　　邮　　编：100101
　　　　　编辑部：北京市西城区百万庄路甲 16 号五层
　　　　　邮　　编：100037
　　　　　电　　话：64924853（总编室）64924716（发行部）
　　　　　网　　址：www.zgyscbs.cn
　　　　　E-mail：zgyscbs@263.net

经　销　新华书店
印　刷　三河市祥达印刷包装有限公司
版　次　2014 年 8 月第 1 版　2014 年 8 月第 1 次印刷
规　格　710 毫米 ×1000 毫米　1/16　19.5 印张
字　数　260 千字
定　价　68.00 元　ISBN 978-7-5171-0545-9

自序

　　这本小册子是由我几十年来学习经济学的笔记整理出来的。准确地说，是我在阅读大量经济学经典著作的时候，自己感到精彩的地方就摘录下来，日积月累，形成卷帙。所以，书名叫《经济思想管窥》。

　　这里的所谓"经济思想"，都是指中外世界上众多经济学家的思想。从亚当·斯密到马克思，从萨缪尔森到曼昆。书中的内容都是原原本本地从这些人的经典著作中抄录下来的，没有一句话是我本人的。我只是一个"搬运工"，从经典作家的著作中搬到我的笔记本上，再从我的笔记本搬到这个小册子中，所做的工作只是归类和衔接。其名之所以为"管窥"者，一是这本小册子所表述的经济思想，只是编者从自己所读的有限的书中摘录的，虽然这些著作很多都是经过较长时间的历史浪淘沙汰后公认的代表性名著，但毕竟不是人类经济学著作的全部；另一方面，这些思想只是我自己觉得重要和精彩，别人未必都会觉得是最重要最精彩的，由于我的经济学修养和知识水平及眼力所限，挂一漏万、丢了西瓜拣芝麻也就难免，所以只能称"管窥"，似为切中。有的同行阅读了书稿后建议改为《经济思想述评》，我反复斟酌，觉得还是现在的书名为宜。一是因为这里面基本都是经典作家原汁原味的思想，根本就没有我的"述"和"评"，不是说我不能写点述评之类的文字，但我反复想，对于这样一些人类经济思想的顶尖级的智慧，本身就是一场精致的思想盛宴，如果由我再进行"述评"，未免"添油加醋"，可能未必适合读者的"胃口"。因此，还是慎为评头品足为宜。牢记"述而不作"、"信而好古"的古训，方为明智之举。让读者自己去念"真经",去咀嚼、体会,更会能品到真味,领悟真谛。也是出于这一理念,在书的正文中并没有注出哪条思想、哪个观点出自哪位经济学家的哪本著作,以免误导读者"以名取文"。

我总认为,真理应该靠自己来探求。对于一个理论、一种思想的价值和真伪应通过阅读者本人的思考辨析来做结论,而不能只以作者的名声定高下,这样才能求得真知,启迪心智。翻阅本书后面的附录,读者就能了解,这些"思想"是出自哪些经济学家和他们的作品。

"大智兴邦,不过集众思。"在所有这些经济学家的名著中,蕴藏着人类经济思想的精华,继承和扬弃这些人类共同智慧的结晶,让它们薪火相传,是当代学人义不容辞的责任。在我们探寻解决人类生存和发展面对的共同难题的时候,只有站在巨人的肩上,才能看得更远;只有海纳百川、兼收并蓄,"用人类创造的全部知识丰富自己的头脑"。让各种思想交融碰撞,才能闪现出创新的火花,从而,我们的头脑才会更加理性睿智,我们的民族才能不断走向文明进步。以上是我对本书的一点说明,也算是序言吧!

田学斌

2014 年 6 月

A RESTRICTED VIEW
ON ECONOMIC THOUGHT

目录

第一章
经济学的基本理论

A RESTRICTED VIEW ON ECONOMIC THOUGHT

1

大海处处趋向于某一水平面，但是它从未精确地处于水平状态；它的表面经常被波浪扰乱，而且往往因有狂风暴雨而波涛汹涌。这里只须指出：至少是在外洋，没有一处是经久不变地高于别处的。各处都时高时低，但整个大洋却保持着它的水平面。

在现今人类进步程度较低的情况下，使人们接触与自己不同的人，接触自己不熟悉的思想方式和行为方式，其意义之大，简直是无法估计的。

任何一个民族都需要向其他民族借鉴一些东西，不仅在特殊的技术或做法上是如此，而且在不如其他民族的基本民族特性上也是这样。通商首先使各民族认识到，应当以善意来看待彼此的财富和繁荣。……他们从其他国家的富裕和进步中发现了本国富裕和进步的直接源泉。国际贸易的高度扩展和迅速增加，是世界和平的主要保证，是人类的思想、制度和品性不断进步的巨大而永久的保障。

2

如果我们要作出明智的抉择，我们就必须了解我国制度的运行所依赖的基本原则，既要了解亚当·斯密提出的经济原则，又要了解杰斐逊提出的政治原则。斯密的经济原则告诉我们一个复杂的、有组织的、顺利运行的制度为什么能在没有中央指导的情况下获得发展并繁荣兴旺，同时告诉我们通过什么样的方法可以不采用强制性手段而使人们相互协作。我们必须懂得为什么试图以中央指导代替合作会造成那么多损害。我们也必须懂得政治自由和经济自由之间的密切关系。

亚当·斯密的天才的闪光在于他认识到，在买者和卖者之间的自愿交易中——简单地说就是在自由市场上——出现的价格能够协调千百万人的活动。人们各自谋求自身利益，却能使每一个人都得益。

3

价格在组织经济活动方面起三个作用：第一，传递情报；第二，提供一种刺激，促使人们采用最节省成本的生产方法，把可得到的资源用于最有价值的目的；第三，决定谁可以得到多少产品——即收入的分配。这三个作用是密切关联的。

一个人的所得如果不取决于其资源提供的劳务应得到的价格，那什么会刺激他寻找有关价格的情报或根据这个情报采取行动呢？如果不管雷德·阿德尔干不干堵塞失去控制的油井这种危险工作，他的收入都一样，那他为什么要干这样危险的工作呢？他可能因一时冲动干一会儿。但是他会以此为职业吗？如果不管努力工作与否，你的收入都一样，那你为什么要努力工作呢？如果你费了很大劲儿找到了愿意出最高的价钱购买你要出卖的东西的买主，但实际上却得不到任何好处，那你为什么还要这样做呢？如果积累资本得不到报酬，那么人们为什么要把现在可以享受的东西推迟到将来享受呢？为什么要积蓄呢？人们的自愿节制怎么会积累现在这么多物质资本呢？如果维持资本得不到报酬，那么人们为什么不把积累或继承的资本消耗掉呢？由此可见，如果人们不让价格影响收入的分配，他们也不能利用价格干别的事情。唯一的替代办法是实行控制。

4

经济学家们不可能知道很多的事情。但是，有一点我们知道得很清楚，即如何造成产品过剩和产品不足。你想使产品过剩吗？让政府通过法律规定最低价格，并让这一价格高于在没有政府干预的情况下流行的价格。我们曾多次采用这种方法使小麦、食糖、奶油和其他许多农产品过剩。

你想要产品不足吗？让政府通过法律规定最高价格，并让这一价格低于在没有政府干预的情况下流行的价格。这就是纽约市以及最近其他城市对出租的住宅做过的事情，并且，这也是所有这些城市正在遭受或即将遭受房荒之苦的原因。这就是第二次世界大战期间各种产品短缺的原因，也是现在出现能源危机和汽油短缺的原因。

5

"一国国民每年的劳动，本来就是供给他们每年消费的一切生活必需品和便利品的源泉"。在斯密看来，社会财富来自劳动，社会财富的增长，不单是取决于参加生产的劳动量，而更重要的是取决于更大的劳动生产率；对于资本主义社会来说，劳动的生产性，表现在它不只为劳动者本身生产作为劳动力价格的工资，还为资本家的资本生产利润，为地主提供的土地生产地租。

人由一种工作转到另一种工作时，通常要闲逛一会儿。

人类把注意力集中在单一事物上，比把注意力分散在许多种事物上，更能发现达到目标的更简易更便利的方法。最初的蒸汽机，原需雇用一个儿童，按活塞的升降，不断开闭汽锅与汽筒间的通路。有一次担任这工作的某儿童，因为爱和朋友游玩，他用一条绳把开闭通路的舌门的把手，系在机械的另一部分，舌门就可不需人力自行开闭。原为贪玩想出来的办法，就这样成为蒸汽机大改良之一。

哲学家和思想家的任务，不在于制造任何实物，而在于观察一切实物，所以他们常常能够结合利用各种完全没有关系而且极不类似的物力。各人擅长各人的特殊工作，不但增加全体的成就，而且大大增进科学的内容。

6

在一个政治修明的社会里，造成普及到最下层人民的那种普遍富裕情况的，是各行各业的产量由于分工而大增。各劳动者，除自身所需要的以外，还有大量产物可以出卖；同时，因为一切其他劳动者的处境相同，各个人都能以自身生产的大量产物，换得其他劳动者生产的大量产物，换言之，都能换得其他劳动者大量产物的价格。别人所需的物品，他能予以充分的供给；他自身所需的，别人亦能予以充分供给。于是，社会各阶级普遍富裕。

一个动物，如果想从一个人或其他动物处取得某物，除博得授与者的欢心外，不能有别种说服手段……我们人类，对于同胞，有时也采取这种手段。如果他没有别的适当方法，叫同胞满足他的意愿，他会以种种卑劣阿谀的行为，博取对方的厚意。不过这种办法，只能偶一为之，想应用到一切场合，却为时间所不许。一个人尽毕生之力，亦难博得几个人的好感。而他在文明社会中，随时有取得多数人的协作和援助的必要……不论是谁，如果他要与旁人做买卖，他首先就要这样提议。请给与我所要的东西吧，同时，你也可以获得你所要的东西：……我们每天所需的食料和饮料，不是出自屠户、酿酒家或烙面师的恩惠，而是出于他们自利的打算。我们不说唤起他们利他心的话，而说唤起他们利己心的话。我们不说自己有需要，而说对他们有利。社会上，除乞丐外，没有一个人愿意全然靠别人的恩惠过活。而且，就连乞丐，也不能一味依赖别人。诚然，乞丐生活资料的供给，全部出自善人的慈悲。虽然这种道义归根到底给乞丐提供了他所需要的一切东西，但没有，也不可能，随时随刻给他提供他所需要的东西。

7

霍布斯说：财富就是权力。但获得或承继大宗财产的人，未必就获得或承继了民政上或军政上的政治权力。他的财产，也许可以提供他一种获得政权的手段，但单有财产未必就能给他政权。财产对他直接提供的权力，是购买力，是对于当时市场上各种劳动或各种劳动生产物的支配权。

中国一向是世界上最富的国家，就是说，土地最肥沃，耕作最精细，人民最多而且最勤勉的国家。然而，许久以来，它似乎就停滞于静止状态了。今日，旅行家关于中国耕作、勤劳及人口稠密状况的报告，与五百年前视察该国的马可·波罗的记述比较，几乎没有什么区别。也许在马可·波罗时代以前好久，中国的财富就已完全达到了本国法律制度所允许的发展程度。各旅行家的报告，虽有许多相互矛盾的地方，但关于中国劳动工资低廉和劳动者难于赡养家属的记述，则众口一辞。中国耕作者终日劳作，所得报酬若够购买少量稻米，也就觉得满足。

8

社会最大部分成员境遇的改善，决不能视为对社会全体不利。有大部分成员陷于贫困悲惨状态的社会，决不能说是繁荣幸福的社会。而且，供给社会全体以衣食住的人，在自身劳动生产物中，分享一部分，使自己得到过得去的衣食住条件，才算是公正。

天性要求，在紧张劳动之后，有一定程度的纵情快乐，有时只是悠闲自在一会，有时却是闲游浪荡和消遣娱乐。如不依从这要求，其结果常是很危险的，有时是致命的，不然，迟早亦会产生职业上的特殊疾病。如果雇主听从理性及人道主义的主宰，就不应常常鼓励劳动者勤勉，应当要他们适度地工作。我相信在各个行业，一个能工作适度的人，能够继续不断工作，不仅长期保持健康，而且在一年中做出比其他人更多的工作。

9

劳动所有权是一切其他所有权的主要基础……一个穷人所有的世袭财产，

就是他的体力与技巧。不让他以他认为正当的方式，在不侵害他的邻人的条件下，使用他们的体力与技巧，那明显的是侵犯这最神圣的财产。

不必要物品的价值，在贫穷困苦时期下降，正如它在富裕繁荣时期上升那样。必需品的情况与此不同。必需品的真实价格，即它们能支配或购买的劳动量，在贫穷困苦时期上升，在富裕繁荣时期下降。富裕繁荣时期，总是物资非常丰富的时期，否则就不能说是富裕繁荣时期。谷物是必需品，而白银只是不必要物品。

资本增加的直接原因，是节俭，不是勤劳。诚然，未有节俭以前，须先有勤劳，节俭所积蓄的物，都是由勤劳得来。但是若只有勤劳，无节俭，有所得而无所贮，资本决不能加大。节俭可增加维持生产性劳动的基金，从而增加生产性劳动者的人数。他们的劳动，既然可以增加工作对象的价值，所以，节俭又有增加一国土地和劳动的年产物的交换价值的趋势。节俭可推动更大的劳动量；更大的劳动量可增加年产物的价值。

10

每个人改善自身境况的一致的、经常的、不断的努力是社会财富、国民财富以及私人财富所赖以产生的重大因素。这不断的努力，常常强大得足以战胜政府的浪费，足以挽救行政的大错误，使事情日趋改良。譬如，人间虽有疾病，有庸医，但人身上总似有一种莫明其妙的力量，可以突破一切难关，恢复原来的健康。

战争与政治上的一般变革，可以容易地使以商业为唯一来源的富源趋于耗竭。通过比较可靠的农业改良而产生的富源就比较持久得多，除了由于敌对蛮族的侵凌而引起的持续一二百年之久的比较激烈的大变动，如罗马帝国崩溃前后西欧的大变动外，其他事件都破坏不了。

11

各个人都不断地努力为他自己所能支配的资本找到最有利的用途。固然，他所考虑的不是社会的利益，而是他自身的利益，但他对自身利益的研究自然会或者毋宁说必然会引导他选定最有利于社会的用途。

在这场合，像在其他许多场合一样，他受着一只看不见的手的指导，去尽力达到一个并非他本意想要达到的目的。也并不因为事非出于本意，就对社会有害。他追求自己的利益，往往使他能比在真正出于本意的情况下更有效地促进社会的利益，我从来没有听说过，那些假装为公众幸福而经营贸易的人做了多少好事。事实上，这种装模作样的神态在商人中间并不普遍，用不着多费唇舌去劝阻他们。

他们都感到，为了他们自身的利益，应当把他们的全部精力集中使用到比邻人处于某种有利的地位的方面，而以劳动生产物的一部分或同样的东西，即其一部分的价格，购买他们所需要的其他任何物品。

在每一个私人家庭的行为中是精明的事情，在一个大国的行为中就很少是荒唐的了。

12

在战争或政治上，邻国的财富，虽对我国有危险，但在贸易上，则确对我国有利益。在战时，敌国的财富，或可使敌国能够维持比我国强大的海陆军。但在和平的通商状态下，邻国的财富，必使他们能够和我们交换更大的价值，必对我国产业的直接生产物或用这种生产物购进来的物品，提供更好的市场。勤劳的邻近的富人，和穷人比较，是更好的顾客；邻近的富国，也是这样。经营同种制造业的富人，固然是邻近各同业者的危险邻人，但他的花费，可给邻近的其余一切人提供好的市场，所以，对绝大多数邻人是有利的。

想发财的私人，决不会退居穷乡僻壤，一定会住在首都或大商业都市。他们知道，财富流通极少的地方，所可取得的财富极少；财富流通极多的地方，可使有些财富归到他们手里……应该使全国国民都认为，邻国的富乃是本国可能获得财富的原因和机会。

我们应时常注意事物的本质，不必重视名称。

没有一种商业，比谷物贸易，更值得法律的充分保护，也没有一种商业，比谷物贸易更需要这种保护，因为没有一种商业，比谷物贸易，更容易引起人们的反感。

13

谚语说，兼营一切事业的不富。

在可自由而安全地向前努力时，各个人改善自己境遇的自然努力，是一个那么强大的力量，以致没有任何帮助，亦能单独地使社会富裕繁荣，而且还能克服无数的顽强障碍，即妨碍其作用的人为的愚蠢法律，不过这些法律或多或少地侵害了这种努力的自由，或减少了这种努力的安全。

但大商业资本所有者，必然是全国实业界的领袖和指导者。他们的榜样对国内全部勤劳民众生活方式的影响，比任何其他阶级的影响大得多。若雇主是小心的、节俭的，工人亦大都会如此；若主人是放浪的、随便的，那末佣工亦会按主人的榜样工作，亦会按主人的生活方式生活。

没有一个国家自动放弃过任何地方的统治权，尽管这个地方是怎样难于统治，尽管它所提供的收入与其所费相比是怎样微小。这种牺牲虽往往符合一国利益，但总会损害一国威信。更重要的也许是，这种牺牲，往往不符合其统治阶级的私人利益，因为他们对于许多有责任有利润的位置的处分权，将从此被剥夺，他们那许多获取财富与荣誉的机会，亦将从此被剥夺。

人们所以要参与公共事务的管理，主要是因为参与公共事务的管理可以取得重要地位。

14

有些有思想的医生，以为人体的健康只能靠食物及运动这两种正确养生方法来保持，稍有违犯，即将按违犯程度的比例而引起相等程度的疾病。但经验似乎告诉我们，在各种不同的养生方法下，人类身体常能保持最良好的状态，至少从表面上看是这样，甚至在一般认为很不卫生的情况下，也能保持健康。其实，人体的健康状态，本身就含有一种未被发觉的保卫力量，能在许多方面预防并纠正极不良卫生方法的不良结果。魁奈自己就是一个医生并且是个极有思想的医生，他似乎对于国家亦抱有同样的概念，以为只有在完全自由与完全公平的正确制度下，国家才能繁荣发达起来。他似乎没有考虑到，在一个国家内，各个人为改善自身境遇自然而然地、不断地所作的努力，就是一种保卫力量，能在许多方面预防并纠正在一定程度上是不公平和压抑的政治经济的不良结果。这种政治经济，虽无疑会多少阻碍一国趋于富裕繁荣的发展，但不能使其完全停止，更不能使一国后退。如果一国没有享受完全自由及完全主义，即无繁荣的可能，那世界上就没有一国能够繁荣了。幸运的是，在一个国家内，自然的智慧，对于人类的愚蠢及不公正的许多恶影响，有了充分的准备，来做纠正，正如在人体内，自然的智慧，有充分准备，来纠正人类的懒惰及无节制的不良结果一样。

15

我们不仅讨论真正的政治经济学，即讨论国民财富的性质与原因，而且讨论国家行政组织其他各部门。从有世界以来，有三个大发明在极大程度上给政治社会带来安定，这些发明，与其他丰富和装饰政治社会的许多发明无关。第一，是文字的发明，只有它使人类能把其法律、契约、历史和发明照原样传达下去。第二，是货币的发明，它使各文明社会联结起来。第三，是《经济表》，它是其他二种发明的结果，把这二者的目标弄得齐全，使它们完善；这是我们这个时代的大发现，而我们的子孙将从此获得利益。

中国的政策，就特别爱护农业。

中国幅员是那么广大，居民是那么多，气候是各种各样，因此各地方有各种各样的产物，各省间的水运交通，大部分又是极其便利，所以单单这个广大国内市场，就够支持很大的制造业，并且容许很客观的分工程度。就面积而言，中国的国内市场，也许并不小于全欧洲各国的市场。假设能在国内市场之外，再加上世界其余各地的国外市场，那末更广大的国外贸易，必能大大增加中国制造品，大大改造其制造业的生产力。

一切特惠或限制的制度，一经完全废除，最明白最单纯的自然自由制度就会树立起来。每一个人，在他不违反正义的法律时，都应听其完全自由，让他采用自己的方法，追求自己的利益，以其劳动及资本和任何其他人或其他阶级相竞争。

16

为了挤进这些阶层，他投身于对财富和显贵地位的追逐之中。为了获得这一切所带来的便利，他在头一年里受尽委曲，而且在潜心向上的第一个月内含辛茹苦，费尽心机，较之他在没有财富和地位时的全部生涯中所能遭受的痛苦更有甚之。他学习在某些吃力的职位上干得出色。他勤奋好强，夜以继日地埋头苦干，以获得胜过其竞争者的才能。然后，他努力在公众面前显示出这种才能，以同样的勤奋乞求每一个就业的机会。为了达到这一目的，他向所有的人献殷勤；他为自己所痛恨的那些人效劳，并向那些他所轻视的人献媚。他用自己的整个一生，来实行享受他也许永远不能享受的某种不自然的、讲究的宁静生活的计划，为此他牺牲了自己在任何时候都可以得到的真正安逸，而且，如果他在垂暮之年最终得到它，他就会发现，它们无论在哪方面都不比他业已放弃的那种微末的安定和满足好多少。……最后他开始醒悟：财富和地位仅仅是毫无效用的小玩意，它们同玩物爱好者的百宝箱一样不能用来实现我们的肉体舒适和心灵平静；也同百宝箱一样，给带着它们的人带来的麻烦不少于它们所能向他提供的各种便利。

17

经济学家中第一个在经济学里普遍采用"利益冲突"的说法的，是提出"稀少性"理论的休谟，而不是主张天赐"丰裕"论的洛克和斯密。可是休谟，以及后来的马尔萨斯，也使稀少性成为合作、同情、公道和财产的根据：假如一切东西都是无限的丰裕，那就不会有自私、不会有不公道、不会有财产权、不会有伦理学。

只有稀少的东西（实际稀少或是预料会减少），人们才缺乏和想望。因为它们是稀少的，它们的取得就由集体行动加以管理，集体行动规定财产和自由的权利与义务，否则就会发生无政府状态。因为这稀少性是经济学家所承认的事实，他们在他们的"需要"和"欲望"的概念里就预先设定了财产的制度。制度经济学公开地主张稀少性，而不是认为当然，并且肯定集体行动在一个有稀少性和私有财产以及因此而发生冲突的世界里解决冲突和维持秩序的适当地位。

这种永恒的智慧的观念（也就是至善的观念），使我也确信有一种永恒的道德律，自有一套它的"惩罚的办法"，此道德律"对一个有理性的人和一个对它进行研究的人，是和国家的成文法同样的可以理解，同样的明了：而且可能更明了，由于理智比较人们的幻想和错杂的计谋容易了解，这些幻想和计谋追求条文里所包含的彼此矛盾的和隐藏的利益"。

人类意志有一种奇怪的可是习见的能力，能在成百成千的复杂因素中，对某一个因素发挥作用，从而使其他因素靠它们本身内在的力量，产生所希望的结果。

18

十九世纪的经济学家只采取了马尔萨斯在其《人口论》一书前半部里所讲的人口过剩的唯物主义的基础，而马尔萨斯本人认为他的重大贡献却是后半部里他的"道德进化"理论。也即人类性格的道德进化理论。他是第一个科学的进化论者，实际上也是第一个科学的经济学家，因为他的理论不是从假设引申出来的。

邪恶和苦难是由于人类的制度，不是由于人类的天性。

经济学说史的研究不是一种学究式的好奇考古——而是重述我们自己的思想的进化。

亚当·斯密把他的经济学说建立在个人对自由、平等和财产的合法权利的基础上，竭力反对那两种联合行动，和联合行动对立。

马尔萨斯之所以头脑不清，是因为他发现政治经济学是一种极其复杂和矛盾的学科。李嘉图之所以很有逻辑是因为他避开复杂的部分，假定了一种单一的极其简单的原则，从这一原则可以推论一切。

李嘉图的理论，经过马克思和工程师泰勒的手，变成了科学管理的效率论，经过亨利·乔治的手，变成了单一税。马尔萨斯的地租学说，经过心理经济学家改良以后，在克拉克手里成为他的特殊生产力论。

19

现代经济学家大部分从事于研究一切工业和农业的技术或工艺。这并不是说经济学家因此就是化学家或者物理学家。它的意思只是经济学家把科学家和工程师的活动包括在内，作为对使用价值或财富的生产的主要贡献，从而明确他们在那复杂的整体中的地位。从历史上来说，他们的贡献是积累的。他们在十八世纪从自然科学开始，然后在十九世纪继续从事于化学；然后在二十世纪在生产能力和运输能力方面做出惊人的发展；他们最后达成人事管理的心理科学，为管理的交易提供一种基础。在最后这管理的交易的范围内，工艺学挤进了经济学的领域，科学管理的倡议者正确地批评了经济学家对于如何解决他们的管理问题毫无贡献。

像马尔萨斯所说的那样，人类原来是一种具有情欲的和智慧的生物，对于他们，自由和理性是一个道德品格慢慢进化以及由政府执行纪律的问题。

"大多数人，"他说，"在说到或听到财产的时候，想到某种物质的东西，例如土地、房屋、牲畜、货币等等。"可是，那不是财产的真正意义。"财产这个名词的真正的和原来的意义不是指物质的东西；而是指使用和处理一件东西的绝对权力。……财产……的真正意义是完全指一种权力、利益或所有权；因此，把物质的东西叫做财产和叫做权力、利益所有权，是同样的荒谬。"

20

国家的第一需要是人民大众的生活水平越过越高，不仅要供给充分的和日益增加的就业，而且要促进社会发展，作为一种国家政策。

最好的运行中的工厂，是它的技术上的各项因素由管理的交易适当地加以配合的工厂；最好的运行中的营业，是它的购买和销售由买卖的交易适当地加以配合的营业；最好的运行中的机构是它的技术和营业两部分适当地配合的机构。最好的国家是那种国家，在他国内，权力、义务、自由和暴露在个人之间和阶级之间分配得最好。技术的经济是效率；营业的经济是稀少性；运动中的机构的经济是技术和营业；国家的经济是政治经济。它们都是"关键的和一般的交易"的一种特殊情况。

一切稳定中影响最大的和最困难的是金融的稳定。金融控制是世界范围的，涉及全世界中央银行的协作行动。它包含国际主义，越过群众的国家主义的保护税则的浪潮。首先提倡金融稳定的动议，不是来自银行家或者经济学家，而是来自政治家。

21

要防止物价过度下跌，必须在以前防止物价过度上涨。

资本主义文明的最严重的问题是失业。效率增加一倍、两倍甚至三四倍，一方面永远存在着重大的失业问题，这一矛盾使得战争也许比和平与自由更为可取。因此，由于大多数人在变成无产阶级，可以导致稳定的最重要的方针，是维持充分的和经常的就业。急剧上涨的物价很快地恢复了充分就业。价格下跌就减少对劳动的需求。

可是树木不能长到天空里去——它们会在强风中毁灭；一种单独的真理，和一种单一税一样，结果由于和其他利益集团所拥护的其他真理冲突而自己灭亡。某一种真理太多，既讨厌又不真实。课税的权力实际上是破坏的权力；所以课税的原则不能像数学那样精确，而只能像大数法则那样，对纳税能力和服务能力给予适当比例的划分。

22

为什么会发生有效需求不足呢？凯恩斯把这归因于"心理上的消费倾向，心理上的灵活偏好，以及心理上对资产未来收益之预期"这样"三个基本心理因素"的作用。凯恩斯把总需求说成是消费和投资的总和，把总需求或有效需求不足说成是消费需求不足和投资需求不足的结果。在"三个基本心理因素"中，"心理上的消费倾向"使消费的增长赶不上收入的增长，因此引起消费需求不足。"心理上对资产未来收益之预期"和"心理上的灵活偏好"使预期的利润率有偏低的趋势而与利息率不相适应，因此引起投资需求不足。凯恩斯还认为，"心理上对资产未来收益之预期"即资本边际效率的作用在"三个基本心理因素"中尤其重要，危机的主要原因就在于"资本之边际效率突然崩溃"。

凯恩斯在《通论》中"论证"投资量的变动给国民收入带来的影响，要比投资量实际变动本身大得多。这就是"乘数原理"。

宏观财政政策：萧条时期减税和增加财政支出，提高总需求；高涨时期增税和减少财政支出，降低总需求；必要时不惜扩大财政赤字，靠国债来弥补。

宏观货币政策：萧条时期通过中央银行增加货币供应量，降低利息率，以刺激私人投资，增加总需求；高涨时期减少货币供应量，提高利息率，以限制私人投资，减少总需求。

菲利浦斯曲线是 1958 年经济学家菲利浦斯教授依据历史统计资料绘制的一条曲线，表明货币工资－物价增长率与失业率之间有一种交替关系。

23

社会过程实际上是一个不可分割的整体，在它的洪流中，研究工作者的分类之手人为地抽出了经济的事实。把一个事实称为经济的事实这已经包含了一种抽象，这是从内心里模拟现实的技术条件迫使我们不得不作出的许多抽象中的头一个。

社会事实是（至少直接是）人类行为的结果，而经济事实则是经济行为的结果。经济行为可以定义为目的在于取得货物的行为。我们所要研究的只是目的在于通过交换或生产来取得货物的那种经济行为。

每个人都必须要么是一个"经济主体"（"economic subject"），要么是依附一个经济主体，一类人的主要活动是经济行为或营业，另一类人的行为的经济方面相对于其他方面而言退居次要的地位。

我们总是从事于描述把经济数据和非经济数据联系起来的因果关系的一般形态。经济事件有它们的逻辑，这是每一个从事实践的人都知道的，我们只不过需要自觉地准确地加以表达而已。

24

经济活动可能有任何的动机，甚至是精神方面的动机，但它的意义总是在于满足需要。因此我们从需要这个事实得出的那些概念和命题具有根本的重要性。其中最重要的是效用的概念以及从而引起的边际效用，或者用一个更加现代化的名词来说，就是"选择系数"。

他首先将使用他的生产资料来生产那些满足他的最迫切需要的货物，然后进而生产那些需要的迫切性不断下降的货物。……一个特定的需要在比它更加强烈的需要得到满足以前是不会予以满足的这一根本条件，最后导致这个结果：一切货物均应在其各种不同的可能用途之间加以划分，使每一货物的边际效用在其所有一切的用途中均相等。

25

我们在交换经济中在每一个时期内所能观察到的所有的无数交换，在总体上构成了经济生活循环流转的外部形态。交换规律向我们表明，这种循环流转怎样可以从给定的条件得到解释；它也告诉我们，只要这些条件保持不变，为什么这种循环流转就不会改变，以及为了使自己适应这些条件的改变，这种循环流转又为什么和怎样改变。

一种商品的每一数量对于每一个人所具有的交换价值，依存于他能用它来获得并且实际上打算用它来获得的货物的价值。同一种商品的任何一个单位的交换价值对不同的人是不同的，这的确不仅是首先由于他们的嗜好不同，其次由于他们的整个经济状况不同，而且第三——与这些事实完全没有关系——是由于个人所交换的货物不同。

各个个别的价值是彼此相互联系而不是彼此各自独立的。经济关系的总和构成经济制度，就像社会关系的总和构成社会一样。如果人们不可以谈社会价值，那就还有一个社会价值体系，一个个人价值的社会关系。这些价值是和个人经济中的价值同样相互联系的。它们通过交换关系彼此发生作用，因此它们影响所有其他个人的价值，也受这些价值的影响。……社会价值体系的沉积（sediment）就是价格体系。

26

当他的成功提高了他的社会地位时他也没有文化传统或态度可以依靠，而是在社会卜作为一个暴发户在动来动去，他的举止很容易受到嘲讽，所以我们就将懂得，为什么这种类型的人从来不受欢迎，为什么即使是科学的批评家也常常只对他们一带而过。

在一定的社会环境和习惯中，大多数人每天的所作所为，从他们看来，主要是从职责的观点去做的，是执行一种社会的或神的指令的。很少有从自觉的理智去行事，更少有从享乐主义和个人的利己主义去行事，就算是可以确有把握地说是存在的那一点点，也是比较晚近才发展起来的。

正是社会形成了我们所观察的特殊欲望；在循环流转的范围内，每一个人使他自己适应于他的环境，以便尽其所能地最好地满足给定的需要——他自己的或别人的需要。在一切的场合，经济行动的意义就在于满足需要，意指如果没有需要，也就不会有经济行动。就循环流转而言，我们也可以把需要的满足看成是正常的动机。

其次，存在有征服的意志：战斗的冲动，证明自己比别人优越的冲动，求得成功不是为了成功的果实，而是为了成功本身。

27

经济学研究的是：我们社会中的个人、厂商、政府和其他组织是如何进行选择的，这些选择又怎样决定社会资源如何被利用。稀缺是经济学的一个显著的现象：因为资源稀缺所以选择是必要的。

生产什么，产量有多大？是什么导致这种不间断的革新过程发生？生产总水平也在逐年变动，并且往往伴随着就业率和失业率水平的大幅度变化。经济学家该如何解释这些变化？

价格的因素在决定生产什么产品上是关键。经济学家关注的一个中心问题就是：为什么有的物品比别的物品价格高？为什么有些物品的价格会上升或下降？

找到公共部门与私人部门在经济上的适度平衡是经济分析的中心问题之一。

产品市场最重要的特点之一就是竞争的程度。

对产品、劳动和资本市场的具体研究被称为微观经济学。

28

宏观经济学集中于研究经济作为一个整体的行为，尤其是那些总体数字的变化，如总的失业率、通货膨胀率、经济增长率和贸易差额。

经济作为一个整体的行为是以构成经济的个别单位的行为作为基础的。

经济学是一门社会科学。它以科学的观点来研究社会的选择问题，也就是说它奠基于对选择问题的有系统的探索。这种有系统的探索包括理论的形成和数据的检验。

理论是逻辑的演练。

在经济学中，表示理论的另一个词为模型。

重要的政策：问题往往取决于人们对于问题的实际情况的了解。

需要记住的是：(1) 相关关系的存在并不证明因果关系的存在；(2) 检验因果关系的各种解释的方法是，除一个因素以外使所有因素保持不变；(3) 数据并不总能说清问题，而且有时使人无法得出任何结论。

29

经济学家意见不一可以开阔人们的眼界。

在经济学的科学领域中存在着意见分歧的两个主要原因：首先是经济学家对经济社会的运行模式看法不同。而我们现有的资料往往使我们难以说清两个相互竞争的模式中的哪一个能更好地反映市场的情况。第二，即使经济学家在什么是应有的理论模式上意见一致，在数量问题上也会产生分歧，致使他们作出不同的预言。

意见分歧的根源是价值观的差异。

实证经济学关系到"是"什么，关系到经济社会如何运行；规范经济学牵涉到"应该"是什么，牵涉到对各种不同的行动手段是否合乎要求做出判断。

虽然理性的选择牵涉到对成本和效益的仔细权衡，经济学家却总是用更多的时间来研究成本而非效益。这在很大程度上是因为个人和厂商往往把每种可供选择效益看得比较清楚，而往往在成本的估算上犯错误。

在最极端的情况下，如果某厂商要价高于市价，它可能损失所有的销售量。

经济学家把这一情况称为完全竞争。在完全竞争的情况下，每一厂商都是价格接受者，就是说由于它不能影响市场的价格，而只能接受这个价格。

也许在没有政府干预的情况下，能合乎完全竞争要求的实际市场的最好例子是各种农产品市场。

有关消费者、厂商和市场的这一模型就是基本竞争模型。

30

一个健康的经济取决于尽职工作的人和尽可能有效率的厂商。在市场经济中给厂商以动机的胡萝卜是利润，给家庭以动机的胡萝卜是收入。对于商业性的厂商来说，追求利润的目标是它们进行有效率地生产、开发新产品、发现未被满足的需求和寻找更好的生产技术的动机。

产权包括每个人按照他认为合适的方式使用其财产的权利和出售它的权利。

利润动机和私人财产结合在一起给人们提供了动机。

任何社会一旦未能为其资源规定所有者，并允许出价最高的人使用这些资源，无效率现象就会出现。资源会被浪费或者不能以利益最大的方式来被使用。

如果人们有动机，不平等就必然存在。这被称为动机——平等替换。不平等的产生可能不仅仅由于一个人比别人干得更努力，还可能因为他的运气比别人更好。

在市场经济中，物品会被最愿意支付和最有能力支付的人获得。因此，市场经济被称为价格制度。

31

票证配给制度。用这种办法的原因是：没有票证价格就会飞涨，而极高的价格会使较贫困的个人处于困境。票证不可进行合法的交易时，人们会有强烈的动力建立黑市，即交易物品或者物品票证的非法市场。

可以花很多时间向往火腿三明治或者机会集合以外的任何东西，但是到了做选择和决定的时候，只有机会集合内的选择才有意义。

因钱受限制的机会集合被称为预算约束，因时间而受限制的机会集合被称为时间约束。

一个厂商或社会在一定量的土地上，用一定量的劳动力和其他投入品可以生产的物品被称为它的生产可能性。

社会所面临的替换可能性并不是固定的。如果一个社会只生产少量的大炮，它会使用最适合于大炮生产的那部分资源——人和机器。但是如果社会试图生产越来越多的大炮，它就要越来越多地依靠越来越不善于生产大炮的人。这样它要从其他物品的生产中取得资源。

收益递减这一普遍的原则：在一特定量的投入——如种籽或土地——上不断增加其他投入品——如肥料、劳动力或机器时，产出或产量会增加，但是增长的幅度会逐渐减小。

32

资源稀缺使替换成为必要。

资源被用于某一种用途意味着它不能被用于其他用途。

如果一笔已经付出的开支无论做出何种选择都不能被收回，具有理性的人只能忽略它，这种成本就称为沉没成本。

经济学的中心目标之一就是理解一个复杂的经济是如何运行的——为什么某些人做这件事，某些人做那件事？信息在人群中是如何交流的，决策又是如何作出的？

自愿交换的一个基本后果就是每一方都受益。

无论如何，自由贸易的逻辑并不是说每个人都要对交易的结果表现出莫大的欣喜，无论是在当时还是在事后。交易的逻辑只是说当人们选择做一交易时，他们认为做这笔交易比不做这笔交易要好。

发生在现实世界中的交易往往比交换棒球卡要复杂得多。它们牵涉到信息的问题、对风险的估量问题和对未来的预期问题。

33

一个国家的知识和技术可以和另一个国家的资金结合起来生产物品并且为所有国家的人民享用。

具有优势的生产技术被称为具有绝对优势，那么这些先进的国家就被认为比其他国家具有绝对优势。

美国完全可以声称它的计算机工业在世界上效率最高，然而它却从日本进口计算机。这是为什么？答案就在于相对优势。

相对优势的原则不仅适用于国家，也适用于个人。

相对优势的原则意味着贸易总是能够使两国互惠互利，即使其中一国生产任一物品都比它的贸易伙伴效率高时，情况也是如此。较小的国家往往专门从事某些物品的生产，而像美国这样较大的国家却继续生产种类繁多的物品。

适用于国家的相对优势的一般原则也适用于个人：从经济学的角度看，个人同国家一样都应该发挥自己的相对优势。

相对优势导致专业化的出现，专业化增强了他们进行专业生产的能力，结果又加强了原有的相对优势。

34

注意劳动分工可以产生巨大的生产能力。

同时，劳动分工常常导致创造发明。当一个人把某一特定工作干得极为熟练之后，就有可能想出改善工作的办法。另外，还可以为简单的工作发明一种机器。

新思维和新思想往往产生于不同学科的相互滋养，而不是单调的专业化。

在今天这一技术时代，国家与其寻找大自然可能赋予它们的相对优势，还不如采取行动来取得相对优势。

日本的例子证明了一个原则，即通过节约和积累资本以及建造大型工厂，一个国家可以获得像钢材这种需要大量资金才能进行生产的物品上的相对优势。把资源用在教育上，一个国家可以发展出需要大量技术劳动进行生产的物品上的相对优势。由此，一个国家设法取得的资源——人力和物力——也可以使它产生相对优势。

35

在现代经济中，重要的不仅在于占有资源，而在于拥有高效率地使用这些资源的知识。

国家获得相对优势的主要方式之一是在某一特定领域中建立和发展它们的技术知识。

把个人与国家加以类比的危险之一在于：作为一个整体的国家并不自己从事贸易或者作出决策，进行有利可图的贸易和作出决策的是一国中的某人或某公司和另一国中的某人或某公司。

作为一个整体的国家得到好处而该国中的某一特定集团却可能蒙受损失。

贸易在使一些工人失业的同时，也为另一些人创造工作机会。此外，消费者得到了好处——他们可以买到比美国人生产的更便宜、更好的外国产品。

低工资意味着消费者可以买到价较低的物品。

保持全面自给自足的成本是巨大的，部分原因是由于这样做必须放弃贸易带来的互利互惠。一个国家为了国防的目的保持它的技术能力一般并不需要放弃贸易。

进口多于出口的部分被称为贸易赤字，向这些国家借贷并以此来偿付二者的差额。

然而，为了贸易赤字而责备从外国的进口就像是因为吃糖引起胃疼而责怪糖果店的老板。问题在于，美国经济作为一个整体的消费量大于它的生产量，而不是什么讨厌的外国佬在整治善良的美国人。

36

相互依存所带来的好处大于其代价。

个人可以专门从事他具有相对优势的工作，却不得不在其他事情上依赖他人。相互依存带来的麻烦常常使人想起这句古训："如果你想做好某件事，就自己去做。"你雇用来做事的人很少能像你那样具有动机和敬业精神。

当成本和效益不发生在同一个人身上时，动机的问题就会产生。

对这一动机问题有一个明显的解决办法：让推销员开自己的车。

价格在为市场经济提供动机方面起着关键的作用。

但是经济上的相互依存一旦存在，信息传递和协调就变得极为重要——人们为了传递信息和协调而付出巨大的成本，并且为未能传递信息和协调也要付出巨大的成本。

一个组织要想完成它的工作，组织中必须进行信息传递和协调。组织内部的个人必须有动机来传递必要的信息。

一个人独立工作时不仅省去了传递信息和协调的成本，也省去了决定谁应该做什么工作的成本。因为一切都由他一个人干了！

非经济学家往往认识不到直接控制的局限性以及间接控制机制和动机的力量。

"信息经济学"在过去 20 年来成为经济学研究中最活跃的领域之一。

37

经济学家处理这种复杂、多变因素的问题的方法，是在一次中把注意力集中于一种变量，同时使所有其他因素保持不变。他们特别把注意力集中于引起需求变动的最重要的因素。在这些因素中，最受关注的因素是价格。

人们关于这些事情的决策涉及到他的基本的哲学和宗教价值观。许多人选择一种职业是因为他们想为他人服务。他们所选择受教育是为了启蒙和自我完善。他们决定要孩子和家庭是因为坠入爱河。用经济学的术语讨论这些决策，仿佛它们可以用美元和美分来衡量，这可能看上去有些亵渎和玩世不恭。

但是，即使是在不受欢迎的地方，经济因素也仍然有它们介入的方式。

38

通常，随着人们的处境变得更好，他们的劳动供给会减少。反过来说，当人们的处境变得更坏时，他们的劳动供给增加。

工资的增加实质上是一种价格变动。

价格增加的效应分解成两个部分：一个是收入效应，它反映了价格越高人们的实际收入越低这一事实；另一个是替代效应，它反映了替换关系的变化。

一个人的处境越好，他越是愿意享受更多的闲暇。闲暇是正常商品。

这是替代效应，它刺激劳动供给的增加。

劳动供给弹性是由工资变动 1% 所导致的劳动供给变化的百分数。

对于大多数男人来说，工资的改变不影响他们是否工作的决策，只影响他们工作多少时数的决策，而这一效应也不大。

39

较早退休的决策可以看成是要享受更多闲暇的决策；确实当人们的生产率相对较低并且他们的工资不会进一步提高太多时，他们在生命的晚年选择更多的闲暇是很合情理的。

国民产出不仅取决于人们的工作时数，而且也取决于这些工作时数的生产力大小。决定工人生产率——从而工资——的一个重要因素是教育。

实际上，人力资本比物质资本更为重要。一些经济学家估计，全部资本中的 2/3 到 3/4 是人力资本。

教育所做的主要不是提高生产率，而是确定哪些人具有更高的生产能力或一些罕见的能力。

学位的完成是一个人更具生产能力的信号。完成四年大学学业显示了在商业界得到高度评价的一种坚忍不拔精神。

40

无差异曲线的斜率是闲暇和消费之间的边际替代率。

分析家们已经谈到在相当程度上我们的经济是一个服务型经济，意指我们的经济已经从制造业转向了与服务有关的行业。长期不能赚得利润的企业将不复存在。它将没有足够的钱来支付它的账单。

在生产中使用的投入与产出水平之间的关系被称为生产函数。

相应于任意一种生产要素例如劳动的增加，产出的增加是该要素的边际产量。

收益递减意味着，产出增加的比例小于投入增加的比例。这是一条具有因果的经验规律。

收益递减：在其他投入保持不变的条件下，随着一种投入的逐渐增加，这种投入的边际产量递减。

人们经常讨论的一个收益递减概念的应用出自一个 19 世纪早期的经济学家——托马斯·马尔萨斯。

41

产出与投入之间的比率被称为平均生产率。在生产函数上任意一点——比如说 A 点——的平均生产率，可以通过用这一点的垂直距离（产出 Q3）除以它的水平距离（劳动投入 L3）得到。这恰好是从原点到 A 点射线的斜率。平均生产率 E* 达到最大；在这一生产水平上，每单位投入的产出为最大。

典型的平均成本曲线是 U 形的。在较小的产出水平上，平均成本随着产出数量的增加而减少。如果成本就是不变成本，那么，平均成本（于是，它等于不变成本除以产出数量）将随着产出的增加而同比例减少。即使不是所有成本都是固定不变的。这一原则也同样成立。

平均成本曲线和边际成本曲线之间的关系：在平均成本与边际成本之间存在着一个简单的关系。边际成本曲线在 U 形曲线的最低点，即在平均成本的最小值点上与平均成本相交。

42

一种商品的生产方法通常可以有几种，它们使用不同数量的各种投入。

替代原则：一种投入价格的增加将导致厂商以其他投入来替代这一要素。

替代原则应该是对那些只管提高价格而不承担任何后果的人提出的一种警告。

任何一种投入的价格增加都会使得成本函数向上移动。成本函数向上移动的数量取决于几方面的因素，其中包括在价格变动前所使用的该种投入的数量以及该投入被其他要素替代的难易程度。如果生产过程使用了大量的该种投入，那么，成本曲线向上移动的幅度就很大。如果一种投入的价格增加很大，并且厂商不能轻易地用其他投入来替代它，那么，成本曲线向上移动的幅度就会大于其他投入容易替代时的成本曲线的移动幅度。

43

如果产出数量增加的比例小于投入的增加，那么，生产是收益递减的，并且平均成本曲线向右上方倾斜。如果产出数量的增加大于投入增加的比例，那么，生产是收益递增的，并且平均成本曲线向右下方倾斜。

小的是美好的，而大的则是糟糕的。

在保持最终产出水平不变的条件下，一个厂商在减少一单位一种投入的同时需要增加另一种投入的数量，所需增加的另外一种投入的数量被称为边际技术替代率。消费者的边际替代率由消费者的偏好所决定，而厂商的边际技术替代率由生产技术所决定。

如果厂商面临的投入品价格固定不变，那么，等成本曲线就是一条直线，其斜率表示要素的相对价格。

在切点处，两条曲线的斜率相同。等产量曲线的斜率为边际替代率。而等成本曲线的斜率等于相对价格。因此，边际技术替代率一定等于相对价格。

44

一个厂商从增加一单位的销售量所得到的额外收益被称为边际收益。

在完全竞争市场上，边际收益等于价格。

成本曲线就是厂商的供给曲线。

如果价格超过最小的平均成本，那么，进入该行业就有利可图。这是因为，如果厂商进入，它就可以由于收益超过生产这些产品的成本而获得利润。

每个厂商愿意供给的数量减少；有一些厂商决定根本不生产。随着价格的下降，高成本的生产者首先中途退出。正是借助于这种方式，竞争市场能够保证，无论生产何种产品，这种产品总是由能以最有效的方式生产这些产品的厂商以最低的成本来生产的。

45

经济学家与会计对利润的看法有两个重要的差别。第一个差别是经济学家借助于机会成本来说明利润，第二个差别与经济学上的租金概念有关。二者都值得我们仔细加以考察。

会计人员称之为利润的某些收益，经济学家却称它们为租金。租金的经济学概念在历史上最初表示农场主为使用土地而支付给地主的报酬，不过今天这一概念在更广泛得多的意义上被加以应用。

能够达到收取经济租金地位的人的确是幸运的，因为这些"租金"是一种非常容易赚的钱，即完全是由需求决定的收入，这种收入大大超过它需要付出的努力。

在某些情况下，投入的供给在短期内是缺乏弹性的，但在长期中则富有弹性。支付给这种投入的报酬在短期内可以被看成是租金，而在长期则不能。

在决定每种产品的供给数量以及使这些产品成本最小化的生产方法的过程中，厂商也决定它们要使用多少各种投入。这被称之为要素需求。

46

商品的价格乘以劳动的边际产品被称之为劳动的边际产品价值。

给出在每一工资水平下劳动的边际产品价值的曲线就是对劳动的需求曲线。

随着价格提高，产出数量增加，厂商生产的数量更大，而且有更多的厂商会加入生产者的行列。因此，供给曲线向右上方倾斜。

在其他投入的价格不变的条件下，随着工资的增加，厂商的边际成本曲线向上移动。这导致厂商在每一价格下生产的数量减少。相对更高的劳动价格致使厂商以其他投入替代劳动；它们使用更少的劳动来生产每一单位的产出。因此，劳动（以及其他投入）的需求曲线向右下方倾斜。

国民经济是一张涉及到许多工人和公司交易的大网。如果其中任何一部分受到压力或处于紧张状态，其他部分也都会受到影响。

经济网络中某一部门发抖会使许多其他部门也感到寒冷。

47

在分析一个市场上出现的情况时我们忽略其他市场上出现的情况，这种分析被称为局部均衡分析。

一个市场上的需求和供给取决于在其他市场上决定的价格。

一般均衡分析可以说明一个经济系统中各个组成部分之间相互作用和相互依存性，从而扩展了我们的视野。一般均衡分析寻求在劳动、资本以及商品和劳务市场同时出清条件下对工资、利息率和价格决定问题的答案。它也为我们回答一个市场上出现的扰动——比如说劳动供给增加——怎样在所有市场导致新的均衡这一问题提供了一个框架。

资本的供给也取决于工资、利息率和价格。

一个经济的一般均衡要求找到每种商品和每种投入的这样一种价格，在这些价格下每种商品的需求等于供给，而且每种投入的需求也等于供给。

当个人需求从课税的商品上转移走时，他们把需求一点一点地分散转移到其他许许多多商品上。这使得每一种商品的价格只稍微提高一点，对资本和劳动等生产要素总的需求也只发生轻微改变，从而，各种要素的价格几乎不变。

48

现代经济理论最重要的成果之一，就是确立了市场有效的含义和条件。

如果没有一个人可以在不使任何他人境况变坏的条件下使得自身境况变得更好，那么，这时的资源配置就被称为帕累托最优配置。

给定一个人获得的效用水平，描绘另一个人可以获得的最高效用水平的曲线被称为效用可能性曲线。

当且仅当一个经济沿着效用可能性曲线运行时，这个经济才是帕累托有效的。

一个经济要具有帕累托效率，它必须也是生产有效的。

价格对厂商而言预示着它们所使用的每种投入的稀缺程度。

49

垄断厂商的诀窍是寻求可以实现最大利润的价格和数量组合，而要计算这一组合就需要知道，随着厂商索取价格的变动，厂商产品的销售数量会变动多少。这正是需求的价格弹性所包含的信息价格弹性告诉我们由价格变动1%引起的需求量变动的百分比。

纯利润的收益。这种收益是由于垄断厂商压低产量并把价格提高到会在竞争市场上出现的价格水平之上而产生的。由于这种收益不需要垄断厂商付出更大的努力或提供更大的产量（事实上，这些收益是垄断厂商通过把产量降低到竞争行业的产出水平以下而得到的），这种收益也被称为垄断租金。

由于两个市场上的价格不同，中间商就会进入该市场，它可以在价格较低的国家购买商品并把它们销售到另一个国家。

50

当平均生产成本随着生产规模的扩大而下降，我们说此时存在着规模经济。

三种主要的方式可以使新进入者形成这种看法：掠夺性定价、过剩生产能力和限制性定价，这些做法被统称为阻止进入措施。

在某些情况下，为了把新的竞争对手逐出市场，并对未来其他厂商进入形成威慑，原有厂商甚至可能故意把价格降低到新进入者的生产成本之下。这种做法被称为掠夺性定价。

所谓限制性定价，是指厂商限制它自己索要的价格（它索要的价格低于通常的垄断价格，并且生产超过边际收益等于边际成本所决定的产出水平），因为它害怕更高的价格会鼓励进入。

51

在完全竞争市场上，每种产品都是另一种产品的完全替代品，而在垄断竞争的世界里，可供选择的产品却有多样性。一般地，人们认为多样性具有价值，并且愿意为此付出更高的价格。因此，在这类市场上，商品以高于最低平均成本的价格出售这一事实并不一定意味着经济是缺乏效率的。

正式地勾结在一起共同运作的一群厂商被称为卡特尔。

管制俘虏这一术语的意思是管制人员最后实际上是在为被管制行业的利益，而不是消费者的利益服务。

免费搭车——其他成员为以限制自己产量的方式勾结的形成付出了代价，而免费搭车者得到了高价的好处，却没有放弃任何销售量。

精明的寡头垄断者已就如何解决协调问题想出了许多办法。一种办法是以某一个厂商作为价格领导者。"不回避竞争法则"，这是指至少有几个寡头厂商保证（通常是以作广告的方式）自己的索价不高于任何其他竞争者。在许多情况下，寡头厂商们创造了各种合作安排，包括分享库存，分享科学发现和其他信息，在电子行业和其他高技术行业，交流研究信息特别重要。

52

任教于普林斯顿大学和纽约大学的威廉·鲍莫尔认为，对于有些市场，进入的威胁非常之强，以至于即使一家厂商控制了 90% 或 95% 以上的市场，进入的威胁照样可以使该行业产品保持低价。当价格略高于生产成本时，就会出现迅速的进入，迫使价格下降。在这种情况下，潜在竞争，即进入的可能性足以使价格保持在低水平，而无需实际竞争。

这种潜在竞争可以使竞争价格得以实现的市场被称为可竞争市场。

工会已懂得，在谈判桌上得不到的东西可以通过政治压力来获得。因此，它们积极地为争取更高的最低工资而努力。

虽然不同的工作可能有相同的名称，但它们可能相当不同。

为工人找到合适的雇主可以明显地提高经济效率。

雇主利用上年纪工人在市场上不利地位的做法被称为年龄歧视。

"粉领"职业——护理、教学和其他服务部门的工作，这些职业在传统上都是低薪的。

53

经济学家们对这个问题思考得越多，就越是觉得问题复杂，但同时也意识到这个问题其实是一个更为简单的问题。在一定条件下，厂商是通过举债还是通过募股来筹措资本看来无关紧要。这一发现（据其发现者的名字）被称为莫迪利安尼—米勒定理。

按照莫迪利安尼—米勒的意思，我们可以把厂商比作一个馅饼，债券持有者和股票持有者得到不同大小的馅饼块；但是整个馅饼的大小，也就是厂商的实际价值，却完全不会受到馅饼分割方式的影响。公司的融资结构只影响由谁获得公司赚得的美元，即这个利润馅饼如何被分割以及谁承担厂商的风险，仅此而已。

厂商的融资结构与其市场价值无关是一个非常令人意外的结论，它与流行的观点相悖并且引起了极大的恐慌，特别是在公司财务主管们以及传统的研究公司融资的经济学家们中间引起了恐慌——这些人的首要任务一向是在作为资金来源的债券、股票以及未分配利润之间确定一个适当的比例。他们认为公司在发行债券或发行股票之间的选择关系重大。显然，最终他们是正确的。

54

坚定地相信市场体系的经济学家们认为，同任何一种变化一样，敌意接管使有的人受益有的人受损，但总的来看，市场施加的这种约束会使经济更有效率，并使大多数个人的境况有所改善。

一些州已允许公司创造所谓的"毒药丸"，即在一旦被接管时能使公司部分损坏的手段，从而使接管不那么诱人。

这里有一条重要的经验，如果政府走进了私人市场怕涉足的地方，那它就得问一问："为什么私人市场是不完全和不完善的？"有时候，像在1930年以前在市场上不能提供像样的退休保险一样，对此没有什么好的答案，至少没有一个答案为政府提出警告。在另一些情况下，政府仍需要向前走下去即使政府不得不给予津贴，学生贷款计划可能仍是值得时。但是，最起码政府在实行这些计划时应小心行事。

有句古老的格言说，如果你想把某件事做好，那你最好自己去做。

为消除这种有害影响，厂商在做提升决定时常常把一个人是否是一个好的合作伙伴作为参考的一部分。

55

股票购买权作为激励的工具在经济学上是很有道理的。

对市场的全部分析的基础是消费者主权原则，即个人最知道什么最符合他们自己的利益。有时候政府做事似乎并不相信消费者主权。

外在性问题可以通过重新分配产权得到解决，这种论点被称为科斯定理。

税收是棍棒，而津贴则是胡萝卜；二者都是旨在调整私人成本使之包含社会成本。

经济效率要求每种产品的价格要反映其全部的生产（边际）成本。在那些成本中包括环境成本。如果成本太高，产品的产量就应该低。

56

主要的宏观经济学流派可以划分为两个流派：赞成政府干预的流派和不赞成政府干预的流派。

传统的经济周期理论认为经济中存在引起波动的内在力量。实际的经济周期理论认为波动不过是随机的和未预期到的冲击的结果。

传统的经济周期观点认为，经济产出量存在着规则性的并且可以预测的波动，而导致这些波动的正是经济结构。

这种把经济周期和经济的内在运行联系起来的方式被称作乘数－加速数模型。它是麻省理工学院的诺贝尔奖获得者保罗·萨缪尔森首先提出来的。这个名词反映了这个模型的两个主要内容。

实际的经济周期理论认为产出波动是随机的并且是不能被预测的。

实际的经济周期理论家们所强调的冲击是对供给一方的冲击，是在任何一组既定的工资和价格条件下对生产什么和生产多少的冲击。因此实际的经济周期理论家们与其他经济学流派完全相反，强调对总需求冲击的重要性，认为这是扰乱经济的主要根源。实际的经济周期理论家们也相信市场对这些供给一方的冲击会做出迅速而有效率的反应，因而他们不把经济波动看作是重要的问题。

供给冲击不会立即产生效果。一项重大的新的创新像计算机、激光或晶体管，要过好多年才会被经济所消化。

经济会以有效的方式来稳定可能使它发生波动的那些小冲击。

57

货币供给的变化只不过引起物价水平的变化政策是无效的。在长期，由于存在理性预期，货币供给的变化会被人们预期到。但是在短期，货币当局可以用人们预期不到的方式采取行动。当厂商不知道货币供给已经减少了的时候，他们就不会同比例降低价格水平。

这两个学派提出的一个重要观点是，政府不能解决问题，它反而制造问题。正是未预期到的政府行动，尤其是货币当局的行动，才会引发经济的波动，干扰市场经济的正常运行。

介于传统的经济周期理论和实际的经济周期理论之间的是新凯恩斯主义者的观点。这种观点是，经济中存在着一种机制，而且这种机制可以扩大各种小的和中等规模的外在的、未预期到的冲击，并且把这些冲击转变成大的波动。经济不只是扩大这些冲击，它还使得这些冲击的影响在最初的干扰消失以后持续相当长的时间。根据这种观点，干扰的根源是外生的，但是存在一些内生力量，使得波动加剧并使得干扰的影响持续下去。

58

新凯恩斯主义者把实际的经济周期理论所强调的供给方面的干扰和货币主义者以及新古典经济学家所强调的货币干扰都当作干扰经济的可能的根源。

投资的变动对国民产出有一种乘数效应。

经济不但能扩大外在冲击，而且它也能使经济力量以较缓慢的速度来恢复自己的健康。

最好的办法是鼓励他们这样做，使他们很快转入新的工作，而不是让他们无视现实来加剧他们的失业痛苦。

这种政府政策在很大程度上无效的观点是货币主义者和古典（老的和新的）经济学家长期持有的。他们相信私人行动可以抵消政府行动，由此削弱政策工具的效果。

59

劳动创造的收入是工资，资本创造的收入是利息，土地创造的收入是地租。这三者相当于这三种生产要素在创造效用时各自消耗的代价。它们构成了创造商品的生产费用，商品的价值就是由创造商品效用的生产费用决定的。萨伊从效用价值论进而主张生产费用价值论。

奥地利学派主张边际效用价值论。

价值的大小是以边际效用来衡量的，即满足人的最后的也就是最小欲望的那一单位商品的效用量来衡量的。

西方学者进行经济研究或经济分析时，使用两种基本方法：一是演绎法，另一是归纳法。

演绎法是从基本假定或者从已建立的法则推论出结论的研究方法。它分三个步骤：首先根据所要分析的事实作出有关的假设前提；其次是逻辑推理过程，从假设的前提推演出结论；最后是对结论进行验证，如果结论符合观察的实际。这种结论即告成立。如果假设前提是错误的，结论也不会是正确的；如果前提离开现实太远，结论可能变成为无意义的。结论只是限定在假设前提范围内才是有效的。

归纳法是从许多个别的事实中，推论出普遍性的原则的过程。它分为四个步骤：第一是观察；第二是形成假设；第三是概括为原则；第四是验证。

归纳法也就是历史法，首先要求搜集历史资料，概括为原则，然后进行验证，并用来分析以后的事实。在这个过程中需要应用统计分析。

其实，演绎法和归纳法是相互补充的，因此在实际研究工作中都是配合着使用的。

60

演绎法有两种方式：一是非数学式的，另一是数学式的。古典经济理论多用非数学式的演绎法。新古典经济理论开始使用数学式的演绎法，使用几何图式、代数式和微积分等数学工具进行经济分析。二次大战以后，经济分析愈来愈使用数学分析方法和更为高级的数学形式。

用数学方式表述的经济理论就称为经济模型（或称模型）。

开放经济必然受到国际竞争的压力，国外文化的感染和国际经济波动的冲击。

效率：就是以最小的代价、最少的努力和最低的消耗进行的活动。人类面对着有限的资源，但欲望却是无穷的，生产愈有效率，用同样的劳动生产的物质产品愈多，因而满足的欲望也愈多；或者是维持原有的物质产品，人们却能获得更多的闲暇和更多的文化生活时间。

机会成本：一个行动的机会成本就是放弃了的可供选择的其他行动的价值。

在经济学领域中，十分肯定的是，对于个人说来是对的东西，对整个社会说来并不总是对的。反之，对总体说来是对的，对任何个人说来，可能是不对的。因此，微观经济性质的结论并不总能应用于宏观经济学中，而宏观经济性质的结论也并不总能应用于微观经济学中。

61

当两种商品为互补品时，一种商品的价格上涨将使另一种商品的需求量下降，反之，则增加。二者的价格与需求量作相反方向的变动，其交叉弹性为负数。这是互补品的特点，两种商品的负交叉弹性系数高，表明二者为很紧密的互补品。

影响商品和劳务的供给弹性的大小，有许多因素。首先是成本因素。

企业家是厂商的化身。在现实生活中，他是企业的领导人员，但在经济分析中，企业家是一个抽象的概念，是一家厂商的创立者，是根据市场情况，变更产量甚至是变动价格的决策者，是一个有理性的，能实现利润最大化的运筹者。

每增加百分之一的劳动所引起的产量增长，将三倍于每增加百分之一的资本所引起的产量增长。

边际报酬递减：假定在生产过程中，厂商投入生产要素的量，除一种生产要素是可以变动的以外，其他都保持不变，那么增加投入，可变的生产要素的数量达到一定程度以后，总产量的增加会越来越小。这就是边际报酬递减规律（或称边际收益递减规律）。

所谓市场结构指的是一个市场的重要特征，包括一个行业中开业厂商数的多寡，各家产品具有同一性的程度和进入或退出这一行业或市场的难易等。习惯上分为四种市场结构：完全竞争、垄断、垄断竞争和寡头四种。

62

广告作用主要有两种：一种是向消费者说明产品的性质、用途、使用方法和价格，属于推销性质；另一种则是竞争性广告，是向消费者宣扬特定厂商的产品的特殊性及其优越于其他同类产品之处，引诱消费者改变爱好，转移需求。

多余生产能力是理想产量和实际产量之间的差额。

为什么各个行业的集中率有高有低？首先它和规模经济有关系。如果一家厂商的长期平均成本随着产量的增加而下降，这就是实现规模经济的结果。

资本主义市场经济相当复杂，决定需求和成本的因素相当的多，厂商可以选择的政策变量也为数不少，例如价格、产品、多样化和广告等。这些变量使需求和成本不断地在变化。应用边际原则，使厂商达于均衡状态，从而实现最大利润是厂商无法胜任的。

弗里德曼认为，一个理论能否被人接受，主要不在于它的假定是否是现实主义的，而是决定于它的论断。他认为传统理论得出的论断相当好，应该认为它是一个令人满意的理论。

厂商是要素的需求者，而各阶层居民则是要素的供给者。虽然厂商在要素市场是要素的需求者，但要素需求理论却是厂商理论（分析商品生产和供给的理论）的延伸，它同样要考虑价格、收益和利润因素。

63

从生产和分配关系来看，商品市场和要素市场是密切联系的。

商品和要素市场的联系形成一个一环扣一环的循环，组成一国经济最基本的两大领域。一个是消费者领域，一个是企业领域。

一般均衡是这样的一种状态：在这个状态中，所有的市场和所有的决策单位都同时达于均衡。一般均衡分析的目的，在于考察这种状态是如何达到的，即如何才能使所有的市场的价格同时确定得既能使各个市场的供求完全平衡，同时又能实现消费者的最大满足和厂商的最大利润。

现在可以指出微观经济学包括两个方面，一是实证方面，又称实证经济学（positive economics），另一是规范方面，又称规范经济学（normative economics）。

以增长作为标准必须假定当时的收入分配是公平而合乎伦理的。

基数论者的标准：有些经济学者曾提议以边际效用递减规律作为福利标准。他们认为高收入者的货币边际效用，小于低收入者的边际效用。

64

就一个经济体系而言，巴累托最佳状态的含义是，当一个完全竞争的经济实现了价格与产量的一般均衡时，没有一个经济实体（例如个人、家庭或厂商）能使自己的境况变好，而不使其他某个经济实体的境况变坏。这个经济系统因而实现了一个巴累托最佳状态，即在经济上实现了一个有效率的资源配置。

边际条件：第一，有效率地分配生产出的商品于两个消费者之间。第二，有效率地配置生产要素于厂商之间。第三，有效率地配置资源于商品之间。

每一位消费者的目的是在他的收入的限度内，通过对两种产品的选择获得最大满足（即最大效用）。

一般均衡具有三种静态性质，第一是在厂商之间有效率地分配生产要素，这表现为生产的均衡。第二是将生产的产品有效率地分配给这两位消费者，这表现为消费的均衡，或交换的均衡。第三是有效率地分配产品，这表现为生产和消费或交换同时达于均衡。

65

一般均衡与巴累托最佳状态密切地联系在一起。但是它们不过是亚当·斯密"看不见的手"的更加严密的理论性说法。它们的意思是，在完全竞争的经济中，消费者、厂商和生产要素的所有者为自己的利益，在没有政府的干预下独立行动，每天作出千万次市场决策，这次决策决定了在一国经济中生产什么商品，如何生产和为谁生产。由于亚当·斯密的"看不见的手"将使这个经济不受任何人的意志的驱使而趋于实现一般均衡和经济效率。

一般均衡和巴累托最佳状态表明只有在完全竞争市场中通过"看不见的手"的作用下，导致一国经济资源实现最佳的配置。其他的经济类型如垄断、垄断竞争和寡头则不能实现最佳状态的资源配置。这就是说，一旦市场供求力量不能够有效率地作为配置资源的机制，促使市场顺利运转时，福利经济学提供的这个准则，就可以用来指导政府对市场的干预。这种干预可以通过税收、补贴、直接管制等手段实现。

66

经济学的一个基本问题是稀缺与选择。

政府缩小收入差距的手段就是通过税收来进行。

赋税可以区别为直接税和间接税。

应予纳税的收入或财产的数额称为税基（base tax）。

消费者和生产者分担税额的比重决定于需求曲线与供给曲线的价格弹性的大小。

在税收制度中，凡是随着课税对象数额的增加，平均税率也增加的税称为累进税。

对同一课税对象不论数额多少，都按同一税率征收的税是比例税。

政府必须通过财政支出举办一些项目。

对每一项目的成本和收益，无论是实物的或货币的、直接的或间接的、有形的或无形的、最终的或中间的、内部的或外部的，都要以货币形式核算成总金额。

67

如果把发达的资本主义国家的经济活动连续起来看，它总是处于周而复始，不断地循环流动（circular flow）的状态之中。

总体经济的循环流动最基本的是收入和产品的循环流动。即家庭与厂商之间的商品和服务（也称劳务）的流动，以及为交换这些商品和服务进行对等的货币支付的流动。

国民收入（national income）是以现行价格（即以名义价值表示的）计算的各个家庭所获得的工资、地租、利息和利润的总和。也就是由于提供劳动、土地、资本和企业家精神等生产要素而得到的总收入。

国民产品（national product）是生产的所有商品和服务以现行价格计算的总名义价值。国民产品是流向厂商的货币流量以抵补从厂商流向商品市场的商品和服务。

投资就是固定资本投资和现存投资的总和。

68

总供给（aggregate supply）是指一国经济中生产的所有商品和服务的货币总价值。更精确地说，它是名义总供给（aggregate nominal supply），其实，它和国民产品的内涵是完全一样的。名义总供给和国民产品是同样一个量的两种不同名称。

总需求是购买者计划购买的所有新生产的商品和服务的货币总价值。

政府通过税收、支出和政府举债三个方面与家庭和厂商相联系。

首先分析税收。所得税、工薪税、财产税、公司所得税等都是政府从家庭和厂商那里取走的货币流量。这种资金流动为政府给予某些家庭的转移支出抵消了一部分，税收和转移支出之间的差额就是净税收。

其次是政府与商品市场的联系。这表现为政府在该市场上购买商品和服务的支出，这项支出包括从厂商那里购买商品和服务的支出，给政府雇员的工资薪金的支出在内。为了简化整个循环流动，可以把政府雇员的工资和薪金，看成是通过商品市场而流向家庭的。

最后是政府与金融市场的联系。由于政府支出扩大，光靠税收往往无法平衡预算，由此产生的预算赤字，必须通过借款加以弥补。通常的方式或是向公众或是向金融机构出售短期和长期政府债券，得到价款，弥补财政赤字。这意味着在金融市场上举债。西方国家财政经济发生赤字，因而积累的国债愈来愈多。每年的预算赤字是一种流量，而积累的国债是一种存量。如果国家财政总预算有盈余，政府则可加速清偿一部分旧债，而不必增加新债。这时政府有净的资金流入金融市场。

69

政府对循环流动可能施加的影响：政府影响循环流动的方式之一就是变动它对商品和服务的购买量。政府增加采购量就会增加总需求，减少采购量就会减少总需求，从而就能调节名义国民产品的量。

政府通过变动采购支出量和变动税收来调节总需求和循环流动的量的做法称为财政政策（fiscal policy）。

货币供应量、信用量和利率水平：当中央银行采取收缩货币供应量、信用量和提高利息率的措施时，其目的在于阻碍厂商进行新的投资。这种政策将会压缩总需求和以现行价格计算的国民产品的量。反之，当中央银行采取增加货币供应量、信用量和降低利息率的措施时，其目的在于鼓励厂商利用借款扩大投资。这种政策在其他情况不变的条件下，将会增加总需求和循环流动的量。中央银行的这些行动称为货币政策。

70

I=S 这是宏观经济学中的一个重要恒等式。

国民收入核算体系的发展与建立是应用经济学的一大成就，它的重要性不在凯恩斯理论成就之下。因为如果没有国民收入核算，凯恩斯的就业理论的实用价值就要受到很大的限制。

国民总产品就是一定时期内，一般是一年内，一个国家生产最终产品和服务的货币总价值。

最终产品法又称支出法（expenditure approach）。它是直接按照循环流动模型进行计算的。

所谓最终产品（final products）是指最终供人们使用或消费而不是为了转卖或为进一步加工所购买的商品和服务。

个人消费支出包括所有家庭对国内生产的和进口的商品和劳务的总消费。又分三个项目，即耐用消费品、非耐用消费品和劳务三种。

71

上世纪 30 年代以前，西方经济学一向以价格理论为中心。以后随着凯恩斯主义的产生，逐渐转变为注重收入理论。

萨伊定律：18世纪法国经济学家萨伊认为，一种产品一经生产出来就立刻提供另一种商品实现其全部价值的市场，因此只要创造出一种产品就立刻为其他产品开辟一个市场。萨伊的这个结论被总结为萨伊定律，即"供给创造自己的需求"。

保证所有储蓄都能转化为投资并能实现充分就业的是利息率。

利率高低则决定于金融市场上可贷资金的供求状况。

可贷资金供求平衡时的利率则为均衡利率。

从亚当·斯密开始就强调政府应采取自由放任政策，除了国防、行政管理和必要的基础设施外，不必干预经济运行。

72

失业可分为以下三类：周期性失业（cyclical unemployment），它与通货膨胀合并称为宏观经济学中的一对祸害（the two evils）；摩擦失业（frictional unemployment）；结构性失业（structral unemployment）。

就业情况分为就业、失业和不属于劳动力三类。

充分就业是指在一般物价水平稳定，既不上涨，也不下跌的情况下，除摩擦失业者和结构失业者外，所有愿意工作的人都在从事某种工作这样一种就业状态。

总支出不大可能等于充分就业时的总收入（或国民收入）。如果在达到充分就业水平，总支出还是继续增加，真实产量和就业不会随之扩大，而是价格的持续上涨，形成通货膨胀。

利率不是像新古典理论所说的那样是使储蓄和投资在充分就业水平趋于相等的调节器。

在危机期间全面降低真实工资，不会改善就业情况。

73

凯恩斯认为，资本主义经济不可能自行调整到充分就业水平。

凯恩斯的就业理论也称为国民收入决定理论。

凯恩斯理论的核心，就是论证在资本主义经济中，总支出水平决定了总产量、总就业量和国民收入水平。总支出并不必然和充分就业的总收入相等，因而会出现小于充分就业的均衡状态。但是只要总支出增加，总产量和总就业量也会随之增加。总支出增加到足够的程度，总就业量就可以达到充分就业水平。收入—支出模型就是按照凯恩斯的就业理论，说明总支出水平是如何决定均衡的国民收入水平的。

凯恩斯写作《就业、利息和货币通论》一书时，正是资本主义世界处于前所未有的大量失业时期，工厂倒闭，机器设备闲置，市场滞销，物价难以回升之时。凯恩斯认为，只要工人未全部就业，便不会要求增加货币工资，生产的报酬既不递减，又不递增。货币数量增加，总支出随着增加，就业量也作同比例的增加，物价大致上不受影响。

各个家庭支出它们得到的收入来购买消费品和劳务，这项支出就称为消费。

消费理论主要研究的是如何以可支配收入的变动来说明消费的变动，因此消费函数只用来表示消费与可支配收入之间的关系。在其他条件不变的情况下，消费随收入的变动呈同方向的变动，收入增加，消费也随着增加，收入减少，消费也随着减少，但是消费的增加，不如收入增加的那样多。

74

在经济分析中，还需要知道一个家庭或所有家庭增加或减少 1 单位收入，所增加或减少的消费量和储蓄量。边际消费倾向表示增加或减少 1 单位收入所引起的消费量的变化。

引起消费曲线和储蓄曲线移动的所有因素中，最重要的有以下几方面：第一，一个家庭拥有的财富的数量；第二，预期未来的收入和价格的变动；第三，预期未来产品短缺。

投资理论的两个原则：一是，利息成本越高，则预期报酬越低，投资量也越少；反之，利息成本越低，则投资量越大。二是，企业投资支出增加，最后1单位美元投资的预期报酬率趋于减少。

企业投资类似于消费需求，企业投资的价格就是利率。

政府支出中除政府员工的工薪支出外，重要的项目是公共投资支出。它包括公路建设，教育经费，福利开支和国防开支。政府支出规模不决定于支出的预期报酬率，而由政府根据具体情况作出决定。

净出口是一国出口与进口之间的差额。

所谓注入就是那些自发的（不依赖于收入水平的）支出，例如投资支出、政府支出和出口都属于注入。注入的效应是增加了总支出，从而提高了一国经济的收入水平和就业水平。

所谓漏损就是从总收入中漏损去的。如储蓄、税捐和进口等。漏损的作用就是降低总支出，从而降低一国经济的收入和就业水平。

75

总支出和总需求最重要的差别是，总需求是在各个价格水平上，各领域打算购买新产品的商品和劳务的总量。总支出则是在价格不变的前提下，各领域愿意购买新生产的产品和劳务的总量。

总支出是在各个真实收入水平上，一国经济中所有各个领域愿意用于购买商品和劳务的支出总量。现在所说的总需求（aggregate demand，简写为 AD）是在各个价格水平上，一国经济中所有各个领域愿意购买的真实总产量的总价值。

物价变动对意愿的总支出和总支出曲线 AE 的影响：物价水平的变动首先影响金融资产的真实价值，然后再影响 AE 曲线，大多数金融资产，如现金、银行存款、国库券和公债等都有固定的面值。物价水平上涨则降低了这些资产的购买力，因而减少了这些金融资产的真实价值。物价水平下降则增加了这些资产的购买力。

76

决定供给曲线移动的有以下因素：第一是工资率的变动。工资一般约占发达国家企业成本的70%，是成本中最重要的项目。第二是其他要素价格的改变。第三是技术状态和生产率的变动。第四是劳动和资本供给的变动。

增加财政支出，将导致相当严重的通货膨胀，并不能增加多少产量和就业，因此政府干预经济是不可取的。

失业和通货膨胀是相互关联着的两个变量。它们是交替出现还是同时出现，决定于 AD 与 AS 曲线的形状及其交点的位置。失业和通货膨胀都表明资源的配置不当，使一国经济失去了效率、稳定和增长。不少的因素影响着短期的总需求和总供给，从而影响一国经济的稳定。凯恩斯的宏观经济学强调的就是这样的短期分析。

77

乘数原理表明增加投资支出，不但能够增加一国经济中的收入和就业，而且能比增加的投资大若干倍地增加收入，因此，均衡收入水平的变动与引起这项变动的原始支出变动之间的比例叫做乘数。

收入的变动 = 乘数 * 投资的变动

乘数公式表明乘数是边际储蓄倾向 MPS 的倒数。因此 MPS 的值越低，收入循环流量中的漏损越小，则边际消费倾向越大，乘数也越大，投资支出导致的收入增量也越大。反之，MPS 越大，乘数越小。

只要总供给曲线是向上倾斜的，总需求的任何增加，都会使价格水平上升，相应地降低了消费者的购买力，减少了人们的真实需求，使乘数比价格不变时要低。

收入—支出模型和收入—价格模型表明，在任何既定的时间内，一国经济很少有可能恰巧处于充分就业均衡或达到潜在产量水平的。均衡产量（即实际产量）可以高于或低于潜在产量，两者差额称为缺口。

当总需求和总供给曲线相交并处于均衡状态时，如果其中任何一个总量曲线移动了，其均衡产量和均衡价格水平都会改变。AD 曲线的移动，称之为总需求的冲击（aggregate demand shocks），简称需求冲击；如果 AS 曲线移动，则称总供给的冲击（aggregate supply shocks），简称供给冲击。总需求冲击使总产量的变动和价格水平的变动同方向，一齐增加，或一齐降低，总供给冲击使总产量和价格水平成反方向的变动，一个上升，另一个下降。

78

当均衡产量超过潜在产量时，对劳动的需求增加，失业人数可能低于摩擦性失业水平。许多企业很难雇到所需要的全部工人，由于其他工厂的高薪引诱，工人跳槽的情况增加。这些情况必然引起工资上涨，从而增加了企业的成本。

膨胀缺口可以自行消失的结论是有条件的。前提条件是，这时没有其他力量促使总需求曲线再向外（向右上方）移动，因而总需求保持不变。只有在这个前提条件下，这个结论才能成立。

在现代经济中，当需求高涨时，工资和价格都将上涨，但在需求低落时，它们一般并不下降。这种不变性（也称刚性）具有一种重要的含义，即衰退性缺口不会自动消失。如果工资和价格不能向下变动，一国经济将停留在 E 点上无法移动。总是处于小于充分就业的均衡状态，凯恩斯是提出持续地小于充分就业状态的第一个西方经济学家。

一般认为发生这样严重的滞涨，主要的原因是能源价格的上涨。

由此可知，不利的供给冲击（即总供给曲线向内移动）的典型结果是产量的下降和通货膨胀的恶化。它是 20 世纪 70 年代中期、80 年代初期西方各国发生两次滞涨的原因之一。如果降低总供给的事态再度发生，滞涨现象还会重来。不过，如果遇上有利的供给冲击，如原油价格下跌，农业丰收，总供给曲线向外移动，通货膨胀即会下降，1982 年和 1983 年的美国经济就是这种情况。

79

"供给学派经济学"：供给学派的中心思想是，累进税率太高阻碍人们更加勤奋地工作，只有减税的方式能进一步鼓励人们去工作，如果人们真的接受这种鼓励，那么税收制度就可用来增加总就业量。同理，只要税收制度改变得能够鼓励家庭增加储蓄，鼓励企业更多地投资，那么用于生产的总资本就会增加。如果这两种税收制度成功的话总供给就会增加。

供给学派主张从以下四个方面进行减税：第一，从刺激资本形成的目的出发，首先实行加速折旧政策。第二，供给学派明白，如要增加投资，必先增加储蓄。第三，资本只是生产要素的一种，还必须增加劳动供给，才能提高总供给。他们认为降低了税率就能鼓励人们更勤奋地工作，更长时间地从事工作，更多地从事生产性工作，而减少闲暇时间。第四，总供给还决定于技术水平。

副作用：第一，供给效应是不确定的；第二，低估了需求一方的效应；第三，是时机问题；第四，是压制通货膨胀的力量有限；第五，是对收入分配的影响；第六，是税收的损失。

80

市场供给曲线从左到右向上倾斜是由于两个原因：在较高价格上，市场上的厂商愿意生产更多；在较高的价格上，更多的厂商愿意进入市场生产这种物品。

均衡是指这样一种状态，在这种状态下不存在变动的力量（原因）。没有人具有改变均衡状态的动机——就供给和需求而论，没有动机来改变价格和数量。

在均衡价格上，消费者正好得到他们想在那个价格上购买的物品数量，而生产者也正好卖掉了他们愿意在那个价格上出售的物品数量。因此，不论是生产者还是消费者都不再有改变价格或数量的动机。在任何其他价格上，购买者或售卖者都存在着改变价格的动机。

在竞争的市场经济中，实际价格总是有成为均衡价格的趋势，在这个价格上需求等于供给，这被称为供求规律。供求规律所强调的是，当市场偏离均衡时，就一定存在着变化的力量。

81

供求规律能够帮助说明这个钻石与水的难解之谜，以及许多类似的事例。

价格与物品的边际价值，即物品的一个增加单位的价值有关。水的价格低不是因为水的总价值低——它显然是高的，因为没有水我们无法生存——而是因为水的边际价值，即我们对于一年中能喝到的更多一杯水所愿意支付的价值是很低的。

供给和需求分析给价格水平及其变化的研究提供了一种有系统的和合乎逻辑的框架。

供求规律的用途之一是能够解释价格的变动。

如果一种物品价格的上升另一种物品的需求就增加，这两种物品就是替代品。

互补品，即一种物品价格的增加减少另一种物品的需求。

非经济因素也可以使市场需求曲线变化，其中主要因素有人口的变化和爱好的变化。

有时需求曲线因为信息变化而移动。这种得到信贷的难易程度的变化也能引起需求曲线的移动。现时家庭所需不仅仅取决于现在的收入和价格，而且还取决于他们对未来的预期。

沿需求曲线的变动是指由于价格变化而引起的需求数量的变化。

82

市场供给曲线移动有几种原因。一种原因是生产物品所需投入的价格下降。

技术的改进，就像在过去20年来计算机工业所发生的那样，也会使市场供给曲线向右移动。另一个移动的原因是大自然。农产品的供给曲线向左或向右的移动可能取决于大自然情况的好坏，如气候状况、虫害或动物疾病等。有些经济学家甚至把自然环境的变化归为技术的移动，但是，这就混淆了已知农业技术的变化和这些技术的制约条件的变化之间的重大区别。有关新技术或投入品价格的预期的变化，也会引起供给曲线的移动。

市场供给量可能由于两方面原因而增加，一方面是物品价格上升，在较高的价格上，就一条不变的供给曲线来说，生产数量是较大的；另一方面是供给曲线的移动，因此，在一个不变的价格上，供给量增加。

为什么价格变化有时作用很小，而有时作用却很大呢？答案在于需求曲线和供给曲线的形状。当需求曲线非常平缓时，它意味着，价格的一个变化，会对需求量产生巨大影响。相反，当需求曲线非常陡峭时，它意味着，价格上的一个变化仅会对需求量产生很小的影响。

答案是这样的：虽然几乎每种物品和劳务都存在替代品，但是一些物品的劳务比另一些更难以替代。当替代困难时，价格上升，需求量不会下降太多。同理，当价格下降时，需求量也不会上升太多。即使牛奶变得极为便宜，一般消费者也不会用牛奶替代啤酒——或别的任何东西。另一方面，当替代容易时，价格的下降可能引起需求量巨大的增加。

83

需求曲线陡峭或平缓的程度。人们使用需求价格弹性概念（简称价格弹性或需求弹性）。需求价格弹性被定义为需求量变化的百分比除以价格变化的百分比。

价格弹性较大的数值说明需求对价格变化是较为敏感的，而较小的数值说明需求对价格变化是较不敏感的。

当价格弹性是1的话，需求量的下降正好与价格的上升相抵，因此，价格上升对收益没有影响。如果价格弹性小于1，那么物品价格上升1%时，需求量的下降少于1%。因为需求减少得不太多，所以，0-1之间的弹性意味着价格上升也将使收益上升。而价格的下降将使收益下降。我们说这类物品的需求是相对缺乏弹性的，或者说，是对价格变化不敏感的。另一方面，如果物品的价格弹性比1大，那么，当价格上升1%时，需求量的下降大于1%。因此，价格上升意味着这类物品的总收益将下降。价格下降将提高收益。销售量增加抵偿价格下降而有余。我们说这类物品的需求是相对有弹性的，或者说，对价格变化是敏感的。

低价格上，产品存在许多替代品。

供给曲线通常是向上倾斜的，但在有些场合它们很陡峭，在另一些场合却又很平缓。像需求曲线一样，供给曲线陡峭的程度反映其对价格变化的敏感程度。供给的价格弹性，即供给量变化的百分比除以价格变化的百分比（或供给量变化的百分比对价格变化1%的反应）。

长期供给曲线的弹性小于短期供给曲线。

84

需求或供给曲线的移动会引起价格和产量的调整，知道这一点是很有帮助的，但是，更有用的则是要知道，这种影响所导致的大部分变化是在价格上还是在数量上。为此，我们必须考虑需求曲线和供给曲线的价格弹性。

自然资源，例如土地的供给曲线通常是垂直的。

如果供给曲线的弹性非常之大（水平的），那么，需求曲线的移动会主要反映在数量的变化上；如果供给曲线是相对缺乏弹性的（垂直的），那么，需求曲线的移动会主要反映在价格的变化上。如果需求曲线的弹性非常之大，那么，供给曲线的移动会主要反映在数量的变化上。

需求曲线和供给曲线的移动在短期中更多地引起价格的变化，而在长期中更多地引起数量的变化。

如果你愿意支付"市场价格"——你可以获得几乎任何物品或服务，并不需要走一些有势力的政治家或朋友的门路。

85

对于一个经济学家来说，短缺意味着，人们想要买某些东西，但他们却不能按照现行价格来买到这些东西。过剩意味着，售卖者想要出售他们的产品，但是他们不能按照现行价格卖掉他们所愿卖出的这些东西。这些似乎市场不起作用的情况可以以非常有力的方式，提醒我们注意到供求规律的重要性。这里的问题在于"现行价格"不是市场的均衡价格。

当市场趋向于均衡的调整不是很快时，经济学家就说，这时的价格具有粘性。

尽管政府是极强有力的，但它们也不能取消供求规律，就像不能取消万有引力规律一样。

政府限制供求规律有两种更显著的事例：最高限价和最低限价。

每次政府实行最高限价时，结果都是在所控制的价格水平上产生短缺；人们想要购买的产品数量比生产者生产的要多，因为生产者缺乏多生产这种产品的积极性。

如果政府试图把最低工资提高到均衡工资之上，对劳动者的需求就会减少，而劳动者的供给就会增加，这时将出现劳动的超额供给。当然，有幸能够找到工作的人，得到比市场均衡工资高的工资，生活状况将会提高；但是，还有其他人，他们找不到工作，境况会坏下去，而他们本来是可以在较低的市场均衡工资上被雇用的。

86

谁要是忽视供求规律的作用只能是自找麻烦。这似乎是政治家们需要一遍又一遍温习的教训。然而，这并不意味着，政府应完全忽视由巨大的价格和工资变动引起的困难。它只意味着，政府在解决这些问题时，必须详加考虑，价格控制，包括最高限价和最低限价，似乎都不是有效的手段。

生产什么是由需求和供给的交点决定的，反映着物品消费者的愿望和厂商生产这些物品的成本。厂商在相互竞争中，以可能有的最小费用的方式来生产物品。"为谁"问题的答案是由经济中个人的收入做出的。具有较高收入的人得到较多的经济中的物品和劳务，而具有较低收入的人得到的较少。这些收入又依次为劳动的需求和供给，以及资本的需求和供给所决定。劳动的需求和供给决定对工人的支付数量，资本的需求和供给决定人们在储蓄上所得到的报酬。对"谁来决策"的回答是"每个人"。关于生产哪种物品的决策，是全部经济中的家户和厂商做出的数以百万计的决策的结果。此外，相互竞争的厂商具有动机，来选择那些最有能力做出困难决定——是否进入某个新市场或者发展某种新产品——的人作为经理。如果厂商要想生存下去，他们就必须面对这些决定。

87

商品的价格和要素的价格都是根据供求力量决定的。

消费者的需求最终取决于技术水平和要素的边际生产率。

完全竞争的要素市场的条件：第一，要素市场上买卖双方，人数众多；第二，买卖的都是同一性的要素；第三，要素是完全流动的；第四，各要素之间具有完全的替代性；第五，要素单位具有可分性；第六，要素市场上买卖双方都掌握着全部的市场信息；第七，要素市场上，买卖双方都能自由地进入或退出该要素市场；第八，商品市场和要素市场一样都是完全竞争的市场；第九，报酬递减规律在这个市场上起着充分作用。

要素的边际生产率，如以实物表示则称为边际物质产品（marginal physical product 简称 MPP）。由于边际报酬递减规律的作用，边际物质产品将随要素投入量的增加而递减。要素的边际生产率如以使用要素所生产的商品的市场价格（设为 P）来表示，则称为边际产品的价值（value of marginal product 简称 VMP），即 VMP=P*MPP。

88

在西方国家劳动市场中，最重要的特征是存在着工会。工会的功能就是以集体议价取代个人议价以提高工资，以改善参加工会工人的生活待遇。

迂回生产具有提高生产率和产出优质产品的巨大潜力，是直接生产所不能比拟的。

现代的地租论是建立在供求理论基础上的稀缺性地租论。

地租来源于要素的稀缺性，地租的量等于实际所得与转移所得之间的差额。因此地租不再是土地这一要素的特有的内涵，而是所有生产要素的内涵。

从总利润中除去隐含成本以后的剩余称为纯经济利润，这才是经济学上使用的利润一词的含义。

总利润中减去隐含的地租、利息和工资后的余额才是纯经济利润。

89

经济周期，我们称之为经济危机（economic crisis），指的是资本主义经济活动不断的波动或起伏，它是由国民生产总值、工业生产、就业和失业等变量的统计时间数列反映出来的。

每一个经济周期都可以划分为四个阶段：1.谷底（trough），更经常地成为萧条（slump 或 depression）；2.复苏（recovery），或称扩张（expansion）；3.波峰（peak），更经常地称为繁荣或景气（boom）；4.衰退（recession）。另外还有两个转折点（turning point），衰退开始时称之为高转折点，复苏开始时称为低转折点。

奥肯定律（Okun's Law）：真实国民生产总值（GNP）每低于（或高于）潜在国民生产总值2个百分点，失业率就增加（或减少）1个百分点。

自1857年发生第一次世界经济危机以来，到第二次世界大战爆发前，总共发生了11次世界性的经济危机。每一个周期的平均长度为10年或8年，即每10年或8年发生一次危机。

第二章

市场机制

A RESTRICTED VIEW
ON ECONOMIC THOUGHT

1

我们随时都看得见并且非常接近这一终点，而之所以一直没有到达终点，只是因为终点总在移动。如果生产技术不进一步改良的话，如果资本停止从最富裕和最繁荣的国家流向尚未开垦或未得到很好开垦的地区，那么最富裕和最繁荣的国家很快就会达到静止状态。

我们的社会是我们自己建立的。我们可以改变各种制度。物质的和人的特性限制了我们选择的余地。但是，只要我们愿意，这些都阻止不了我们去建立这样一个社会，它主要依靠自愿的合作来组织经济活动和其他活动，它维护并扩大人类的自由，把政府活动限制在应有的范围内，使政府成为我们的仆人而不让它变成我们的主人。

自由是个整体，任何事情如果减少我们生活中某一方面的自由，它也就会影响到其他方面的自由。

自由不可能是绝对的。我们生活在一个相互依赖的社会中，对我们的自由施加某些限制是必要的，以免遭受其他更坏的限制。但是，我们已经远远超过了这一点，当今迫切需要的是取消限制而不是增加限制。

正是因为人不是个个一样的。他们的不同价值观、不同爱好、不同能力使他们想过很不相同的生活。人身平等要求尊重他们这样做的权利,而不是强迫他们接受他人的价值观或判断。

在人类的心灵中也有一种对平等的卑劣憎恶,它驱使弱者将强者降低到与他们相同的水平,使人们宁可要奴隶制下的平等,也不要自由下的不平等。

2

生活就是不公平的。相信政府可以纠正自然产生的东西是诱人的。但是,认识到我们正是从我们所哀叹的不公平中得到了多少好处,也同样是重要的。

人民自己作出抉择并承担这些决定的大部分后果,这是贯穿着美国大部分历史的制度。正是这种制度,在过去二百年间刺激了福特家族、爱迪生家族、伊斯特曼家族、洛克菲勒家族、彭尼家族去改造我们的社会。正是这种制度刺激了另一些人,使他们乐意担风险、掏钱来资助这些野心勃勃的发明家们和产业大亨们从事冒险事业。当然,一路上有许多失败者,失败者也许比成功者要多。他们的名字被人遗忘了。但是,他们中大多数人是甘愿冒风险的。他们知道自己是在碰机会。而不论是成功还是失败,整个社会由于他们愿意碰这个机会而得到了好处。

3

平等运动的失败有其更为根本的原因。它违背了人类的一个最基本的天性,即亚当·斯密所说的,"每个人都为改善自身的境况而作一贯的、经常的和不间断的努力。"我们还可以补充一句:人们也为改善其子孙后代的境况而努力。

世界上任何地方都存在着收入和财富的严重的不平等。这使我们大多数人感到愤慨。看到一些人在奢侈挥霍,另一些人则饱尝贫困的煎熬,谁都会感慨万端。在过去的一个世纪里,流传着一种神话,说自由市场资本主义,即我们所说的机会均等，加深了这种不平等，在这种制度下是富人剥削穷人。

工业的进步、机器的改进、所有新时代的伟大奇迹，对于有钱人来说，关系较少。一切现代文明的伟大成就，主要是增长了普通老百姓的利益。这些成就为人民群众提供了方便和乐趣，而在过去，这些只是富人和权势者专有的特权。

4

一个社会把平等——即所谓结果均等——放在自由之上，其结果是既得不到平等，也得不到自由。

一个把自由放在首位的国家，最终作为可喜的副产品，将得到更大的自由和更大的平等。

一个自由的社会将促使人们更好地发挥他们的精力和才能，以追求自己的目标。它阻止某些人专横地压制他人。它不阻止某些人取得特权地位，但只要有自由，就能阻止特权地位制度化，使之处于其他有才能、有野心的人的不断攻击之下。自由意味着多样化，也意味着流动性。它为今日的落伍者保留明日变成特权者的机会，而且在这一过程中，使从上到下的几乎每个人都享有更为圆满和富裕的生活。

社会改革主义者，特别是教育改革主义者，总是自以为是地认为，父母，特别是那些贫穷的、受过很少教育的父母，不关心自己子女的教育，而且不具有为自己的子女选择教育的能力。这纯粹是无稽之谈。这样的父母确实很少有为子女选择的机会。但是，美国历史上有足够的证据表明，一旦有机会的话，他们为了子女的幸福，总是愿意作出很大的牺牲，而且会作出很明智的选择。

如果大多数公民不具备最低限度的文化和知识水平，一个稳定和民主的社会是不可能存在的。

公立学校也在传授宗教，只不过不是信奉哪一个神的正式宗教，而是一整套价值观念和信仰，但这实际上已经构成了一种宗教。

任何提供选择自由的计划必须保证所有家庭的孩子享有同等的上某一所

学校的机会。

在我们的社会里，文化知识的发展将广泛地影响人民的生活质量。

5

"受教育"并不一定都得"上学"，"上学"也并不都"受到了教育"。许多学历很高的人并没有受到教育，而许多"受过教育的人"并没有上过学。

亚历山大·汉密尔顿在美国的创建者当中是一位真正受过教育的、博学多才的人，然而，他只上过三四年正规学校。

社会上，除乞丐外，没有一个人愿意全然靠别人的恩惠生活。

我们的确不能靠恩惠而获得我们的饮食——但是，我们能全然靠亚当·斯密所说的看不见的手吗？许许多多的经济学家、哲学家、改革家和社会批评家们对此作了否定的回答。

人们普遍错误地认为，各种社会机构的行为是可以任意改变的。这是多数所谓改革家犯的根本错误。这种错误说明为什么他们如此经常地感到，过失在于人而不在于"制度"；他们提出的解决问题的方法是"赶走坏人"，让好人管事。这种错误说明他们的各项改革为什么在表面取得成功时，常会走上歧途。

6

政府是一种手段，通过它我们可以弥补"市场的失灵"，可以根据我们的意愿较为有效地利用各种资源生产出所需要的清洁的空气、水和土地。不幸的是，导致市场失灵的那些因素，也同样使政府难以找到一种满意的解决办法。一般说来，政府同市场参加者相比，前者并不能比后者更容易地辨认出谁是受益者谁是受害者，也不能更容易地估计出上述两种人各得到多少好处受到多少害处。利用政府来补救市场的失灵，常常只不过是以政府的失灵代替市场的失灵。

我们的世界并非尽善尽美的世界，因而竞争不能提供十全十美的保护。然而对于绝大多数工人说来，竞争是迄今被人们所发现或发明的最好的，也即害处最少的保护。

整个馅饼是增大了——不仅工人得到的份额增大，而且雇主、投资者、消费者乃至税收官员得到的份额也增大了。

这就是自由市场制度在全体人民中间分配经济进步的果实的方式。这就是过去两个世纪劳动人民的生活和工作条件得到巨大改善的秘密所在。

决定一个国家财富的"真正的"力量，是它的公民的能力、他们的勤劳和智慧、他们所能利用的资源以及他们的经济和政治组织方式等等。

7

新自由主义的代表人物为西德的欧根、奥地利学派的哈耶克以及费里德曼等人。新自由主义者颂扬自由竞争下的资本主义的市场和价格制度，认为它几乎是解决任何经济问题的最好机制。虽然如此，他们并不赞成完全不受束缚的"自由放任"。他们主张，国家应该创造条件使市场和价格制度发挥最大的功能。对于他们所承认的市场和价格制度的不足之处，他们也赞同国家进行干预。但是，他们又认为，一方面应把干预限制在最少的程度；另一方面，最好还要通过市场和价格制度来进行干预，以便取得最好的效果。

而对于自由主义者而言，把人们组织起来从事生产活动的最好的方式，是在没有强制手段下的人们之间的自愿合作并且在自愿合作的基础上缔结相互有利的契约。"通过自愿交换所组成的社会……是一个自由的私有企业交换经济——即我们一向称之为竞争的资本主义。""经济自由本身是一个目的。其次，经济自由也是达到政治自由的一个不可缺少的手段。"

8

马克思曾经多次指出它的虚伪性质。例如，马克思曾以讽刺的语气写道：

"劳动力的买和卖是在流通领域或商品交换领域的界限以内进行的，这个领域确实是天赋人权的真正乐园。那里占统治地位的只是自由、平等、所有权和边沁。自由！因为商品例如劳动力的买者和卖者，只取决于自己的自由意志。他们是作为自由的、在法律上平等的人缔结契约的。契约是他们的意志借以得到共同的法律表现的最后结果。平等！因为他们彼此只是作为商品所有者发生关系，用等价物交换等价物。所有权！因为他们都只支配自己的东西。边沁！因为双方都只顾自己。使他们连在一起并发生关系的惟一力量，是他们的利己心，是他们的特殊利益，是他们的私人利益。正因为人人只顾自己，谁也不管别人，所以大家都是在事物的预定的和谐下，或者说，在全能的神的保佑下，完成着互惠互利、共同有益、全体有利的事业。"

9

不管是建筑还是绘画，科学还是文学，工业还是农业，文明的巨大进展从没有来自集权的政府。哥伦布并不是由于响应议会大多数人的指令才出发去找寻通往中国的道路，虽然他的部分资金来自具有绝对权威的王朝。牛顿和莱布尼茨，爱因斯坦和博尔，莎士比亚、米尔顿和帕斯特纳克，惠特尼、麦考密克、爱迪生和福特，简·亚当斯、费洛伦斯、南丁格尔和艾伯特·施韦特，这些在人类知识和理解方面，在文学方面，在技术可能性方面，或在减轻人类痛苦方面开拓新领域的人中，没有一个是出自响应政府的指令。他们的成就是个人天才的产物，是强烈坚持少数观点的产物，是允许多样化和差异的一种社会风气的产物。

广泛地使用市场可以减少社会结构的紧张程度。因为，它使它所进行的任何活动都没有顺从的必要，市场所涉及的范围愈广，纯然需要政治解决的问题愈少，从而需要达成协议的问题愈少。反过来说，需要达成协议的问题愈少，在维持一个自由社会的条件下取得协议的可能性愈大。

不论无政府主义作为一种哲学具有多大的吸引力，但在不完善的人类世界里，它是行不通的。各个人的自由可能相互冲突。当冲突存在时，必须限制一个人的自由以便保存另一人的自由……"我移动我的拳头的自由必须受到你的下巴的接近程度的限制。"

<h1 style="text-align:center">10</h1>

竞争有两个非常不同的意思。在一般的论述中，竞争的意思是个人之间的争胜；在其中，人人设法胜过他的已知对手。在经济事务中，竞争几乎意味着相反的事物。在竞争市场上，没有个人的争胜。没有个人的讨价还价。在自由市场内，种植小麦的农民并不觉得自己在和事实上为自己的竞争者的邻居进行个人竞争或受到他的威胁。竞争市场的本质是它的非个人的特征。

竞争是一个抽象的概念，像欧几里得几何中的线或点那样。没有人看到过欧几里得的线——它的宽度和厚度均为零——然而，我们大家认为把许多欧几里得的容量——例如勘测者的绳索——看作为欧几里得的线是有用的。同样的，不存在像"纯粹"竞争这样的东西。不管他的影响如何的微小，每个生产者都对他生产的物品价格具有一些影响。

用亚当·斯密的话来说："有一只看不见的手引导他去促进一种目标，而这种目标决不是他所追求的东西。由于追逐他自己的利益，他经常促进了社会利益，其效果要比他真正想促进社会利益时所得到的效果为大。我从来没有看到那些自称为了社会利益而从事贸易的人做了多少好事。"

一个戏剧性的范例是 1962 年 4 月美国钢铁公司取消了钢铁的提价。对于提价，肯尼迪总统表示愤怒，并且以使用报复手段相威胁，包括使用从反托拉斯诉讼到检查钢铁公司领导人的税务报告等各种大小办法。这是一个触目的事件，因为它显示了集中于华盛顿的巨大权力。这使我们全都注意到我们具备的警察国家所需要的权力已经有多少。它也能很好地说明了目前的要点。假使钢铁价格像社会责任的学说所声称的那样，是一个公众的决定，那末，就不能允许由私人方面这样做。

11

任何科学或学习领域中的进展往往来自在专业领域中没有声誉的大批的狂想家和爱好空谈的人的工作的成果。……通向知识和学问具有许多不同的道路。

广泛争论的是：必须区分个人天赋的不均等和个人继承的财产的不均等，以及个人承继的财富的不均等和个人自己获得的财富的不均等。个人能力差异的不均等，或个人自己所累积的财富的不均等被认为是合适的，或至少不像承继的财富的不均等那么明显的不合适。

当任何人的财富超过了世界上所有人的平均数时，他便应该立即把多出的数量平均分配给世界上所有的居民吗？当少数人这样做时，我们会羡慕和称赞这个行动。但是，普遍的"分享财富"会使文明世界不能存在。

在任何事态中，两个错误不能造成一个正确。身份或地位或财富的大部分的差异归根结底可以被认为是机会的产物。努力工作和节俭的人会被认为是"该受奖的"；然而，这些品质很大一部分得归功于他幸运地（或不幸运地）所继承到的遗传因子。

12

机会的女神，像正义的女神一样，毕竟是盲目的。工资的提升是对功劳大小的一个经过考虑后的判断。

在一个市场经济中，根据产品计酬的有效作用主要不在于收入分配而在于资源分配。……人们能把无生命的东西任意支配；人们能强迫个人在某一时间处在某一地方；但是，人们很难迫使个人拿出最大的劲头来。用另一种方式说，用强迫来代替合作会改变可利用的资源的数量。

在过去一个世纪里，进步和发展的主要特征是：把人民群众从繁重的劳动中解放出来，并且使他们可以得到在以前限于上层阶级的产品和劳务，而与此同时，并不以任何相应的方法来扩展富有者所能有的物品和劳务。

推广和扩大教育机会是趋向于减少不均等的一个主要因素。像这样的一些措施具有行动上的优点，因为，它们能击中不均等的泉源而不只是缓和症状。

13

自由主义哲学的核心是：相信个人的尊严，相信根据他自己的意志来尽量发挥他的能力和机会，只要他不妨碍别人进行同样的活动的话。在一种意义上，这意味着对人与人之间平等的信念；在另一种意义上，意味着人与人之间不平等的信念。每个人都有得到自由的平等权利。这是一个重要和基本的权利。正是因为人们是不相同的，因为，一个人会比另一个人更愿意用他的自由来做不同的事情，而在这个过程中，他能够比另一个人对许多生活于其中的社会的一般文化作出更多的贡献。

自由主义者在一方面会严格区别均等权利和均等机会，而另一方面，严格区别物质的均等或成果的均等。……他将欢迎既促进自由又促进均等的措施——如消除垄断权力和改善市场运转的措施。他将把旨在于帮助较不幸的人的私人慈善行为看作为正确使用自由的一个例子。他可能赞成国家对改善贫穷而采取的行动，并将其看作为社会大多数人能达到一个共同目标的一个比较有效的方法。

亚当·斯密曾经说过，"在一个国家中可以有大量的破坏"。我相信，我们将能保存和扩大自由。但是，只有当我们意识到我们所面临的威胁，只有当我们说服我们的同胞们，使他们相信，自由的制度会比强制性的国家力量提供更加肯定的途径、即使有时是较缓慢的途径来达到他们所寻求的目标时，我们才能做到这一点。在知识分子的流行思想中已经明确的变化的闪光是一个有希望的预兆。

14

我们把身体的健康委托于医生；把财产，有时甚至把生命和名誉委托于律师或辩护士。像这样重大的信任决不能安然委托给卑不足道的人，所以他们得到的报酬必须使他们能够保持这重大托付所需要有的社会地位。他们必须保持的社会地位，和他们必须受的长期教育与必须花的巨额费用，势必使他们的劳动价格更加增高。

世上有几种非常适意而优美的才能，若能取得，定能博得某种赞赏，但若用这才能来谋利，世人就会根据意见或偏见认为是公开出卖灵魂。因此，为谋利而运用此种才能的人，所得金钱，不但须补偿他学习这种技能所花的时间、工夫和费用，且须补偿他以此谋生而招致的声名上的损失。俳优、歌剧唱角、歌剧舞蹈者等所以有非常大的报酬，乃是起因于这两个原则：一、才能罕有而美好；二、由于运用这才能而蒙受的声名上的损失。我们在一方面鄙视其人格，在另一方面却又对其才能给与非常优厚的报酬，这乍看起来，似乎很不合理。其实，正因为我们鄙视他们的人格，所以要厚酬他们的才能。假若世人对于这些职业的意见或偏见一旦改变，他们的金钱报酬很快就减少。因为更多的人要从事这些职业，而竞争势必使他们劳动的价格很快降低。这类才能虽不是一般才能，但绝不是像世人所想象的那么稀罕。完全具有这种才能而不屑用以图利谋生的人，实不在少数。更多人能学得这种才能，如果运用这种才能来谋生致于损害名誉的话。

15

他们相信，如果市场不是完备的，那么任何替代市场的机制将会更糟糕。在他们看来，加快金融自由化的步伐有望迫使相关国家更快地改善其国内的监管和制度。相反如果坐等这些国家必要的国内改革都取得很好的进展以后才鼓励它们实施金融自由化，那么它们就不会有任何改革的压力，改革的目标也就有可能永远不能实现。基于这种信念的金融自由化战略是有风险的，上世纪90年代的一系列金融危机已经充分证明了这一点。但是，亚洲和拉美许多国家进行根本性改革的范围，以及许多危机国家经济增长恢复的速度说明这是一场值得一搏的赌博。

80年代，信息技术（IT）部门的壮大对美国经济来说是一次重要的发展，但它却没有引发政策和媒体对其产生多大兴趣。突然之间，计算机不再只是处理信息的工具，而且还是交流信息的一种途径。计算机的这一功能令人惊讶地提升了计算机在公众心目中的地位，而且还引发了对诸如知识产权、隐私和安全等信息政策问题之重要性的政治关注。

1974年文顿·瑟夫（Vinton Cerf）和罗伯特·卡恩（Robert Kahn）在他们的一篇研究论文中首次使用"互联网"一词。他们称它是"网络的网络"，可以将全国乃至全世界的计算机连接到一起。

16

网络效应和知识产权的结合使得企业即使在技术飞速革新的情况下，也能维持持久的市场竞争力。一个利用网络外部效应（这是一种完全合法的手段）取得支配地位的企业，可以凭借其掌握的已被牢牢锁定于使用现有产品和服务的众多客户来阻止新竞争和新技术的挑战。如何解决："技术时间"和"司法时间"之间的脱节问题，似乎是将来实施反托拉斯政策面临的核心挑战之一。

共谋理论：兼并之后，市场上又少了一名竞争者，剩下的供应商会发觉容易建立卡特尔（明显的共谋）或实施"共存"战略（默示共谋），而不是积极主动、充满干劲地进行竞争。直到上世纪90年代中期，另外一种理论，在反托拉斯圈内一般被称为"单边影响"，在进行兼并分析时更加频繁地得到采用。所谓的"单边影响"实际上就是这样一种理论，它认为在兼并后的竞争均衡中（更正式地说，是某种形式的纳什均衡），产出会比兼并前低，价格会比兼并前高。

这一观点是建立在以下判断的基础之上的，即认为竞争的益处不可能通过达成一致的协议而重新获得：也许竞争会带来更好的产品，或导致价格每年下降的幅度大于5%。基于对降价协议可执行性的担忧也对适用行为救济尤其是对在横向兼并中适用行为救济提出了质疑。

17

当市场条件不断变化时，事前的预防要胜过事后的纠正。高科技市场上进行的合并应当面临更为严格的审查，这恰恰是因为司法程序的相对滞后使得事后以一种适时和有意义的方式将合并可能导致的市场集中度恢复到原先的状态变得更加困难。

也许这正好表明了一个永恒不变的规则，那就是几乎所有的"革命"，尤其是思维方式的革命，都会矫枉过正。

理论上的市场反应要比一大群官僚的执法活动能更好地解决绝大部分竞争影响。

尽管有着各种各样的都市传奇，还没有任何实在的证据证明不受调控的市场会在任何重要的意义上错误地做出这种选择。也就是说，只有极少的证据，或者说还没有证据表明，创新驱动型市场的表现是次优的。

能源市场受到各种不完善的影响，如消费者信息的缺乏、不完善的资本和租赁市场受规制的过低的能源价格、没有充分或适当内部化的环境以及国家安全的外部性和其他市场障碍。因此，政府正确的角色是提高能源效率、推动可再生能源和替代燃料的利用，因为市场不完善导致对它们的投资不足。毋庸置疑，对这种市场不完善的存在和其重要性是有争议的。

18

能源政策和环境政策之间存在根本性的依存关系，更有效地协调它们之间的关系，具有十分重要的意义。

反思一下制定一个全国性的能源政策一直以来为什么如此困难，或许是有益的。有两个重要原因。首先，能源政策应被视做一项派生的政策，它从属于更广泛更根本的全国性目标，即经济健康、环境质量和国家安全。确定能源政策的目标，必须首先全方位地理解这些更综合的目标，然后才能考虑如何使能源政策的目标适应这些目标。这一过程不完全是线性的，相反它具有反复的特性，因为能源政策所服务的这些更广泛的目标经常是相互冲突的。

能源价格没有充分反映能源消费的社会成本，因为环境外部性和国家安全利益没有内部化。这种内部化最好通过经济方式实现，但是如果因政治理由而没有采取这种方式，那么决策者就会选择次优、第三优和第四优的解决方式。此外，尽管经济学家难以接受，但一些人还是相信能源效率方案是保护消费者的形式。这一观点认为，消费者不知道他们购买具有更高价格的高效冰箱能够节省大量资金，但是通过较低的电费单他们会很快发现这些差别。过去20年的种种出版物已经提到这些计划中存在大量的"免费午餐"。尽管乔斯科提到节能电器市场是不完善的，但是他仍然不能肯定这种不完善是否证明了业已执行的种种效率规制是合理的。

19

在华盛顿，很多事情照例都可以被解释成商业，而政治只是解释的一部分。思想也同样重要。在环境和资源政策设计中应用经济分析以及在执行政策过程中使用经济手段的想法正在日益为人们所接受。我们希望在将来会看到更多的成本收益分析、更多的风险分析、更多的成本有效分析和更多的市场化政策工具。尽管这样的分析是否会改善政策还不甚明了，但是我们相信，政策制定者和利益集团会有更好的信息供其决策之用，光是出于这个原因，环境政策的成本有效性也会随时间的推移而日益提高。更广义地说，未来环境和资源政策的效率在某种程度上将取决于经济学家说服更广泛的政策团体以经济学价值观思考世界的能力。

《将民众放在首位》是这样表述这一问题的，"富人们发了财，而与此同时，被遗忘的中产阶级——辛勤工作并且安分守己的人们——却在忍受着痛苦……当着工作的穷人的面，机会的大门被砰地一声关上了。"

20

政府参与教育事业通常有三个经济理由：接受教育的准备存在差异、教育的正外部效应和不完善的信贷市场。当对于一个受过良好教育的人来说社会收益大于个人收益的时候，就会产生正外部效应。如果政府在面对这种外部效应时没有对教育加以资助的话，个人就不会获得达到社会所需程度的教育。正外部效应通常被用来作为政府资助学前教育、小学和中学教育的理由，因为这种外部效应包括有能力成为一名有头脑的选民和维持自身的生计。然而，对于更高层次的教育，经济学者们一贯认为其正外部效应可能要小一些。因此，对于政府资助高等教育的大多数理由都是以不完善的资本市场为依据的，但是有关信贷约束（credit constraints）之所以重要的依据还存有争论，大部分经济学者大概都会赞成政府对于各个层次的教育都给予一定程度的资助是合理的。争议所在只是资助的程度和形式。

很多情况下坏的政策就是坏的政治。

"每个人都在力图应用他的资本，来使其生产品能得到最大的价值。一般地说，他并不企图增进公共福利，也不知道他所增进的公共福利为多少。他所追求的仅仅是他个人的安乐，仅仅是他个人的利益。在这样做时，有一只看不见的手引导他去促进一种目标，而这种目标决不是他所追求的东西。由于追逐他自己的利益，他经常促进了社会利益，其效果要比他真正想促进社会利益时所得到的效果为大。"

21

约翰·穆勒于1848年出版《政治经济学原理》。他说："正像我们现在看到的那样，劳动产品的分配几乎与劳动成反比——最大的份额分给那些从来就不劳动的人，次一个最大份额分给那些几乎只在名义上劳动的人；这样递减下去，劳动愈繁重和愈不愉快的人所分到的报酬也就愈少，直到最后，那些从事最使人感到疲劳和最消耗身体的劳动的人们，反而连他们能否得到生活必需品这件事也没有把握。"

马歇尔于 1890 年发表《经济学原理》。

马歇尔《经济学原理》的主要内容不外乎论证"看不见的手"原理的存在。他赞赏资本主义的价格制度，不但声称资本主义是按劳取酬、没有剥削、能使每个人得到最大的满足，而且还说资本主义是一架可以自我调节的机器，能够自行解决其种种矛盾等等。

我们也逐渐更好地理解到竞争的好处。例如，现在我们已经理解竞争的好处并不限于价格的竞争而且还扩大到技术变革的方面。同时，我们更加认识到在许多情况下竞争为什么似乎是有限度的。同样，当我翻阅可以找到的教科书时，似乎没有一本能够使我的学生了解这一新的认识。

22

专利赋予专利所有者在一段有限的时间内生产他的发明品的专有权利，以保证发明者从他的成功发明中获得收益。专利有可能使新产品的价格抬高，因为没有同样的产品与之竞争，但是人们认为鼓励革新活动带给社会的好处比消费者因暂时的高价受封的损失要大得多。

今天，市场的概念包括任何进行交易的场合，尽管这些交易未必完全符合村镇市场。

在平等（往往被称为公平考虑）和效益之间寻找适度平衡也是现代经济学的中心问题之一。

市场运行得不好的时候，或者说人们认为它运行得不好的时候，人们就转向政府。这不过是政府的部分作用。

在经济学家看来，人们戴着三顶帽子：他们通常是产品市场的消费者，劳动市场的劳动者和资本市场的借款者和放款者。

23

经济学家要问的是，社会怎样才能以最有效率的方式来提供这些以及任何其他所需要的东西。

在大多数时间里，私有市场提供了维持经济效率的最好的方式，即保证物品是以最小成本生产出来的，而生产出来的物品也正是消费者需要的。《国富论》认为，目的仅在于帮助他们自己及其家庭的劳动者和生产者是经济生产的基础。促进公共利益的最好方式是个人对他们自身利益的追求。

"他所盘算的也只是他自己的利益。在这种场合，像在其他许多场合一样，他受着一只看不见的手的指导，去尽力达到一个并非他本意想要达到的目的。也并不因为事非出于本意，就对社会有害。他追求自己的利益，往往使他能比在真正出于本意的情况下更有效地促进社会的利益。"

虽然斯密以后，经济学经历了漫长的发展过程，但他的基本观点经过两个多世纪仍然具有很大的吸引力。在实践中，虽然肯定存在例外的情况，但是，在一个又一个国家中，给予个人较大的自由确实导致了生产的巨大增长，而这种巨大增长虽然不一定使每一个人，但也几乎使每一个人受到益处。对市场体系生产能力的这种总的信赖，在很大程度上可以看作是亚当·斯密的遗训。

24

东西因为稀缺所以要有一个价格。

再分配的税收体制和福利计划往往会干扰经济上的积极性。

但是，如果收入再分配的过程使经济更缺乏生产力了，那么，整个饼的尺寸将变小。

如果这块饼的尺寸减少到足够小的程度，即使是穷人也可能境况更糟。以适当的方式来设计政府再分配计划，有可能使得它对生产力的影响受到限制。

对市场失灵进行补救导致出两个主要的政府职能：稳定整个经济，以及对经济资源进行再配置。

　　许多经济学家相信存在着最终使经济恢复到充分就业的力量，但是，等待经济自动修复的成本——从丧失掉的产出和人类遭受的苦痛的角度来看——是巨大的，而现今实际上所有的政府都把稳定经济看作是它们的责任。它们试图避免经济活动的过度波动——即：衰退时，大量经济资源，包括劳动者和机器被闲置起来，而在繁荣时，可能出现高通货膨胀。这些波动的原因，以及政府怎样和是否能够有效地减少波动是宏观经济学所讨论的主要课题。

　　只要一个人或一家厂商实施某种直接影响其他人的行为，而且对此既不用赔偿、也不用得到赔偿的时候，就出现了外在性。

　　外在性可以是负的，也可以是正的。

　　外在性出现时，市场对于物品的配置是缺乏效率的。

25

　　如果没有人希望改变现状，那么，一个人只能在损害他人的条件下才能获得好处。

　　有效率要比缺乏效率更好，但这并不是事情的全部。在竞争均衡状态中，某些人可能非常富有，而另外一些人则生活在可怕的贫苦之中。

　　竞争可能导致一个有效的经济结果，但同时伴随着非常不平等的资源分配。

　　一些人身居高楼大厦而另一些人只能勉强度日的经济可能是有效的，但这很难称得上是一种理想的状况。任其自由放任，竞争市场可能为"商品为谁生产"的问题提供一个令人难以接受的答案。

　　在以增进平等为由对经济进行干预时需要谨慎行事。如果一个经济满足竞争模型的假设，那么，为了实现有效的资源配置并使收入分配令人满意，政府唯一的作用应是对最初的财富进行再分配。这样，人们在此之后不仅可以依靠市场机制，而且对市场进行的任何干预事实上都将会使得经济处于低于其效用可能性曲线的状态。

　　刚才提供的两个结果都是定理：竞争性市场是帕累托有效的，不论收入分配是否令人满意；同时，每一个帕累托有效的配置都可以通过市场机制来实现。也就是说，它们是根据基本定义和假设而得出的逻辑命题，比如根据什么是竞争经济的含义以及什么是帕累托效率。

26

在一个有效率的经济中，政府除了建立一个保证市场交易能够得以执行的法律体系以外没有太大的作用。

大多数经济学家同意模型本身极其有用，但许多人不相信它为现实世界的经济提供了准确描述。

模型仍是考察问题的基准。

公共物品是那些可以使每个人都受益的物品。比如，更准确地说，一个人对一种商品的享用不能把他人排除在享用这种商品之外。

能长出金币的树和永葆青春的灵丹妙药根本就不存在。

当经济学家考察市场时，他们首先考察市场结构，即在那一市场上的行为是如何组织起来的。

经济学家按竞争受到限制的程度把市场分成三类大的市场结构。第一类是最极端的情况，市场上不存在竞争，只有一个厂商，它供给整个市场。这是垄断的情况。第二类市场结构是寡头。在最后一类市场结构中，所涉及的厂商数目比寡头市场要多，但还没有多到足以实现完全竞争的程度。

在垄断市场上，没有进入，也不存在竞争对手。在寡头市场上，存在限制厂商数目的某些进入障碍。而在垄断竞争市场上，进入是相当容易的，以至于利润趋向于零。在寡头市场和垄断竞争市场上，都存在某种程度的竞争，但在程度上均比在完全竞争市场受到更大的限制；由于这一原因，这些市场被称为不完全竞争。

27

至少在短期，产量由厂商资本设备的生产能力决定。这种竞争被称为古诺竞争。法国经济学家和工程师奥古斯汀·古诺在1838年首先研究了这种竞争。

在对手价格固定不变的假设下每一厂商通过选取价格来使其利润最大化的寡头垄断被称为伯特兰竞争。法国经济学家约瑟夫·伯特兰于1883年首次研究了这种竞争形式。

对于垄断和其他不完全竞争的行业，经济学家已经指明了四个主要问题，即产量受到限制、管理松懈、不大关心研究与开发，以及由寻租行为所产生的利润耗费。

经济有效率的条件之一是产品组合有效率，而这要求经济所生产的产品与消费者的偏好相一致。

从社会的观点看，垄断行业减少产量的成本仅是以不同方式使用这些资源的价值的净差额。

这种由于缺乏竞争压力而表现出来的厂商的低效率称为管理松懈。

当缺乏竞争的压力时，资源常常不会被有效地利用。竞争压力抑制了管理松懈的程度。

由于垄断者所获得的利润被称为垄断租金，那些通过在某一行业获得垄断地位或维持垄断地位来获得或保持现存租金的行动称为寻租。

政府限制竞争的意向会鼓励厂商将钱花费在寻租活动上，而不是花费在用来生产更好的产品上。

28

竞争是不是完全的原因之一是政府授予的专利。第二个原因是，若一个行业只由一个厂商来经营，则生产成本可能会更低，这就是自然垄断的情形。但在自然垄断情况下，成本递减的技术特点排除了完全竞争。

要求它们按照远低于边际成本的价格提供某些服务，然后再以其他服务的收益来补偿所出现的赤字；这种做法被称为交叉补贴。

一些国家对某个行业不是实行国有化，而是在让私人企业经营该行业的同时对其进行管制。

在上世纪 70 年代后期和 80 年代，许多政府开始相信，不论竞争怎样不完全，总是比管理更好。

变革总是痛苦并要付出代价的，但回避变革和技术进步的代价更高。

从社会整体看，市场经济的创造性所带来的积极影响远远超过了使一些人受到伤害的消极影响。

当某一经济内部取得了适当的平衡时，我们说该经济具有动态效率。

商业秘密是指一项厂商没有向外界披露的关于生产工艺的发明或知识。

不变成本的大小有助于确定行业的竞争程度。不变成本越高，只存在少数厂商以及有限竞争的可能性也就越大。

基础研究是一种可以产生更广泛应用的基础性探索。

29

公共物品有两个性质。第一，很难将某个人排除在公共物品所带来的好处之外。由于基础研究的成果不能被授予专利，不能期望私人厂商从事基础研究。第二，多增加一个享用这种物品的人的边际成本为零。与对待其他所有的公共物品一样，私有市场在基础研究方面很可能是远远不够的。

政府在教育方面的支出决定了对研究与开发基本投入的数量和质量，即从事研究与开发的科学家和工程师的数量和质量。

幼年工业保护论。某些行业按目前的成本水平不能与外国竞争者进行竞争。但是，一旦这些行业从生产中获得知识之后，它们便能与外国竞争者相抗衡。但为了获得这些知识，这些行业必须受到暂时保护以免受外国竞争的伤害，直到它们可以参与竞争时为止。这种论点最经常地出现在发展中国家，但也在发达国家中出现。

但实际的情况是，一旦给予某一行业保护后，这种保护常常难以取消。

这种保护会使国内生产厂家感受不到来自国外竞争的压力！因而可能会对创新产生有害的影响。

30

在得益于进口竞争限制的产品被国内其他行业使用时，这种保护还有其他缺点：这使得某一行业能在国内市场上索要更高昂的价格，其结果不仅使消费者受到影响，而且国内其他行业也会受到影响。限制进口计算机芯片的影响之一是提高了芯片的价格。由于美国计算机制造商不得不接受这一价格，它们与能买到更便宜芯片的外国计算机制造商的竞争变得更加困难。

从传统上讲，政府一直担心，在研究与开发方面的合作容易导致在定价和生产方面的相互勾结。

与竞争不太激烈的市场相比，高度竞争的市场投入研究与开发的费用可能相对不足，所以完全竞争并不是一个值得追求的完美目标。另一方面，如果市场没有足够的竞争，不仅研究与开发是有限度的（因为缺乏竞争所提供的动力），并且还会因与不完全竞争相联系的产量限制而导致效率损失。因此，经济必须努力取得一种平衡，它使得竞争足够充分以鼓励创新，又对竞争有所限制以使创新的厂商可以从它们的创新活动中得到足够的回报，这样才能使厂商既有进行研究与开发的动力，又有从事这种活动所需要的资金。

31

就像劳动和资本有市场那样，也存在着信息市场，信息也有价格。

经济学家热衷于信息问题的原因在于，信息问题把基本竞争模型弄得一片混乱。在市场经济中，价格传递着重要的信息，市场参与者知道价格传递信息，并且只要可能，卖主会操纵价格以便控制所传递的信息。而买主则明白存在着这些操纵；买主对于卖主试图将次品脱手这种做法的担心影响了交易：当这类信息问题很严重时，市场可能是稀薄的甚至不存在。另一个可能的结果是价格竞争会受到限制；甚至当出现商品供给过剩时，厂商可能也并不削减价格，从而市场可能不能出清。

鼓励个人做正确的事情和作出正确的选择，是最主要的经济问题之一。而激励问题的核心是个人不承担其行动的全部后果。

激励问题是一个信息问题。

这就是为什么私有财产与价格体系相结合能对激励问题提供一种有效的解决方法。

除了私有财产和价格外，市场经济对激励问题还有一些其他解决方法，大致可分为合同解决法和信誉解决法。

这种搜集信息的过程被称为搜寻。搜寻是一种重要的、有代价的经济活动。

信息问题也会导致市场失灵。划清劝说性和欺骗性广告之间的界线常常是困难的。

32

完全竞争必须具备的条件：

第一，市场上有许多生产者和消费者，任何一个人的销售量或购买量都只占有很小的市场份额，以致无法通过自己的买卖行为来影响市场价格，他们都是市场上既定价格的服从者，而不是价格的决定者。

第二，产品的同一性，也就是所有厂商生产的某种产品上市时都是同质的，产品的形式、包装等都是无差别的，从而任何一个生产者都无法通过自己产品的特异之处来影响价格。

第三，生产者可以自由进入或退出一个市场，不受任何法令和社会力量限制。这意味着当行业有净利润存在时，就会吸引新厂商进入这个行业；行业发生亏损时，亏损企业可以退出该行业。因此，在长期中，厂商只能获得正常利润。

第四，没有人为的限制，买卖完全公开，卖者能够自由地将商品出售给任何买者，买者能够向任何一个卖者购买商品。这就是说市场上不存在歧视。此外，价格只随市场供给情况而变动。生产者和政府不能通过市场权力、关税、补贴、配给或任何手段来控制供需和价格。

具备以上四项条件的成为纯粹竞争，因为它们排除了任何的垄断性质。

第五，生产者与消费者完全了解市场情况，也就是说市场信息是畅通的，生产者和消费者完全了解市场价格和所有交易情况，因此，买卖双方只能按现行市场价格成交。

第六，商品和各种生产要素能够完全自由地在行业中和各企业间流动，不受任何限制和阻挠。商品可以自由地向价格最高的地方流动，要素可以从报酬低的地方向报酬高的地方流动。

具备以上六个条件的称为完全竞争。因为它们包括除不具垄断性质以外的其他方面的完全性。

33

两个结论：第一，在完全竞争的市场中，厂商的需求曲线是一条完全有弹性的水平线，在这条水平线同时也是平均收益曲线、边际收益曲线和价格线，即 AR=MR=P。第二，一个普通原则是厂商必须选择能使其边际成本 MC 等于其边际收益 MR（MC=MR）的产量水平，它才能获取最大利润或者遭受的亏损最小。

纯粹垄断是指市场上只有唯一一个卖者的市场结构，卖者出售的商品或劳务没有任何接近的替代品；同时，存在着进入的障碍，任何新的卖者难于进入这个市场，即使进入也难于共存下去。在这种情况下，垄断者没有竞争对手，完全排除了竞争。纯粹垄断和完全竞争一样，它在实际生活中并不多见，但却是一种有用的理论分析模式。产生垄断的原因是，第一，对关键性原料的独家占有，对专门的生产技术知识的独家占有；第二，拥有一种产品或加工过程的专利权，在其有效期内其他人不能进行生产；第三，政府颁发的特许权，允许独家经营，以排除例如国外厂商的竞争；第四，一个行业的技术设备非常庞大，如需充分发挥其效能只要一家厂商就够了。

垄断产生的原因不外两种原因：一是进入的障碍，如法律的限制和专利等；另一是如自然垄断的大规模生产的成本优势。

垄断与完全竞争之间的差别之一，在于后者没有进入的障碍；差别之二，就是垄断者限制了它的产量从而索取了较高的价格；差别之三，在长期均衡的情况下，垄断引起了福利损失。

就以上的分析而论，假定垄断与竞争性行业有着共同的需求和成本状态，其目的是便于比较，但实际上可以改变它的需求和成本。垄断者通过刊登广告，吸引更多的消费者，使其需求上升。垄断者有可能扩大生产增加供给，使它接近于竞争性产量，但也可能索取更高的价格。刊登广告会增加垄断者的成本，但是由于规模经济的存在，增加产量最后可能使边际成本曲线下降，从而降低了价格，使它接近于竞争性价格。

34

有的经济学家认为，不是在任何情况下完全竞争都比垄断优越。例如自然垄断就是由于大规模生产的优势使一个单位的厂商就能以较低价格生产整个行业的产量，如果把它分散成许多小型厂商来生产，生产成本必然会提高。还有的经济学家特别是熊彼特认为，一个企业家受到专利权或其他垄断性的保护，才能得到进行科技革新等降低成本的好处，有利于垄断者大量投资于科研发展工作。这可能使其短期成本提高，但其长期成本有可能低于竞争性企业的。

实行价格歧视的前提条件首先是，垄断者必须能把市场相互分隔开来，使低价格市场的消费者无法把购得的商品转向高价市场出售，否则价格差异就不可能继续维持下去。

所谓一级价格歧视，就是假定垄断者知道每一个消费者对任何数量的产品所要支付的最大量货币，而后以此决定其价格，所确定的价格正好等于对产品的需求价格，因此取得每个消费者的全部消费者剩余。这种一级价格歧视，也叫完全价格歧视。

成为垄断竞争的市场必须满足以下四个条件，其中有三项和完全竞争的是一样的。首先，市场上有许多小型的卖者和买者；第二，出售差别产品，及即就买主方面看，卖主出售的都是相互之间有一些差别的产品；第三，买卖双方自由地进入或退出这一行业；第四，买卖双方完全掌握市场的信息。

产品差别，首先是指产品本身的差别；第二是产品销售条件的不同所引起的差别；第三，还有由于购买者的"想象"而存在的差别。这些生产差别产品并且产品间有密切替代关系的厂商，合在一起称为集团。

35

垄断竞争条件下的厂商的短期均衡与垄断的短期均衡几乎是一样的。

垄断竞争条件下的短期均衡和垄断条件下的短期均衡的惟一区别是垄断竞争的需求曲线比较平缓，富有弹性，而垄断的则比较陡峭，缺乏弹性。这是由于前者有许多接近的替代品，而后者没有接近的替代品的缘故。

提出垄断竞争理论的美国经济学家张伯伦，认为垄断竞争行业中的一切厂商都生产差别产品，但他假设它们的需求曲线和成本曲线是完全相同的。

非价格竞争，表现之一是质量竞争，这种竞争方式称为产品变异。产品变异并不是指经过一段时间以后，由于技术的变革所引起的质量变化，从而改变了消费者的偏好。它是指厂商利用现有的技术对其生产的差别产品进行修饰，如改变产品的颜色、耐用性、做工、款式和附带的服务等。

为制造、运输一种产品和将这种产品提供给既定欲望的消费者的成本是生产成本，使得消费者的欲望发生变化，因而增加产品需求的成本是销售成本。它包括广告费用、推销员工资、对零售商用于样品陈列的商品所给予的补助等。广告费用无疑是其中最重要的项目，几乎可以用它来代表销售成本。

36

市场机制是指在没有市场干预的情况下供求力量的相互作用。它能使一种产品的市场供求达于均衡，并确定均衡价格和产量。市场机制的调解作用使得厂商生产消费者所希望的品种和数量，因为按照这种方式进行节约生产的厂商都会得到优厚的报偿，而无效率的生产者则被淘汰，使得生产中的浪费和无效率降低到最低限度。价格机制则指价格的变动作为自动的信号器来协调各个决策者的活动。通过这种协调作用，使供求状态的改变能导致有效率地配置资源。市场机制和价格机制的作用不易截然分开。

首先分析生产什么。在市场经济中，市场机制通过供求规律来决定生产什么。当需求量超过供给量产生短缺时，市场机制促使价格上涨，刺激这项短缺商品的生产，减少对它的消费。如果需求量小于供给量产生过剩时，市场机制促使价格下跌，压缩这项过剩商品的生产并增加对它的消费。在这两种情况下，最终会导致该商品的供求达于平衡。例如，假定鸡蛋供不应求，价格上涨，就会刺激鸡蛋的生产。在开始时，农民只是把家中收藏的鸡蛋拿到集市中出售以增加供给。过后，还会把本来要出售的小母鸡继续喂养让它生蛋。如果鸡蛋价格仍然不下跌的话，农民就会扩大鸡舍，多养小鸡，等待下蛋后增加市场的供应。因此消费者需求的转移，导致鸡蛋需求量的增加，市场机制促使社会资源更多地从事于鸡蛋的生产。

资源配置取决于两个因素：一是消费者的爱好，另一是生产者的成本。

37

效率一词是一个纯技术性的概念，不含价值判断或消费者爱好因素在内。

在完全竞争的理想环境中，不受任何政府干预的市场机制能够有效率地配置一国经济中的稀缺资源。

在实际中，市场机制也表现出自身不能克服的许多缺陷。归纳起来主要的有以下几方面，它们有待于政府的干预和纠正。

第一，市场经济常受到经济波动（失业和通货膨胀）的损害。这需要政府的宏观稳定政策进行调节，但是无法根除，有时会出现失业和通货膨胀并存的滞涨局面。

第二，垄断和寡头厂商能够阻碍市场机制的作用，从而导致财富的集中、资源配置的失当和垄断势力的加强。解决的办法是由国家通过一般经济立法和反托拉斯法进行管理和监督。

第三，市场无法正当解决许多伴随经济活动产生的外在效应。目前由于政府利用补贴或税收方式解决外在效应问题。

第四，市场无法提供公共产品，如国防、公共卫生、警察、消防等服务，现都由政府统一领导。

第五，通过市场机制进行的收入分配十分不平均。目前解决的办法是政府通过征收个人所得税等方式少许消除收入分配间的不平等程度。

第六，市场不能在现在和未来之间进行有效的资源配置。

第七，市场机制本身不能消除市场上的不道德行为。

由于市场机制除了发挥协调市场经济的作用外，还存在着以上这些缺陷，因此在市场经济的国家中，也需要政府采取立法、行政、司法和经济等手段对市场经济进行微观管理。

38

西方国家的政府对待大企业的态度是，除了要求它们遵守一般企业都应遵守的有关保护消费者和工人的安全和健康的立法及规章制度外，还订立具体法律限制它们垄断市场的力量。例如，美国国会就曾通过五个反托拉斯法案作为联邦政府执行反托政策的法律依据。

市场机制的特点是它针对买卖双方的供求情况即交易情况起作用。

它们影响了参加经济交易意外的第三者。这种情况是市场机制所不能控制的，因而所发生的社会成本应包括在厂商的生产成本之中。

市场故障：外部效应是其具体的表现。外部效应表明私人利益和社会利益存在着差异。外部效应分为有利的和不利的两种。有利的外部效应是伴随着一项经济活动产生了对他人的好处。这种好处不是特意安排给他们的，同时也没有得到他们的报酬。例如，一家门前有一个美丽的花园，使过往行人赏心悦目，但这个家庭并没有得到报偿。不利的外部效应是伴随着一项经济活动产生了对他人的损害，造成外部效应的人并没有进行赔偿，典型的例子就是污染。

39

外部效应的存在，使价格体系不能有效率地配置资源。要使价格体系能够有效率地配置资源，生产者必须正确地计算他的成本。但现在，有些经济活动的一些成本和利益，在计算成本时没有把它包括进去。例如，一家厂商污染了河水，就等于用尽了社会的水资源，同烧煤的情况是一样的。如果厂商支付了煤钱而没有付水钱，它必定节约使用煤，而不在乎浪费水。同理，如果一家厂商由于经济活动损害了他人的利益，但没有得到制止或惩罚，它就不大可能停止这项经济活动。

外部效应产生的问题是使价格体系不能有效地配置资源。使用的资源没有支付任何价钱，提供好处没有得到报偿，因此政府通过税收和补贴两种方式加以解决。对产生不利的外部效应的厂商征课税金或罚款，使它向国家支付由于污染等导致社会所增加的成本，把厂商造成的外在成本内部化，促使它们消灭或减少不利的外部效应。基于公共利益或其他紧迫的原因，则可利用行政或法律手段，要求厂商按限期治理。对产生有利的外部效应的机构则进行补贴，例如教育事业，它不但有助于对所有公民提供平等的机会，而且会产生巨大的有利的外部效应。科研事业也是这样。如果要求这些机构都成为盈利机构，那么它们提供的有利服务必将减少到变成无效率的境地。

40

市场的另一个故障是不能使私营企业提供公共产品。公共产品特别是纯粹的公共产品，不管它是一种商品或是一种服务都有两个特点。一是非相克性的消费，就是它供应给一个消费者，同时也能供应给其他消费者，并不需要增加额外成本；另一是非排斥性，就是生产者一旦提供这种产品，就不能阻止任何人享受它的好处，甚至拒绝付费也能享受。私人产品的特点恰恰相反。其特点一是耗竭性，即只要一个人消费它，就能把它消耗殆尽；另一特点是排斥性，如果人们不付费就不能享受它。

许多公共产品都只能由政府提供。纯粹的公共产品是国防、公共卫生、警察和消防等，它们不但是公共产品，而且提供了有利的外部效应。纯粹的公共产品一般是通过强制性税收进行资助，但免费将这些公共产品提供给消费者以便使它得到最大限度的利用。

利息率就是厂商进行投资的机会成本。

市场机制对稀缺要素定的价格高，对丰富要素定的价格低，利用这种方式促使厂商有效率地利用社会资源，体现了市场机制的重要作用。但是对稀缺要素定价高，丰富要素定价低的结果是造成收入分配的不平均。其次，要素所有权分配不平均，是造成收入分配的不平均的另一个原因。

第三章

政府职能与宏观政策

A RESTRICTED VIEW
ON ECONOMIC THOUGHT

1

要做到对赛跑者不偏不倚，就应尽力使他们从同一起点起跑，而不是给跑得快的人拴上一重物，以缩小跑得快的人和跑得慢的人之间的距离。的确，有许多失败者比成功者更努力，其所以失败，不是由于努力程度上的差异，而是由于机会上的差异。但是，如果政府通过教育和法律尽其所能地减少了这种机会的不均等，人们也就没有理由再对劳动所得造成的财富不均感到愤慨了。

政府的职能主要是：第一，保护社会，使不受其他独立社会的侵犯。第二，尽可能保护社会上各个人，使不受社会上任何其他人的侵害或压迫，这就是说，要设立严正的司法机关。第三，建设并维持某些公共事业及某些公共设施（其建设与维持绝不是为着任何个人或任何少数人的利益），这种事业与设施，在由大社会经营时，其利润常能补偿所费而有余，但若由个人或少数人经营，就决不能补偿所费。

2

"不要问你的国家能为你做些什么——而问你能为你的国家做些什么"。关于这句话的论争集中于它的起源而不是它的内容是我们时代的精神的一个显著的特征。"你的国家能为你做些什么"意味着政府是保护者而公民是被保护者。这个观点和自由人对他自己的命运负责的信念不相一致。"你能为你的国家做些什么"意味着政府是主人或神,而公民则为仆人或信徒。对自由人而言,国家是组成它的个人的集体,而不是超越在他们之上的东西。……除了公民们各自为之服务的意见一致的目标外,他不承认国家的任何目标,除了公民们各自为之奋斗的意见一致的理想以外,他不承认国家的任何理想。

自由是一个稀有和脆弱的被培育出来的东西。对自由最大的威胁是权力的集中。为了保护我们的自由,政府是必要的。

首先,政府的职责范围必须具有限度。政府有时可以让我们共同完成比我们各自单独地去做时具有较少困难和费用的事情。有效地保证言论、宗教和思想的自由。 第二个大原则是政府的权力必须分散。

做有益的事的权力也是做有害的事的权力。而更重要的是:一个人认为是有益的东西,另一个人可能认为是有害的。

3

新的经济力量中心的增长必须以牺牲现有的中心作为代价。另一方面,政治力量的分散则较为困难。可能有大量的小而独立的政府。但是要在单一的大政府里来保持很多的势均力敌的政治力量中心要比在一个单一的大的经济制度里保持很多的经济力量中心难得多。在一个大的经济制度里,可能有许多百万富翁。但是,能否有一个真正杰出的领袖,把一国的国民的热情及精力集中起来呢?假使中央政府的权力增加,增加的权力很可能来自牺牲地方政府的权力。似乎存在着类似有待于分配的权力固定不变那样的情况。因此,假使经济力量加入政治力量,权力的集中几乎是不可避免的。另一方面,假使经济力量保持在和政治力量分开的人的手中,那末,它可用作为政治力量的牵制物和抗衡物。

当少数人对一个国家的货币制度拥有巨大的权力时,他们的错误可以造成多么大损失。

凡是赋予少数人如此大的权力和如此多的伸缩余地以致其错误能有如此

深远影响的任何制度都是一个坏制度。

4

在一个分散责任而却把大权赋予少数人从而使重要政策行动在很大的程度上取决于带有偶然性的个人性格和作风的这一制度中，错误是不能避免的。……货币重要到如此的程度，以致不能让它为中央银行所管理。

财政约束传统上是通过牺牲短期利益来获取长期利益的，这种做法在政治上没有吸引力。长期财政约束政策也显示出其经济效益，所以这种稳健的经济战略也就成为一种可行的政治战略。

公众对国家的信心通常就反映在消费者对股票市场的信心上，反过来公众对国家的信心又会影响消费、投资和整个经济增长。

通货膨胀、失业和实际增长。同其他任何经济运行的指标相比，经济学家、政策制定者和权威人士更加关注这些指标。他们有理由这样做：如果一国享有低而稳定的通货膨胀，低而稳定的失业以及高而稳定的增长，对其大多数国民而言，基本面有利于经济繁荣。

5

首先，最为明显的是，它表明了格林斯潘早先对流动性、通货膨胀和利率的兴趣，而这些主题是货币政策的精髓。

最近 20 年来最重要的宏观经济教训是不存在长期的菲利普斯曲线。

格林斯潘的遗产实际上是其难以置信的微调经济的能力。

有关赤字消减的传统经济学分析表明，消减政府支出或增加税收在短期内会抑制经济活动，但是通过增加储蓄和投资可以提高生产率和国民经济未来的总体生产能力。预期未来的赤字较低会使未来的短期利率下降，且这些短期利率的下降会导致当前长期利率的下降。当前长期利率的下降能够立即刺激商业投资和其他利息敏感型支出，从而至少可以抵消赤字消减直接带来的部分紧缩效应。赤字消减对短期产出的效应部分地取决于当期的消减规模而不是未来赤字下降的预期。

利率反映了可贷资金市场上的供求平衡。

6

现在，税收政策不仅仅包括如何公平有效地征税的问题，而且已经发展成为宏观经济政策或财政政策的主要工具，更是消费和社会政策的主要工具。

迄今为止，有关征税最激烈的争论是以税率为中心而展开的，尤其是适用于最高收入阶层的税率。收入差距不断扩大是引发争论的原因之一。从某种角度来看，越来越不平等的收入分配为累进税率提供了理由。然而，从供给的角度来看，累进税制下的最高税率更可能是边际税率，而不是反边际税率，从而影响人们的决策。此外，经济学理论认为，税率之争将导致经济行为的扭曲。当然，与税率之争并行的是政府规模大小之争。一些人认为，高额税收带来的收入增长几乎不可避免地会被政府以很低的效率花费掉。所以，应当保持低税率来严格限制政府开支。而其他一些人则认为，社会对公共产品需求的多样性则要求保持高税率。

7

先于别人把钱花掉。而花掉的钱不仅包括今天能够得到的，而且还包括经济发展将会在未来提供的钱。这样，可以设想，社会保障、联邦医疗保险和医疗补助计划将吸收未来100年甚至更长时间的几乎所有税收增长，而那些愿意降低税率的人决定也参加这场游戏。这就像一位丈夫，签约要花掉他和妻子在未来许多年预期可以得到的工资增长，而妻子决定自己应该花掉这笔钱，于是两个人就谁花钱不够谨慎而争论起来。

在今天就对未知的将来做出决策，这在本质上是极其无效率的，因为它试图提前确定人们未来的需求，这样就限制了各种可能的选择，就像我们为孩子决定未来几十年的消费一样，其理由是他们现在处于青春期，无法让人信任。有些承诺是难以违背的，而且提前决策的过程将不可避免地产生不公平的竞争环境。税收制度的未来在很大程度上取决于能否建立一种可以理解这样一些更大问题的预算程序。

特定的税收优惠不仅使税制改革步履维艰，而且也使改革变得更加重要。人们认识到，税收制度如此复杂而不公平，实在令人失望。这个感觉会产生不利的影响，它会瓦解人们对公平的累进税制的支持，甚至还会降低新的税收优惠本身带来的效果，因为纳税人对于自己不理解的税收优惠无所适从。

8

如果没有投资者的恐慌，危机可能不会发生；但是如果没有巨额的不良资产、不完善的金融监管体系和债务与预期的不匹配，投资者的恐慌也不会引起危机的爆发；这对于未来的财政政策和可持续货币政策的制定有很重要的借鉴意义。一旦投资者的信心动摇，危机就会像多米诺骨牌一样在整个经济中爆发。

如果说旧式危机的内部不均衡是由错误的宏观经济政策导致的，那么新式危机的内部不均衡则是因为实行了不正确的经济结构政策：非生产性的公共投资、对银行和企业的无条件担保、导致资产负债率过高的金融政策。由于意识到这个事实，国际货币基金组织的贷款条件在结构改革的方向上发生了一些新的、实质性的变化。

9

克林顿政府对开放资本账户自由化的支持来自它所信奉的自由市场原则，市场根深蒂固的体验和信念。"我们的做法都深深地刻上了市场体系可以创造就业、增强经济活力，提高美国以及世界各地的生活水平这一信念的烙印。"

如果说亚洲金融危机只有一个教训，那就是它在监管体系没有改变、公司治理结构没有加强、政府对国内金融的隐形担保没有消除之前过早地开放了资本账户，可以说这给危机发生准备了充足的条件。

它将亚洲国家在金融危机中向国际货币基金组织的求援看做是促使这些国家进行改革的契机——迫使它们放弃家族式的管理体制，因为这种管理体制在工业化的初期可能促进了工业化的起飞，但是随着经济的发展、竞争力的加强、金融管制的放松以及技术的飞速进步已经不合时宜。它也将国际货币基金组织对危机的救援看做是亚洲国家推行国内改革、支持改革思潮的窗口。另一方面，美国官员又害怕会引起适得其反的效果——激烈的改革措施可能会引起这些国家对国际货币基金组织及其主要股东国的怨恨。

10

过多地使用标准的财政或货币政策工具来处理那些不是由根本性的货币和财政问题引起的危机，在如何促进危机国家进行改革方面使用了太多善意却不合时宜的政策建议。与此同时，国际货币基金组织和美国财政部的确为危机国家提供了大量贷款，这些贷款推动了危机国家的经济调整和复苏过程，只有一个国家（印度尼西亚）不能靠短期的干预来恢复经济。因此，成功的国际货币和金融政策支持了经济增长和发展。推动了40亿人口跨过经济起飞的阶段，踏上了走向现代工业化和后工业化生活水平的征程。

在良好的宏观经济运行背后，最重要的政策驱动是财政政策和货币政策，它们一直都在发挥着正面作用。财政政策使得联邦预算由赤字转为盈余。而货币政策则一直配合着1995年之后出现的更加快速的美国经济增长。财政政策和货币政策相得益彰，使得利率一直走低并推动了经济的快速增长。这些政策并没有创造出新经济，但是糟糕的财政政策和货币政策会轻而易举地减少大量投资带来的部分收益。而这反过来又会阻碍新技术的发展和出现。

11

当然，传统经济模型预言，高于市场出清水平的最低工资标准会导致就业率下降。如果劳动需求弹性低于一，那么低工资工人的薪金总额并不会增加，因为就业率的下降足以抵消工资的增加，因此虽然最低工资标准仍会使资源向低工资工人转移，但是会以牺牲效率为代价。这就是奥肯漏桶（Okun's Leaky Bucket）理论的一个例证。

当然，克林顿政府执政的头两年证实了一个古老的谚语：永远不要把自己的失败归咎于别人的阴谋，而应该归咎于自己的无能。

有一种"泰坦尼克"观点：为什么要让一艘在可预计的未来终将沉没的轮船搭载更多的乘客？

"世界上的领导人似乎被他们的经济顾问牵着鼻子走，但到底是谁说了算呢？我们必须注意到在一群相互竞争的医生中选出一位医生的人，才是自己真正的医生，正如王子总是能听到他所想听到的一样。"

"任何一届政府总有几个特殊人物，他们的魅力超过了其职位的影响。他们在这个职位上能够发号施令主要依靠他们对总统的影响，当然他们的能力、雄心、工作精力和决心也有一定的作用。"

12

萨默斯的步步高升说明高效率的政策制定者的一个重要特质：聪慧过人。但对高效率的政策制定者来说智慧是远远不够的。除了智慧外，高效率的政策制定者还应具备三项品质：理解和交流大量经济概念的能力，特别是和像总统这样的非经济学人士在一起时，这种能力显得尤其重要；和其他政策制定者友好相处的能力；在情况需要的条件下长时间工作的精力。

政策制定者要取得成功，教学能力（说服别人或者与人沟通的能力）和应用研究能力比纯理论能力更重要。"只有聪明人才能发现异常情况；只有笨蛋才会将它作为普遍规律。"

"无论谁是关键人物，也不管他的才能有多大，好的人际关系虽然无法保证一定能有满意的结果，但一定会发挥作用。"

"在多年的政府工作中，我得到的一个最重要的经验就是当经济改变的时候，政治与政策是同样重要的，如果你没有采取正确的政治行动，政策也只能'胎死腹中'"。

13

那些力图忽略政治环境的政策制定者很快就会被"踢出局外"，"如果经济顾问委员会的主席和其他成员不把自己看做是政治的侍从，同时对政治的厉害关系一无所知的话，他们是很难在政府内部发挥作用的。"

政策制定者都相信他们的观点能够被公平和正确地传达给总统。相互信任鼓励了平等共处，防止了那些失望的参与者诉诸总统或媒体来推动政策生效的行为。

政策制定"游戏"中一个很大的部分是信任。信任建立了自信，当一个决策并非如你所愿，但你仍然清晰地表述政府的立场，而不是离开决策中心后对记者大言不惭地说："这是我们的决定，但是……"所以我认为信任是非常重要的，而这与个性密切相关。

希克斯于1939年出版的《价值与资本》一书第三次修改与补充。该书牵涉到两个方面的问题：价值论与一般均衡论。

作为这一体系的具体表现的由萨缪尔森所撰写的入门教科书《经济学》成为代替马歇尔《经济学原理》的第三本具有里程碑意义的教材。

当经济活动处于充分就业状态时，通货膨胀率应该为零。在经济活动小于充分就业时，那么，不但不存在通货膨胀，而且价格水平还会下降。只有当经济活动大于充分就业时，才会出现通货膨胀的现象。

把发达国家的工厂全盘照搬到发展中国家的项目，其中的绝大多数也会遭受失败的命运，其原因正在于国情的差异。因此，国情的差异也是应加注意之点。

14

发生变化的不仅仅是世界，人们的期望也在变化。当类似匹兹堡城和印第安纳加里城的空气质量大为改善的时候，以及当伊利湖从已经污染到生命不能存在的状态而被挽救回来的时候，我们对于良好环境的期望甚至变得更高；我们越来越意识到环境代价的存在。人的寿命增加了，但是我们有关如何延长寿命的知识却增加得更快，而不断提高的医疗成本已经成为一个主要的政治问题。妇女的经济作用发生了变化：不仅她们在整个劳动力中扮演着更为主动的角色，对于妇女可以从事的工作，人们的期望也发生了革命性的转变。

在经济学中，有关政府的职责、能力和策略的问题已经成为政治争论的中心问题。

有关增长与生产率的争论的一个中心问题是：经济社会如何能使人们产生发明创造的强烈动机？有关污染和环境的争论围绕的焦点是：国家控制的利弊以及如何使人们具有不污染并保护自然资源的动机？

萨缪尔森使用了新古典综合的概念——即认为：一旦经济恢复到充分就业的状态，原有的古典经济学原理就能适用。

每一个人都想知道，政治命运和国家、公司、个人的命运一样，全都决定于经济状况的好坏。

福特重新发现了一个古老的真理：付给工人比别处都高的工资，你就可能得到更努力工作、更忠诚、更稳定、更专心的劳动队伍。在有些情况下，更高的工资可以为雇主带来更高的生产率。

15

尽管对市场经济有着基本的信念，但是美国还有一个巨大的、公共的，或政府的部门，深入到了经济活动的所有领域。

现今美国有 8 万个以上独立的政府实体。

在一个民主国家，私人机构和公共机构间有两个重要区别。第一，对经营公共机构负责的人是被选出来的，或者是由某个被选出来的人指定的（或者是由某个被选出的人指定的人所指定的……）。这个人拥有这个职务的合法性是直接或间接从选举过程中派生出来的。第二，政府被赋予一定的强制权力，这种权力是私人机构所没有的。

政府使用强制的能力意味着，一方面，它可以做私人机构不能做的事。另一方面，有时政府也建立束缚它们自己手脚的规定，以致于他们不能想做什么就做什么。

16

经济学家由于他们所关心的是对经济问题最有效率的解决方法，所以，在他们考察政府作用的必要性时，非常注意政府的强制权力，包括其征税权。在他们为政府的作用规定范围时，他们非常注意政府作用的局限性。

在所有这些活动中，政府发挥着各种作用。第一，它建立法律框架，在其中所有私人活动依各种法律得以顺利进行。第二，它也作为生产者从事活动，就像治安和防火服务一样，大多数初等和中等教育，以及很大一部分高等教育是由国家举办的；在许多国家，供水和垃圾处理属于公共部门。政府还是一个"消费者"，它购买物品和劳务，然后把它们免费提供给公共部门。

现今政府习惯上提供一定的物品和劳务并不意味着它必须这样做，与此相同，政府习惯上不提供某些物品或劳务也不意味着它不应这样做。

17

公共物品是这样一类物品，在增加一个人对它分享时，并不导致成本的增长（它们的消费是非竞争性的），而排除任何个人对它的分享却要花费巨大成本（它们是非排他性的）。

纯公共物品是这样一种物品，即它提供给新增加一个人的边际成本是严格为零的，而要阻止人们得到它又是不可能的。

政府的经济作用：收入再分配；稳定经济；资源再配置。

一般来说，他们有两个理由：他们怀疑政府解决社会问题和经济问题的能力；同时他们害怕较大的政府破坏经济的和政治的自由。

经济规模的一种衡量标准是国内生产总值 (GDP)。

评价一个社会要看它如何看待它的境况最差的成员。

在决策中人们着眼于边际，即他们考虑新增的成本和收益。

价格可以被看成是对边际收益的数量度量。

18

广义地讲，预算约束变动的原因有两个：相对价格的变动和收入的变动。

预算约束越陡，为增加一张激光唱盘而放弃的其他商品就越多，而预算约束越平坦，为增加一张激光唱盘而放弃的其他商品就越少。

经济学家常常试图测量商品消费量随收入变化而发生的变化。经济学家称此为需求的收入弹性。需求的收入弹性为需求量变化的百分比除以收入变化的百分比（收入变化 1% 时所导致的需求量变化的百分数）。

只要收入弹性大于零，根据定义，这种商品就是正常商品。

随着人们收入的增加，他们有更多的钱花在那些不是为了生存所必需的商品上。

19

长期价格弹性一般大于并且常常远远大于短期价格弹性，对收入变动作出的反应也是如此。长期收入弹性一般大于、并且常常远远大于短期收入弹性。

收入和水的消费之间有确定关系这个事实只不过强调了这样的观点：通过努力，你可以节约几乎任何资源，并且这种节约的过程几乎常常是在下意识中的。在收入水平较低时，你也许不常洗车，也不常浇草坪，等等。

为什么需求曲线通常是向下倾斜的：替代效应和收入效应。

收入效应的大小取决于价格上升的商品在人们所偏好的商品组合中占有多大份额。

替代效应反映了个人所面临的替换的变化，而收入效应反映了个人生活水平的变化。

当一种商品（比如汽油）的价格上升时，对其他商品的需求可能也会受到影响。价格的上升减少了个人收入的购买力。结果，人们对每种商品的消费都趋于减少。这是收入效应。

需求曲线越平坦就越有弹性（对价格变化敏感）；需求曲线越陡就弹性越小。

20

通常，当个人对某种商品的消费量大时，替代品容易找到，较小的价格上涨就会导致需求量较大的下降；但是，当消费量较低时，找到好的替代品就变得越来越困难了。

如果税率很低，与补偿相结合的税收不会对个人的福利造成多大影响；他们在汽油消费上损失的福利会在其他商品的消费上得到补偿。因此，这个税收计划虽然不会带来任何收入，但可能会成功地减少汽油的消费。

他必须支付多少取决于市场的价格；他愿意支付多少反映了他的偏好。

由额外一件运动衫而增加的效用——这里用她愿意多支付的钱来度量——被称作边际效用。

这是一个普遍的规律，在两种商品中进行选择时，消费者会把她的选择调整到这样一点，在这一点上边际效用之比等于价格之比。

任何一种商品 (x) 的边际效用 (MU) 一定等于其价格（P）。

曲线向下倾斜的事实意味着消费者所购买的第一单位商品比最后一单位商品对她有更大的价值。

消费者选择理论是理解市场经济的关键。预算约束和个人偏好模型是经济学家关于消费者选择理论的基本模型。

21

有时候，人们对待商品的态度取决于它的价格。对于那些势利的顾客，商品越贵越有吸引力。或者，当某种商品的质量不大容易很快被加以检验时，人们也许会通过价格来判断质量。因为，一般而论，越好（越耐用）的东西越贵，当人们看到某个东西很便宜时，他们推测它可能不会很好，或者当人们看到某个东西很贵时，他们认为它的质量一定很好。降低商品价格实际上可能会降低需求。

差异曲线显示了可以给一个人相同满足的不同的商品组合。

表示无差异曲线斜率的专业术语是边际替代率。

无差异曲线的斜率是边际替代率；预算约束的斜率是相对价格。因此，这个两维图形说明了消费者选择的基本原理：人们选择边际替代率等于相对价格之点。

如果边际替代率大于相对价格，弗兰购买更多的激光唱盘会使她的处境变得更好；如果边际替代率小于相对价格，弗兰购买更少的激光唱盘会使她的处境变得更好。当边际替代率等于相对价格时，增加或减少购买对她都不会有好处。

省一便士如同挣一便士。

人们储蓄决策时，他们实质上也是在做出关于什么时候消费或花钱的决策。

在一个极端，她可以在第一个时期消费掉所有的工资，一点也不给退休的第二个时期留下。在另一个极端，她可以在第一个时期不消费，储蓄她所有的收入，在第二个时期消费她的储蓄以及积累的利息。

另一方面，储蓄回报的增加改变了未来消费和现在消费之间的相对价格，使得推迟消费更具吸引力。这种相对价格的改变就是替代效应。

22

实际利息率的增加对储蓄率有一点正的效应。储蓄利息率的增加有明显的正效应。

弗里德曼强调，消费同人们的永久收入有关，这种收入是好年景与坏年景收入的平均数。

实际上，社会保障不是这种银行账户式的养老金。它建立在这样的前提之上：如果工作人数超过退休人数的数量足够大，那么，对当前的工人征收相对低的税就能够直接为现在退休的人员提供数量可观的收入。这被称作边走边付体系，它有别于那种账户里的钱随着时间不断积累、并在人们退休后再付还给他们的标准的养老金。

社会保障计划是一种税收计划，不是储蓄账户。

任何降低借款利息率的变动对于借款者既有收入效应也有替代效应。当人们的处境变好时他们愿意增加对大多数商品的消费，这是收入效应。出现替代效应是因为当前的消费比未来的消费相对地更便宜了，这也是对借款变得更便宜了的另一种说法；人们用现在的消费替代未来的消费。替代效应产生于预算约束斜率的改变，这也使得现在的消费更有吸引力。降低借款者利息率的收入效应和替代效应相互加强，从而当前的消费增加，储蓄减少。使得人们借钱更加容易的变化总是有助于减少储蓄。

所谓资本增值是指一项资产在买进和卖出期间所增加的价值。

资本增值给予特殊优待的理由是，许多资本收益是通货膨胀造成的，不是实际的增值。

23

无差异曲线在某一点的斜率等于这一点的边际替代率。

广义地讲，投资是指为了得到回报而购买一种资产。

利息率的下降（被预期是永久的）导致债券价值的上升；相反，根据同样的逻辑，利息率的上升导致债券价值下降。这种市场价值的不确定性使得长期债券具有风险性。

理想的投资应该是具有流动性并且有确定的高收益率，以及不被征税。

投资理论重要的第一课是，如果除了产生收益的方式（利息、股息等）之外资产之间没有其他不同，那么，所有资产的预期收益将会是相同的。为什么会这样？因为看到一项资产的收益高于这一平均收益的投资者们会为这项资产出更高的价格。

使得各种在每个重要方面都相同的所有资产的预期收益相等的过程，被称作为套利。

更高的需求会导致更高的价格，从而导致更低的收益。因此，更安全、更具流动性或得到税收优惠的资产的税前预期收益将会更低。经济学家有时候说，这类合意的资产是升水出售的，而更具风险或更少流动性的资产是贴水出售的。

金融市场是买卖风险的地方。

虽然小赌风险可能是一种娱乐，但是，经济学家和社会作为一个整体倾向于认为，那些不断地用他们收入或财富的很大部分从事具有极端风险活动的人们有一点疯狂，从标准经济模型的观点来看肯定不是目的明确和合乎理性的。

24

对任何资产的需求取决于它的所有特征——平均收益、风险、税收待遇以及流动性。在运行良好的市场中，没有讨价还价的余地；你付出什么就得到什么。如果某种资产比大多数其他投资产生更高的平均收益，这是因为资产有更高的风险，更低的流动性，或税收待遇不佳。

关于价格完全反映资产特征——没有讨价还价的余地——的理论被称作有效市场理论。有效市场理论的大部分研究是针对公开上市的股票进行的，我们讨论的中心也是这些股票。其中的内容可以应用于所有资产的价格。

只要一些人有足够的知识能认出可供利用的机会，价格将很快在竞价驱使下上升或下降到反映完全信息的水平。如果价格反映完全信息，则即使缺乏信息的购买者也将由于以现行价格购买而获得好处。

股票市场是个有效市场。如果你试图在有效的股票市场上赚钱，仅仅选择你预期在未来会成功的企业是不够的。如果你预期一个公司会成功，其他人也会根据可利用的信息预期到它会成功，那时这个公司的股票已经是很高了。要想从购买的股票得到异乎寻常的高利润的唯一办法，是选择那些将会表现得超过普遍预期水平而使市场吃惊的公司——这种表现将会迫使预期改变，然后在市场其余部分改变预期之前投资于这些公司。

当一种股票价值是以相同的机会大于或小于市场总的价值时，经济学家说它的价格变动像是随机行走。

25

某些人会成功。然而，人们愿意相信是他们的见识而不是运气使他们战胜了市场。

为了预测选美比赛的优胜者，一个人必须决定的并不是谁最漂亮，而是谁会被其他评判员认为最漂亮。

由于信心是心理现象，并不一定同现实的经济事件紧密相联，它可以以相当不可预测的方式变动。这种信心的丧失，以及所有的投资者试图在市场进一步下跌前售出他们的股票，似乎就是1987年10月发生的事情（全球性股灾）。

彻底的经济分析不是轶事的清单，它是对所有有关资料的系统分析。

总之，对投资新手的建议是谨慎。不要被成功引入歧途。这种成功也许仅仅是——几乎肯定是——由于运气。如果你有内部消息，而且可以加以利用而不会被关进监狱或伤害你的良心，那么就利用它吧。但是，首先应该去和律师谈谈！

1. 了解每种资产的特征，从你的个人的情况出发对它们加以考虑。大多数人喜欢更安全的、惠税的和更具流动性的资产。

2. 给你的资产组合一个较广的基础。减少风险的方法之一是分散你的投资的资产组合："不要把你所有的鸡蛋放到一个篮子里。"

分散投资是共同基金的主要优点。

高度分散化的资产组合可以减少风险，但并不消除风险。

由于指数基金费用低，特别是比起那些试图猜透市场行情的基金来说是如此，因此，平均而论，比起有类似风险的基金，它们给投资者带来更高的收益。

3. 考察你面临的所有风险，而不仅仅是存在于你的金融资产组合中的风险。

4. 在你觉得你可以胜过市场之前好好想想！

每个投资者都必须决定他或她所愿意做出的在吃好和睡好之间替换。决策取决于你。只有以相当大的风险为代价才能得到高的投资回报。

26

有人对于旨在为穷人提供安全保护的各种福利计划表示担心，认为这些计划实际上是使贫穷的循环圈永久化。从政府计划的失败和有限的成功中，人们对这些失败的原因有了更好的理解。

要把真正该享受福利的人与并不应该享受福利的人区分开来，其成本是很高的，有时候那些不该享受福利的人却获得了资金。指出这些差错的存在不应当被看作是一种批评，它只是陈述了一个不可避免的事实。可以在筛选候选人上花更多的费用来使这项工作做得更好；但是那些本来可以花在福利接受者身上的资源就要花在管理上了。

市场分配导致一些人拥有几十亿美元，而另一些人则无家可归，得不到足够的食物和医疗保障。因此，收入再分配的根据通常并不是对经济效率的追求。它是基于超越其上的社会价值观：社会各界一致同意，当市场导致一些人收入很低以致于他们不能维持一个最低的生活水平时，政府应当救助这些人们。但是当政府这样做时必须小心从事，因为再分配计划常常会影响经济效率。

27

征税的权力是政府的基本权力，因为没有强制性的筹集资金的能力，政府就不能运行。

平均税率是税收与应征税收入之比。

要准确地判明到底是谁支付了公司所得税这一成本是很困难的。相信公司一般会把税收以更高价格的形式转嫁出去的那些经济学家们认为，公司税很像销售税，公司所得税的提高会使税收体系更少而不是更多地具有累进性。

大多数经济学家们相信，没有政府的支持，有理性的个人知道如何评价隔离房子的成本和收益；如果节约的能源开支超过了隔绝的成本，那么人们就会选择安装隔绝材料。税收优惠只是，鼓励对隔绝材料的非效率使用，使之超过节约能源的价值与成本相等的那一点。

为了吸引选民，政治家们常常以表示对穷人的关心作为竞选的开始。同情不如自己那么幸运的人是人类的基本价值观。政府对穷人的救助计划反映了这样一种信念，即所有公民都有集体责任去照顾他们当中那些需要帮助的人们。尽管关于这种责任在多大程度上应由政府来承担和在多大程度上应由自愿的慈善活动来承担还存在一些分歧，但是至少在提供一个安全保障体系以保护社会中那些境况最糟的人们方面，所有发达国家的政府已经发挥了重要的作用。

人们挣低工资的原因也各有不同。首先，许多人缺乏技术。其次，歧视也会导致低工资。

过去的一个世纪里，穷人主要是得到了普遍繁荣增长的帮助，而不是再分配计划的帮助。按照这种观点，长期帮助穷人的最好方法是采取促进经济增长的政策。

28

经济学家们如何将注意力集中于这个替换问题，在平等（馅饼如何分割）和效率（馅饼的大小）之间的选择，以及在通过提供社会保险来减少生活的风险和经济激励之间的选择。在这些替换的背后是基本的社会价值观问题，即在认清我们能够做选择的经济约束条件之后，我们想要一种什么样的社会；这些价值观不仅涉及到效率和平等问题，而且还涉及个人权利和社会责任问题。

政府有责任维持一个充分就业和物价稳定的经济，并为增长创造一个有利的经济环境。这个信念反映在美国1946年的《充分就业法》中，该法案宣称："运用所有可行的手段促进最大的就业、产量和购买力，是联邦政府的持续不断的政策和责任。"

为了理解决定整个经济运行好坏的各种力量，我们的眼光要超出那些影响某一特定市场的变幻莫测的因素。这正是宏观经济学的领域。

它关注的是经济作为一个整体的特征，比如产量总水平、就业总水平与价格总水平的稳定性。经济出现"疾病"——大规模失业、价格上涨或经济停滞——的原因是什么？政府可以采取哪些措施来防止这些疾病的发生，以及在它们一旦发生时应该怎样医治？

29

宏观经济理论关注的是什么因素决定就业和产量的水平、通货膨胀率以及经济总增长率；而宏观经济政策则集中研究政府可以采取哪些措施来促进就业、防止通货膨胀和提高经济增长率。

在研究这些统计指标时，经济学家注重发现规律。

较高而且不断提高的生活水平构成美国人乐观主义精神的基础。即使是社会上最贫困的那部分人也从经济增长中获益。

宏观经济政策在今天的主要目标之一，就是提高经济增长率，它与维持充分就业和稳定物价一起，构成宏观经济学家们所关心的三个主要方面。一国经济若想有效地竞争并且快速增长，就必须有效地利用自己的资源，并且为了增加生产潜力而投资。为了完成第一个任务，即有效地利用资源，一国经济必须在其生产可能性曲线上运行。

30

一国经济的第二个任务是增加生产潜力。

加总所有最终产品（即不再被用以生产其他产品的产品）的货币价值，从而得到一个可以概括表示该经济产量的单一数字。这个数字被称为国内生产总值或GDP。

实际GDP一词则用来指根据通货膨胀调整过的GDP数值。

但每当GDP至少连续两个季度下降时，我们就说衰退已经发生了（为了统计目的，年被分解为季度。GDP数据在每个季度结束时公布一次）。当经济增长率降低到使失业率开始增加时，我们就说经济增加速度开始放慢了。美国经济每隔几年就要经历这样一次。这一规律的一个引人注目的例外是1983–1990年这段时期，它是美国有史以来在和平时期历时最长的一次经济高涨。

总产出等于总收入。

31

计算 GDP 时使用的收入概念与公众通常理解的收入概念有些不同，了解两者之间的一些区别很重要。首先，人们很可能将他们获得的资本增值视为自己的收入。资本增值是资产价值的增加，从任何意义上它都不代表生产（产出）。用以计算 GDP 的国民收入账户旨在考察商品和服务的产量，因而它们不包括资本增值。第二，厂商的未分配利润包括在国民收入中，但是一般个人可能并不将这些未分配利润看作自己收入的一部分。这同样是由于 GDP 账户测量的是产值，而利润是产值的一部分，所以无论这些利润是否实际上已经分配给了股东，它们都应该计入产值。第三，更突出的是，人们更关注于他们的可支配收入，或他们可以用于支出的收入。为了计算可支配收入，人们从其收入中减去他们必须支付的税收。

收入分解成三类：工资及对工人的其他支付，利润、利息、租金及对资本所有者的其他支付，以及税收。

32

GDP 不考虑从国外获得的报酬或支付给国外的报酬，它是一国在国内实际生产的商品和服务的测量值。

生产率的增长揭示了两个事实。第一，生产率的增长存在着波动。每小时产量在繁荣时期上升，而在衰退时期增长减慢，有时甚至下降。第二，近年来生产率的增长放慢了。

现代宏观经济学的起源可以追溯到具有催化剂作用的大萧条这个灾难性

的事件。

古典经济学家的政策药方可以归结为 "Laissez faire（自由放任）"。

这些学派有一个共同的信念：由于众多的原因，经济可能在一个相当长的时期内存在着工人失业与资源利用不足；在这种情况下，政府的行动可以使经济病状得到改善。

1963 年常常被认为是凯恩斯主义名声大噪的一年。

第一个学派试图以政府的货币政策来解释通货膨胀的原因。

经济波动事实上与货币政策无关。货币根本是不重要的。经济状况只取决于实际力量，如新发明、干旱等等。正是这些对经济的实际冲击引起了波动。

他们比新古典经济学家更加坚决地相信经济会自然而然地运行于充分就业状态，根本不需要政府干预。

33

经济学家试图弄清楚导致经济在某一时期增长迅速而在另一时期增长迟缓的基本力量。

有选择的有效政府干预在创造亚洲奇迹中（日本、韩国及其他东亚国家和地区经济的高增长）也起到了重要作用。

经济学家们试图解释工资与价格调节失灵的原因。

今天宏观经济学的主导学派是新凯恩斯主义与新古典学派。他们拥有一个共同的基本前提：与他们的前辈不同，新凯恩斯主义与新古典经济学家都坚持将宏观经济学与微观经济学原理结合起来。

总量劳动市场包括经济中所有的工人。如果失业集中于不熟练工人，经济的 "问题" 可能不在于作为一个整体的劳动市场，而是在于其中的一个部分，即非熟练劳动者的市场。

当工资降低时，劳动需求量由于两个原因而增加。第一，当工资相对于机器成本而言降低时，这会使厂商用工人来替代机器。第二，当工资降低时，相对于所生产的产品价格而言，劳动变得相对廉价，雇主愿意雇用更多的工人。

因此，劳动需求曲线向下倾斜。

34

在低产量水平处，总供给曲线相对平坦（或有弹性），而在高产量水平，它是相对陡峭的（或无弹性）。理由如下：在低产量水平，经济中存在过剩的生产能力，工人与机器的利用率不足。因此价格水平的略微上升将引起非常大的产量增加。

在很高的产量水平处，机器与工人都以接近于各自最大产量能力工作，很难再生产出更多的产品。多生产一单位产品的边际成本可能非常之大。相应地，这就需要价格水平上升很大才能取得产量的少量增加。

经济的充分就业产量或潜在产量是这样一个产量水平：在该产量水平处，所有愿意在现行工资下工作的人都被雇用。

35

政府可以通过鼓励增加上述任一组成部分的办法来刺激总需求。产量的少许改变伴随着价格水平的大幅度上升。这种由总需求曲线年复一年地不断向上移动而引起的价格水平上涨，有助于解释美国经历的通货膨胀攀升。

总供给曲线的平坦部分表明存在着过剩的生产能力。新追加的过剩生产能力对于生产的均衡数量与均衡价格水平的影响都很小。

肯尼迪减税政策的成功通常被认为是凯恩斯主义经济学的伟大成就之一。

当联邦储备委员会（其职责是控制货币系统）收紧信贷，同时提高了利率。联邦储备委员会这些行动的结果是，厂商削减了它们的投资，家庭削减了它们对小汽车和住宅等的购买。这个行动所造成的影响远远超出了税收削减的影响。因此，经济陷入了一次严重的衰退。美国的失业率超过了11%，其中某些地区的失业率竟高达20%。

36

一个健康经济的特征是资源得到充分利用、价格稳定与持续的经济增长。美国是全球经济的一个部分，而全球经济的各个部分是相互联系的。

这也构成了抑制经济中的失业范围和代价的政治承诺的基础。劳动是一种生产性投入——通常是最重要的投入。

这通常有如下几条理由：第一，可以得到的工作或许在另一个地区，迁移的成本相当大，尤其是如果工人认为（期望）他的失业只是暂时的话。第二，一份低工资的工作或许会给未来的潜在雇主传递错误的信息。这或许让雇主猜疑该工人对他的能力和技能缺乏信心。只要失业的钳工相信接受一份在麦当劳送汉堡包的工作会传送出一个不利的信号，他就不会接受这份工作，除非他的钱已全部用完并且别无选择。

一个根据消费品价格指数所作的估计表明，当失业从 1929 年的 5.5% 增加到 1934 年的 22% 时，实际工资上升了 20% 以上。在更近一些的 80 年代，当失业率几乎翻了一番时，即从 5.5% 变为 9.5% 时，实际工资略有上升。

37

以降低风险为目的的经济安排同时也使激励降低。

支出曲线显示出固定价格水平上总支出与国民收入之间的关系。与之相比，总需求曲线显示了在不同的价格水平上由总需求决定的产出水平。

总支出曲线有三个重要性质。第一，它是向上倾斜的，随国民收入增加，总支出也在增加。其他因素的变化（如利率、税率和汇率的变化）使总支出曲线向上或向下移动，或者改变斜率。第二，收入增加 1 美元，总支出增加会少于 1 美元。第三，即使国民收入为零，人们仍然要花钱买东西。

GDP = 国民收入

在均衡点上，总支出，必须等于总产出 (GDP)。既然总产出等于国民收入，我们可以得到一个简单的公式：AE = GDP= Y

这种通过收入（产出）与总支出的关系确定均衡产出的方法称为收入 – 支出分析。

经济学家们区分计划存货和非计划存货。计划存货是指企业为使经营更有效率而有选择地在手头存贮一些货物。这些货物可以被看做是一种投资，这些货物增加到一定程度时，它们可以被当做投资，算做总支出的一部分。非计划存货是指企业想卖出而没有卖出的货物。

38

总支出曲线的移动决定一个经济的均衡产出的变化；变化的量比移动总支出曲线的量要大许多，并且随着总支出曲线的斜率的增加而增加。

斜率越大，产出随支出上升得也就越快。

劳动需求曲线移动的首要原因是均衡产出水平的变化：当产出低时，劳动需求也低。假如政府能通过某种方法移动总支出曲线来提高均衡产出水平，那就能增加就业。

家庭消费和收入之间的这种关系称为消费函数。

当可支配收入增加 1 美元时，消费支出增加的数量，称边际消费倾向。

总消费函数的斜率包含了重要信息。它告诉我们，当总可支配收入增加 1 美元时（用横轴衡量），总消费增加多少（用纵轴衡量）。换句话说，总消费函数的斜率就是边际消费倾向。

收入增加 1 美元，储蓄的增加额称为边际储蓄倾向 (MPS)。它刚好与边际消费倾向互为补数，即这两者之和等于 1。

企业对未来经济前景的估计决定了投资的大小。

39

投资支出的改变和最终产出改变的关系称为投资乘数，或简称为乘数。增加政府支出或净出口会产生类似的乘数效应。

乘数意味着，如果政府增加支出（保持税率固定），那么，国民产出会是政府支出的数倍。政府支出对于刺激经济有强有力的效果。但是，如果经济处于严重的衰退中，乘数会很低，这时政府只有极大地扩大支出才能把产出提高到充分就业水平。乘数也意味着改变投资、自主消费或净出口对经济有极强的影响。投资的微小的降低，由于乘数作用会使国民收入大量下降。较小的乘数意味着投资的改变对经济活动水平的影响不敏感。

40

永久性收入假说和生命周期假说是比较令人信服的关于理性家庭行为的理论。它们包含着许多真理成分：家庭的确为退休储蓄，因此生命周期因素是重要的，并且家庭确实有意使好坏年份间的消费稳定，因此永久收入因素也是重要的。但是，家庭消费对当前收入的依赖看起来似乎比这些理论中的任何一种所表明的都要大。

投资曲线描绘出在每一利率上厂商愿意进行的投资总量。一般说来，实际利率的提高，即经过通货膨胀调整后的利率的提高，会降低投资水平。

投资增加依赖于利率的事实表明，政府可以通过降低利率，从而增加投资来刺激经济。

诺贝尔奖获得者，耶鲁大学的詹姆斯·托宾曾论证说，对厂商的投资造成较大影响的不是利率，而是相对于其机器和其他资产价值而言的股票市场上的股票价格。

投资加速数是说，投资的作用是双重的：投资所带来的产出增长又产生更多的投资。

产品市场上发生的事件（均衡产出水平的决定）影响劳动市场（经济的失业水平）；资本市场上发生的事件（可利用信贷的规模）影响投资并因此影响产品市场。

我们总是以厂商追求利润或市场价值最大化的思想作为投资分析的基础，而在这里，我们将不能清楚地看到政府官员的动机。

在某些情况下，政治家所面对的激励实际上可能使政府加剧经济的不稳定性。

如果政府在增加支出的同时不提高税收，那么它就能更多地刺激经济，这种情形称为赤字支出。

41

以一定的赤字支持政府支出的思想则是约翰·梅纳德·凯恩斯的又一个革命性创见。

凯恩斯认为对平衡预算的刻板固守是错误的。他指出经济陷入失业和停滞是令人痛苦的，并论证对政府来说，在拥有可支配的能够刺激经济活动的工具时却允许国家有价值的资源闲置是不负责任的。尽管赤字可能是一个问题，但还有许多时期失业是一个更大的问题。当经济资源未得到充分利用时，赤字支出可能是一个有效的政策。

政府所作的赤字支出越多，厂商所作的私人投资就越少，因此，政府支出的增加根本不会刺激经济。

乘数较小的事实具有两个我们应已熟悉的含义：它意味着经济对一些变量，比如对投资水平较不敏感；还意味着经济对政府通过增加支出来刺激经济的努力反应较小。

实际上，所得税在经济中建立了一种稳定机制。随着经济放慢和国民收入下降，政府从个人那里取走的税收减少。因此可支配收入的减少要小于总国民收入的减少。这种机制称为自动稳定器，它的重要性在于经济一旦进入下降趋势，它就开始发挥作用。在它发挥作用之前不需要任何政治争论。

实际上，它们的支出的波动还可能加剧经济活动总水平的波动。

42

在一个相互联系的世界经济中，失业和衰退就像具有传染性的疾病。一国经济的下降可传播到其他国家的经济之中。

在战争时期和经济繁荣时期，经济运行于总供给曲线的垂直部分。

价格水平的变化还有其他几种效应，包括收入和财富的再分配以及个人生命期内消费模式的改变。

当价格降低确实导致利率下降时，就会带来总需求的增加，因为在较低的利率水平上，厂商发现更具有吸引力。为简单起见，我们称这种效应为利率效应。

厂商能够为投资提供的资金减少，因而投资也减少，这种效应我们称为信贷限制效应。

市场供给曲线是通过将每一价格水平上每个厂商愿意供给的数量加总形成的。

经济中的总产出只不过是所有不同行业产出的总和，因此，总供给曲线具有在低产出水平上，相对平缓，在高产出水平上，相对陡峭的形状。

43

引起需求变动的主要因素是消费者对耐用品的购买、投资需求（尤其是存货和建设投资）、净出口（由汇率的变化引起）和政府支出，通常政府支出是以稳定经济为目的的。然而，并不总是具有稳定经济的效果；当国家陷入战争时政府支出的增加（未被税收增加抵消）及战争结束时支出的减少（未被税收减少抵消），就都加剧了经济的不稳定性。

引起总供给曲线移动的另一个可能原因是技术的变化。

对风险的感知或承担风险意愿的变化。生产总是伴随着风险，当经济进入衰退期时，风险增加，而厂商承担风险的意愿和能力却下降。

谨慎经营的一种方式是削减产量和存货，换句话说，减少厂商在任一价格水平上愿意供给的数量，因此当经济进入衰退期时，厂商愿意供给的数量将会减少。

从历史上看，名义工资和名义价格倾向于前后相随的变动。我们已经看到，工资下降会使总需求曲线和总供给曲线都发生移动，产生一个较低的价格水平，价格水平下降又会使劳动需求左移，从而抵消原来工资降低引起的需求增加。在这种情况下，降低工资和价格对经济恢复到充分就业的作用很小。

多数经济学家认为这一过程是缓慢的；同时会伴随着相当严重的失业和闲置资源的浪费。

44

我们把那条不仅考虑到当前的工资随当前价格的变动，而且也考虑到未来的工资和价格随当前价格变动的总供给曲线称为长期总供给曲线。

在两种情况下需求起着主导作用：当价格是灵活的，并且经济运行在总供给曲线的水平的、具有剩余生产能力的区段上时；当价格是粘性的，并且经济处于总需求等于总供给的水平以上时。在上述任何一种情形中，需求的变化直接导致产出的变化。

供给也在两种情况下起着主导作用：当价格是灵活的，并且经济运行在总供给曲线的垂直区段上时；当价格是粘性的，并且经济处于总需求等于总供给的水平以下时。在任何一种情形中，需求的变化都与产出无关，而供给曲线的移动决定着产出的变化。

改变价格需要花钱，这些成本就被称作菜单成本。

45

货币政策和财政政策是政府用来追求经济增长、价格稳定和充分就业目标的两个主要工具。

政府希望采取什么政策也取决于经济情况。当经济处于衰退之中并有超额生产能力的时候，政府希望能够刺激经济。在这种情况下，问题的关键是货币政策能否被用来刺激经济，或者在何种情况下能够被用来刺激经济。另一方面，当经济中的所有资源都被充分利用了的时候，政府的注意力将转到通货膨胀问题以及货币政策在减少总需求，从而减少通货膨胀压力方面所起的作用上。

尽管你可以在某些时候愚弄所有的人和在所有的时候愚弄某些人，但是你不可能在所有的时候愚弄所有的人。

财政政策的主要作用——政府支出增加，会把资源从私人部门转移到公共部门。由于大多时候经济资源是被充分利用的，只有沿着生产可能性曲线移动才是可能的；只有减少另一种产品的生产才能增加一种产品的生产；只有生产更少的私人物品才能生产出更多的公共物品。

46

推行政策和政策产生效果之间存在很长的时滞。如果政府最终认识到经济处在衰退中，等到它采取措施刺激经济而这些措施又需要一段时间来发生全部作用时，经济也许已经凭借自身的力量顺利地进入复苏阶段。这样，政府刺激经济的主要效果只不过造成通货膨胀的压力。

尽管一切经济下降都有共同的相似之处，但是大多数下降具有自己独特的特征。

政府是否实际上贯彻所许诺的行动路线的问题被称作动态一致性的问题。

政府如果干预得太多，政府会得到比它干预较少时所得到的更坏的后果。

"工具"这个名词是指政府影响经济的一种手段。

货币政策工具包括公开市场业务和变更准备金或贴现率。

通过鼓励投资来刺激经济的政策工具很可能会有利于经济增长。

47

当一个国家获得外国借款的机会有限时，政府通过借债来增加其开支会使利息率提高。因此会挤出投资。

政策改变的后果的不确定性涉及到市场如何运行的问题。如果政府为了扩大开支而借更多的钱，这会挤出私人投资。

资本主义经济中除了私人领域外，还包括公共领域。它由各级政府组成，它们是这个领域的决策者。

政府的另一项支出是转移支出（transfer payments），它是给予个人的政府支出，不需要接受者以商品或劳务作为交换。这种支出包括社会救济金、失业救济金和其他福利支出等。

48

亚当·斯密在他1776年出版的《国富论》中，业已讨论了政府的职能。他根据他的经济自由主义的观点，主张政府的职能应只限于维护国家和个人的安全，以及进行私人经营无利可图的建设等。

但现代资本主义政府的职能却有了很大扩充。概括起来约有以下几方面。

首先，尽力为私人领域提供一个稳定的经济环境，建立法律秩序和货币体系，禁止不公平的交易和法律禁止的垄断活动，维护私人领域竞争机制的作用，以推动私人领域的发展。

其次，通过立法制定工业安全、保健和治理污染等条例，进行转移支出为老年、残疾和失业者提供社会保障。

第三，通过补贴、关税和税收政策，给予特定的个人、行业和部门以优惠或特许，以促进其发展。

第四，提供社会产品。在资本主义经济中，绝大部分产品都是经由自由市场提供的，但是有些称为社会产品的商品和劳务，不适合自由市场供应，只得由政府提供，成为政府的一种职能。社会产品可分为两种，一种是公共产品，另一种是称誉产品。

49

公共产品包括国防、路灯照明、疾病预防、司法管理、空中交通管制和公共安全等。公共产品的特点是不论人们有没有付款，无法禁止他们从这些产品中获得益处，例如一个不纳税的人同样可以得到国防的保护、街灯照明的方便等。区分公共产品和非公共产品的是不相容原则。根据这个原则，如果一个人不付款，就不能享受这种产品，那么这种产品就是非公共产品，反之则是公共产品。

称誉产品或称准公共产品。它是人们认为本质上值得生产并值得称誉的产品。

政府还有一个重要的职能就是调节和稳定一国的宏观经济。目的在于实现充分就业，稳定物价水平，持续经济增长和公平的收入分配。宏观经济学的重点之一，就是说明实现这些目标的主要工具和措施，分析它们在实现这些目的时的相互作用，说明各个有关流派对稳定政策的不同观点。实施稳定政策的主要工具是财政政策和货币政策。实践证明，由于经济的和政治的原因，这些目的不易全部同时实现。

50

财政政策就是由政府审慎地利用其权力，变动税收净额和政府支出，以管理总支出和总需求水平，消除衰退性和膨胀性缺口，以期稳定物价，抵消经济周期的波动，使一国产量和就业达到期望的水平。

因此一个国家的财政包括两方面：一是财政收入（或称岁入），主要是税赋收入，另一是财政支出（或称岁出）。

财政支出可分为两大类，一类是政府采购商品和劳务的支出，主要是用来生产社会产品的支出，它包括国防、公路、公园、公共建筑、教育、医疗保健等，此外还有国际事务、科学、航天技术、能源、自然资源和环境、农业与农业资源和一般行政费用等项支出。一类是转移支出，主要包括社会保障（又称收入保障）支出，即老年、遗孤和残疾人保险。此外还有失业救济金、退伍军人津贴以及利息支出等。

各国政府财政支出首先来源于税收。如果税收不敷必需的支出，第二种方法就是向公众举债，例如出售国库券，增加货币收入，以弥补财政赤字。

51

评论一种税的好坏有两个标准，一个是税收的公平原则，即征收这种税是否公平；另一是税收的效率原则，即征收这种税是否过分地干扰了市场经济。

一个健全的税收制度首要的条件就是征收的税是否公平。第一是水平的公平（horizontal equity），即相同境况的人必须同等对待，在经济上相同景况的人其税赋负担应该一样。第二是垂直的公平，其在实际应用中产生了两个原则，一是受益原则，另一是纳税能力原则。

受益原则指的是，如果某项税收专门为某一公共服务提供资金，那么那些从政府这种公共服务中得到益处的人就应该纳税。

支付能力原则意味着最公平的税是按纳税人的支付能力纳的税。

纳税能力不容易确定，也无法计量。人们无法知道富有的人年收入增加1000美元，其重要性比较穷的人增加1000美元对他的重要性要少多少。这种概念已涉及心理学的领域，难以进行经济分析。另一个困难是即使说一种税应该按纳税原则抽税，如何区分不同的人的不同的支付能力。

52

如果说一国经济是有效率的，那就意味着，该国经济能利用每一个机会使一些人的景况好起来而不使另外一些人的景况坏下去。

政府征收这种税（对大型车征税），目的在于引导人们通过减少或避免纳税的方式而改变其行为。

因此，当开征一种税导致人们改变其行为，也就是"扭曲"了他们的选择时，这种税产生了一种超出他们纳税金额以外的额外负担（excess burden of a tax）。

一种税的额外负担是由于该种税引起人们行为的改变而产生的。税收的效率原则就在于设计一种能够使效率差减少到最低程度的税收制度。如果两种税的总税收额都一样，其中额外负担较小的税，其效率就比较大，因为它的总负担小，即一种税的总负担 = 税收额 + 额外负担。

总之，从税收的效率原则出发，就应设计出一种税收制度，使它通过税收获得任何指定数量的岁入时，人们行为变动都是最小的。

53

税收制度是一个国家多种税收的税法、税则和征税办法的总称，它是国家征税的法律依据和工作规范。税收制度的主要因素包括税种、课税对象、纳税人、税目、税率、减免事项和纳税纪律等。税收的公平原则和效率原则就体现在税收制度的各个要素中，由于实现这些原则存在着实际的困难，因此采取折衷办法，既不是像主张公平原则的学者，也不像主张效率原则的学者所理想的那样，但是事实证明是可行的。

税收制度中的主要要素：税种。课税对象：一类是对收入征税，另一类是对财产征税，第三类是对活动征税。税目。纳税人：是法定直接付款人。他可以是自然人，也可以是像公司那样的法人，法定直接付税人有按法律规定纳税的义务，但是纳税人并非都是负税人，个人所得税的纳税人就是负税人。但是像销售税、国内货物税是由有关的工商企业缴纳的，但是它们不是负税人，工商企业纳税以后最终要把这种负担转嫁给购买商品的消费者，这些人是真正的负税人。

计税单位。采用货币单位征税的称为从价税。

54

税率是税收制度中的重要要素，它是对课税对象每一计税单位征收多少税款所作的规定。

从征税权归一个国家哪一级政府来行使以及征得的税款由哪一级政府来支配作为标准，可以把全部税收分为中央税和地方税两种。

所谓税基就是作为计算纳税额基础的课税对象的量，所得税的税基就是收入金额，财产税的税基就是财产的价值，销售税的税基就是销售出的商品价值，当全部税额除以税基的商以比率表示时就是税率。税基乘以税率就等于税收额。

比例税就是当税基增加时，平均税率保持不变的税，因为纳税额与税基成比例。

直接税和间接税。直接税是不能转嫁的税。间接税是对不打算使其成为最终负税人的那些人们征收的税，即付款人和负税人不是同一个人。

55

累进税制的特点就是边际税率相当于平均税率。

超额累进制：在超额累进制中，全部个人可税收入按由低到高的顺序进行分组，各组的边际税率也相应地由低到高地递增。

全额累进制：在全额累进制下，凡是在哪一组次的个人可税收入都按该组的边际税率全额计税。

工薪税不是比例税，而是一种累退税。因为第一，只是工薪才纳这种税，利息和股息收入不纳这种税；第二，由于退休金、失业救济金等规定有最高限额，工薪收入超过一定数量，超过部分不再缴纳工薪税。

公司所得税具有一定程度的累进性。

税的归宿指的是谁是实际的负担税的人。

间接税的归宿问题，要看作为付税人的厂商等机构转嫁税赋的程度。它们能否将税赋转嫁，转嫁的份额是多大则决定于应税商品的需求与供给的性质。

56

从需求方面看，如果消费者非常迷恋应税商品，当该商品价格上涨时，消费者的购买量不会减少得太多，甚至不会减少。在这种情况下，他们就会忍受税赋转嫁的负担，税赋转嫁的程度也就增加了。换句话说，应税商品越缺乏需求弹性，即需求曲线越加陡峭，付税人越能将税赋转嫁给消费者，消费者负担税赋的比重也越大。

反之，从供给方面看，如果供给缺乏弹性，供给曲线就比较陡峭，那么供给者即使在价格下降时，也不会减少供给，因此，供给越是缺乏弹性，供给者负担税赋的比重也越大。

双方负担的比重则由供求曲线的弹性大小来决定，越是缺乏弹性的那一方，负担税赋的比重越大。

57

财政政策就是由资本主义国家政府审慎地利用其权力，变动税收净额和政府支出，以管理总支出和总需求水平，消除衰退性和膨胀性缺口，以期稳定物价，抵消经济周期的波动，使一国产量和就业达到期望的水平。有一些财政活动并不需要政府财政当局进行规划或制定措施就会实现，例如在经济周期中，不需财政当局的任何决定，政府的支出和税收就会大幅度地变动。这种变动是内在于财政制度之中。因此称为自动财政稳定器，简称自动稳定器，亦称内在稳定器。

政府税收和转移支出是两种主要的稳定器，相对于斟酌决定的财政政策而言，自动稳定器是不需政府的干预和控制，自动而即时地朝正确的方向变化，借以对总需求产生一种稳定作用的制度。所谓自动就是不需要采取任何特殊的措施即可自动发挥作用；所谓即时就是在总需求变动时，稳定器随着发生变化，两者之间没有什么延时；所谓朝正确方向变化就是它能产生稳定作用，当总收入减少时，稳定器促使税收减少，转移支出增加，总需求的增加则产生相反的结果。起作用方面为：税收、政府转移支出。

58

政府转移支出：第一，失业保险。第二，农业的支持价格。第三，公司支付股息政策。

累进所得税制主要在于减少收入分配的不均程度。社会保险制度和农业的支持价格在于保障失业者的生存权利和农业主的合理收入水平，本意不在于稳定一国的经济。但是它们却产生意想不到的自动稳定器的作用。

总之，当总收入和总需求增加时，税收自动而即时的增加和转移支出的减少有助于抑制经济的膨胀，当总收入和总需求下降时，税收的自动而即时的减少和转移支出的增加有助于缓和经济的收缩。因此自动稳定器有助于减少经济周期的升降幅度，降低波峰高度，提高谷底的高度。但是自动稳定器不是万能的，它只能减少一些波动的幅度，而不能消灭经济周期。凯恩斯经济学家认为除此以外还必须根据实际经济情况执行斟酌处理的财政政策。

59

一般所谓的财政政策指的是斟酌处理的财政政策。这种财政政策就是一国政府为了稳定物价，抑制经济周期的波动，以求总产量和就业达到一个合意的平台，有目的、有针对性地变动财政支出和增减税收的行动。

现在的财政政策是以凯恩斯的就业理论为基础的，财政政策应该顶风前进，就是逆对经济周期的方向行事。

在衰退时期，财政政策的方向是提高总需求达于充分就业水平，需要执行扩张性的财政政策，以弥补衰退性缺口。为了实现这个目的不是增加财政支出，就是降低税收，或者双管齐下，兼而有之。

在繁荣时期，过热的经济导致通货膨胀，这时财政政策的目的在于压低总需求到充分就业水平，因此需要执行紧缩的财政政策来填补膨胀性缺口，其办法不是减少财政支出就是增加税收，或者兼而有之。

执行斟酌处理的财政政策也就是调节一国的预算。

60

筹措资金，不外两种方式。一是增加税收，其中最重要的是所得税。变动所得税的结构，不但能影响政府的财政收入，而且能影响经济活动水平。另一是借款。当财政收入不敷财政支出时，必需通过借款来弥补财政赤字，其方式就是向公众出售国库券或公债券等国家有价证券。

财政支出方式有两种。一是用于增加社会产品，例如用于国防、公路、公园、公共建筑、清理贫民窟和地区的开发，还用于创造公共服务方面的就业，不过目的是创造暂时的就业，直到这些人在私人领域找到工作为止；另一是用于转移支出。有些转移支出成为自动稳定器，这里需要指出的是，也有少数转移支出，例如退伍军人津贴和国债的利息支出两项的变动与国民生产总值的变化无直接关系，因此不具有自动稳定的作用。

61

收入—支出模型以价格保持不变为其前提条件，在这个模型中，比较总支出与总产量，即可识别存在着的是膨胀性缺口还是收缩性缺口。

税收的最重要特性就是它本身形成 GDP 与可支配收入之间的差额。

如果要建立消费支出和 GDP 之间的关系，首先需要从 GDP 中减去税收得出可支配收入。即使在 GDP 不变的情况下，税收的变动特别是个人所得税的变动，势将影响可支配收入，转而影响消费支出。因此在收入—支出图式中，增加个人所得税，将使消费曲线向下移动，从而减少了总支出；降低个人所得税，将使消费曲线向上移动，因此增加了总支出。

由于个人所得税是累进制的，在减税时，国民收入水平越高可支配收入增加得越多；反之，在增税时，国民收入水平越高，可支配收入减少得越多。

62

政府增加税收，就降低了总支出；减少了税收，就增加了总支出。

增加政府支出是对收入流量的注入，增加税收则是收入流量的漏损，从而降低了总支出。

支出乘数和税收乘数结合在一起产生的平衡型预算乘数是以上两者数值

之差。

政府转移支出和收入决定：政府转移支出也是财政政策的一个工具。转移支出的特点是它和所得税起作用方式恰恰相反。国民收入是由工资、利润、利息和地租组成，它们是生产要素提供服务的报酬，税收则是作为拥有生产要素的消费者因在生产过程中提供服务所挣得但没有收到的那一部分收入，因此要在国民收入中减去才能计算可支配收入，而转移支出则是消费者所收到但不是在生产中挣得的收入，因此转移支出称为负的税收。

税收是政府从居民领域中收取的资金流量，但被政府以转移支出方式部分地返还给居民，因此转移支出是税收的减项。

近年来，各国政府对增加转移支出均抱慎重态度。因为一旦在衰退时期增加转移支出，到了繁荣时期无法削减到原有水平，成为能增不能减的支出项目。

63

从理论上说财政政策不论是采取变动财政支出，还是变动税收的方式都能使一国经济按所希望的方向发展。但在决策时，是变动 G 还是变动 T，根据的选择标准是什么？主要的选择标准是一个国家希望她的公共领域有多大。

有的经济学家认为，即使像美国这样的国家，公共领域仍然是薄弱的，仍然需要更好的学校，更有效率的公共交通系统，更为清洁、更为安全的市镇街道和更多的社会福利。因此他们主张当经济需要刺激时，就应增加 G，而在经济过热需要扼制时，则应增加税收，来维持这些进行过改进的公共服务。这些主张将导致一个不断增长的公共领域和一个"大的政府"。

对立的观点认为，公共领域已经是够大的了。私人领域中，个人和企业自己能很好完成的事业，让政府插手是不明智的；在日常生活中政府干预的事已经太多了，应该让市场机制多发挥作用。具有这些主张的经济学家认为，当宏观经济需要采取扩张性的经济政策时，应采取减税的方式，要实行紧缩政策时，应采取削减政府支出的方式。

从有关财政政策原理的说明中，可以概括出两个原则，一是如要扩张经济，就需要增加政府支出或者削减税收，以提高总需求。另一是如果紧缩经济，就应该减少政府支出或增加税收，来压缩总需求。

64

政策在一定程度上要建立在预测的基础之上。但是现在还没有一套万无一失的经济预测方法。因此决策者的预测能力受到很大的限制，再加上做出财政决策需要较长的时间，有时就坐失了时机。

让立法者困扰的经济周期预测和执行政策的时机问题，一是周期的转折点问题，另一是执行反周期的财政政策的时机。

经济学家一般都能合理地解释以往的衰退与繁荣是如何发生的，为什么现在处于某种情况之中，但是这些经济学家即使借助于计算机也无法正确地预测下一个转折点什么时候发生。只有能预测到这些转折点，才能事先制定合适的财政政策来缓和它们的冲击。

在执行反周期的财政政策的时机方面，会遇到许多滞后情况：首先是识别的滞后。一般认为，生产指数连续两个季度下降，才能确认一国经济进入衰退阶段。因此在识别出衰退或膨胀的转折点时，该国早就处于这一过程之中了。其次是行动的时滞。还有乘数的时滞。

对于投资来说时滞时间就更长一些。

一般说来，这三项时滞使得反经济周期的财政措施要推迟两三年才能真正地起作用。

65

乘数作用的不确定性主要的原因是对各个家庭的边际消费倾向 MPC 了解得不够，再就是，有关公司所得税对投资的冲击了解得不够。

企业流动资产多或比重越大，公司所得税对投资的影响程度也越小。

挤出效应：政府通过税收、借款或增发货币等方式增加大量财政支出，目的在于刺激私人投资，但是执行结果反而减少了私人投资。其原因有两方面，一是政府与企业争资源、争人才。在资源供应并不充裕的情况下，原本用于私人企业的资源现在转而用于公共领域。另一是政府支出如果来源于借款和增发货币，必然引起利率的上升，使得企业筹款成本增加，造成经营上的困难，使一些企业被挤出金融市场。

政治领袖知道选民关心的是经济政策对个人的短期效应和切身利益。他们为了再度当选常常制定和实施具有短期效益的政策以迎合选民，而忽视这种政策在长期可能产生的不利后果，因而产生了所谓的政治性的经济周期。

66

所谓货币政策就是一国的货币当局（即中央银行）有意识地行使它的权力，诱导货币供给的扩大或收缩。货币政策的目的在于稳定物价水平，缩小经济周期波动幅度，并有助于使一国的产量和就业达到所希望的水平。

联邦储备系统通过五种措施来实施货币政策：变更准备金比例、变动贴现率、公开市场业务、垫头规定、道义上的劝告。

为了满足存款人提款的需要，商业银行必须为其支票存款提供法定准备金。与此同时也为联邦储备系统提供一个控制货币供应量的机制。

降低法定准备金比率，使得银行能够扩大货币供应量，从而扩张了一国经济。提高法定准备金比率则迫使银行减少货币供应量，从而收缩了一国经济。变动法定准备金比率对一国经济的影响程度决定于银行超额准备金的多寡。

67

贴现率又称银行率，是执行货币政策的第二种措施。中央银行作为最后贷款者的作用，在于协助存款机构对支票存款备有足够的准备金。

公开市场业务就是中央银行为了稳定经济而逐日进行的作业，它是中央银行执行货币政策的最重要的作业。

公开市场业务就是由联邦公开市场委员会作出决定并交由纽约联邦储备

银行在公开的金融市场上买卖政府长短期证券，以通过增减市场信用的方式，影响货币供应量和信用规模，来实现其货币政策。

公开市场政策对整体经济产生的影响是：联邦储备系统在公开市场购进政府债券这一操作增加了存款机构的准备金，引起存款成倍增加，刺激一国经济的扩张。反之，联邦储备系统在公开市场卖出政府债券，则减少了存款机构的准备金，导致存款成倍地缩小，引起一国经济的紧缩。

68

国库券是按固定的面值偿还，也因此国库券市场价格越高其实际收益率越低。反之，市价越低实际收益率越高。这个原理不仅适用于公债券和国库券，而且适用于所有的信用凭证。

联邦储备系统通过每个星期的公开市场作业适当地控制了货币供应量。对货币供应量的控制，又由于不时地调整贴现率和有时变动存款准备金比率而进一步得到加强。

联邦储备系统通过对货币供应量的控制，从而相应地影响了市场利率。但是这种影响是间接的，而不是直接决定市场利率，储备系统只能决定货币供应量，利率是在金融市场上由借（例如企业）贷（例如商业银行）双方的相互作用决定的。不过它们之间的相互作用是对储备系统调整货币供应量，从而也是调整货币政策的反应。

69

货币政策的缺陷：一是反经济周期的作用不完善。如果认为市场前景黯淡，借款和货币支出即使有所增加，远不足以把就业提高到合适的高度。更有甚者，在这一时期中，商业银行虽然有超额准备金，为了安全起见，它们并不急于放款。因此，货币政策作为反衰退的武器远没有作为反通货膨胀的武器那样可以获得预期的效果。二是不能纠正成本推进型或利润推动型的通货膨胀。三是和财政目标的冲突。四是货币政策的效果可能被货币流通速度的变换所抵消。货币政策是一个双行道，在繁荣时期，中央银行减少货币供应量以抑制通货膨胀；在衰退时期，增加货币供应量，刺激经济早日复苏。

货币流通速度或称周转次数，是1年内1块美元平均用于支出的次数。货币流通速度加快其效果就等于货币供应量的增加。

在繁荣时期缩减货币供应量，在衰退时期增加货币供应量的货币政策措施有一个不言自明的前提，就是假定在这两种情况下货币流通速度保持不变。

货币流通速度的明显变化还会影响价格水平。因为流通速度加快意味着总需求的增加，在其他条件不变的情况下，将使物价上涨。反之，流通速度降低意味着总需求的减少，物价因此下降。

70

财政赤字又称预算赤字，是一国政府财政年度支出超过年度收入（不包括借款在内）的差额，通常用红色字体表示，故称赤字。

真实利率表明借款人为获得借款而交付给贷款人的购买力数量。真实利率加上预期通货膨胀率就得出名义利息。

财政赤字 = 政府支出（包括转移支出）– 税收额

高度就业水平预算是一种如果一国经济处于接近充分就业和潜在生产水平时，将会出现的假象预算。在计算时，假定现行利率和支出方式不变，然后估计接近于充分就业时，政府应有的税收和政府支出之间的差额。

财政赤字与通货膨胀：财政部是政府负责收取税款和进行支出的主管机构。当税收不足弥补其财政支出而这些支出又不能削减时，解决的办法就是进行借款。财政部不是向公众借款，就是向中央银行借款。

长期的赤字财政政策，使得货币供应量不断增加，迟早会引起通货膨胀。

如果不能从公众取得借款或者向公众筹借的数额不足以弥补赤字时，政府往往采取创造货币的方式弥补赤字。这种方式会直接导致通货膨胀。

赤字货币化问题：中央银行购买政府债券就称为中央银行对赤字的货币

化，或者说政府的一部分债务的货币化。

赤字货币化会导致货币过量地供应。

71

挤出效应（crowding out effect）：即政府的扩张性财政政策和财政赤字会收缩私人投资。因为，首先政府实施扩张性财政政策时，通过乘数作用，国民生产总值的增加将二三倍于政府支出的增加，从而增加了交易性的货币需求。在货币供给既定的情况下，利率必然上升，利率上升就会排斥一部分投资。其次，当政府入不敷出产生预算赤字时，就要发行债券向公众借款。如果政府占有总储蓄也就是总投资的比重越来越大时，就有越来越多的私人借款者借不到资金而被挤出货币市场。

挤入效应：在衰退时期，政府支出通过提高真实国民生产总值引致私人投资支出增加的这种作用被称为挤入效应（crowding in effect）。

挤入效应的大小一方面决定于政府支出通过乘数所能增加的真实国民生产总值，另一方面决定于企业对随着真实总产值的增长而带来的投资环境改善的反应速度。这时，挤入效应可能胜过挤出效应，投资将进一步增长。

由此可见，政府的赤字支出是产生挤出效应还是产生挤入效应，主要决定于不同的经济环境。在衰退时期挤入效应比较显著，在接近于充分就业时期，挤出效应就显得十分突出。

这时政府的支出所起的作用就是提高价格水平，增加交易性货币需求，促使利率上升，挤出私人投资。

72

实际预算（actual budget）记载一个财政年度政府的实际货币支出、收入和赤字或盈余。

结构型预算（structural budget）计算如果一国经济在潜在产量水平运转时

的政府收支和赤字或盈余，结构型预算也就是高就业水平的预算。

周期型预算（cyclical budget）计算经济处于繁荣或衰退阶段时财政收支的变化和产生的赤字或盈余，以反映经济周期对预算产生的影响。因此周期型预算是结构型预算与实际预算之间的差额。

按财政年度实现预算平衡将加深一国经济的不平衡性。因为在衰退时期，税收减少，繁荣时期税收增加，要实现年度预算平衡必须使政府支出随税收的变动同方向同数量的变动，这必然加深一国经济的不平衡性。

另一种平衡预算的方式是周期性平衡预算。这是在一个经济周期内加以平均的平衡预算。在一个经济周期中，税率按顶风行事原则进行变动。在私人需求旺盛时，保证财政有盈余，私人需求疲软时，出现赤字。因此，税收先是增加，然后减少，然后再增加等。

现代的宏观经济学，主要是凯恩斯的收入决定理论否定了平衡预算的信条。但是这不等于说政府可以任意行事。资源是有限的，因此代替平衡预算信条的是以下的原则：税收、政府支出和赤字的数量决定于治理经济周期，调配现期消费与将来消费，以及私人和公共需求的需要。

73

财政政策和货币政策是两件武器，通过它们之间的配合不但用来控制总需求水平，以确定国民生产总值，而且用来影响国民生产总值的构成。这就是政府通过变动税收、财政支出赤字和货币供应量之间的相互组合，以改变潜在产量中用于投资、消费和政府采购的比重。

一般说来财政政策和货币政策的较好配合是：如果财政政策必须转变为收缩性的以减少赤字，货币政策就应转变为膨胀性的，以抵消财政政策对总需求所起的影响。在这样的政策配合下，可望起到减少赤字，但不收缩经济的效果。这样的政策配合，能使预算紧缩，银根松弛。这两种情况都促使利率下降，私人投资增加。

许多美国经济学家认为如果财政货币政策的配合改变为紧缩性的财政政

策和扩张性的货币政策则会推动美国的国内投资和更快的经济增长。

74

投资支出是总支出中的一个重要的但是容易发生变动的一个组成部分。投资一旦发生变动会影响总需求，从而引起生产和就业的变动。

投资支出决定于三个因素。一是投资收益（revenus），也就是资本（投资）的边际效率。另一是投资的成本。由于投资资金大部分依靠借款，借款利息就是投资的成本。即使是用自有资金进行投资，利息仍然是它的机会成本。第三个因素是预期和企业信心。只有在经济前景看好，企业对获得未来收益具有信心时，才会决定投资。

对不同类型投资影响的三个决定投资的因素：一是存货投资。存货占用的资金不能同时用于别的用途。它的机会成本至少是因不能贷放出去而损失的利息收入。由此可见，真实利率越高，企业就将设法减少存货量。因此变化利率就会增加新的存货投资或者出现负投资。二是修建住宅投资。三是厂房设备投资。重大技术创新、人口的增长和企业信心的增强都能推动投资，不过这些都是外部因素。投资收益的大小决定于一国的经济情况，也就是决定于经济周期，因此投资的变动既是经济周期的原因，又是它的结果。说明投资决定于经济周期，即决定于产量水平或国民生产总值变化的理论称为加速原理。

75

加速原理是一种投资决定理论。它说明一国经济所需要的资本存量，不论是存货还是设备的添置主要决定于生产水平。只有在产量增长的情况下，净投资（即资本存量的增量）才能实现。因此繁荣阶段不仅仅是当销售量下降时而且是在销售量保持在高水平不变动时即告结束。

净投资是新增加的投资，总投资是净投资与重置投资之和。

加速原理能在正负两个方向起作用：即使销售量处于高水平时，一旦停止增长，净投资即减少为零，这时如果销售量不能维持原有水平而下降了，就会发生负投资，不但不需要重置报废的部分，反而可能出售一部分使用过的机器设备。这意味着，市场销售量一旦停止增加，就会引起投资剧烈下降，从而导致一场衰退。因此加速过程本身就是导致经济不稳定的重要因素，因为销售量或生产量的变动能引起投资的剧烈变动。要使投资稳定在一个水平上，销售量必须按照一个既定的增长率增长（例如每年约按 10% 的增长率增长）。在资本主义经济中，这是很难达到的目标。

76

加速原理的局限性。加速原理简单地指出投资按照固定的比率对销售量（从总体来说是对国民收入）的变动做出硬性的反应。它没有考虑到其他的因素对投资的影响，因而有其局限性，表现在：第一，人们认为销售量的变化是暂时性的，不一定会引起新投资；第二，加速原理假定资本—产出率是固定不变的；第三，加速原理不涉及新产品和新的生产工艺所引起的新投资的变化；第四，加速原理暗含着一个假定就是资本品工业部门的生产能力不受限制，供应是完全有弹性的。

加速原理又称加速数，如果加速数与乘数共同起作用，将会加深一国经济的波动，增加衰退和萧条的严重程度，并为过热的繁荣加温。

可以建立一个简单的经济周期理论：人口增长和技术创新等外部因素带动了经济周期。一旦经济周期开始运转，加速数和乘数的这两种内部力量就将推动经济周期的循环变动。

77

Hazlitt 曾经说过："一个好的经济学家和坏的经济学家区别在于，后者只看经济政策的局部效果和直接效果，而前者则计算它的整体和长远效果。"

凯恩斯发表《就业、利息和货币通论》一书。他提出，要全面增强国家的作用，政府不应该再仅仅是社会秩序的消极保护人，而且还应该是社会秩序与经济生活的积极干预者，特别是要熟练和有效地利用政府的财政职能影响经济的发展。

"两只手"是指经济学上的"看不见的手"和"看得见的手"。"看不见的手"出自英国经济学家亚当·斯密的《国富论》，指的是市场机制对经济发展的作用。"看得见的手"出自英国另一位经济学家凯恩斯的《就业、利息和货币通论》一书，指的是国家对经济生活的干预。实践证明，在市场经济中，光靠其中一只手发挥作用或片面强调其中一只手的作用，都是靠不住的，必须"两手抓"。我们既不否定市场的积极面，也不迷信市场万能。既主张政府对市场的调控和监督，又反对政府越位，进行不适当的干预。我们主张两手都要用，两手都要硬，两手要各得其所。

78

1985 年，保罗·萨缪尔森在其《经济学》第 12 版中对政府干预主义作了完整阐述。他指出，看不见的手有时会引导经济走上错误的道路，市场经济有时出现市场失灵的情况，为了对付看不见手的机制中的这些缺陷，政府要承担三个具体职能，即效率、平等和稳定。

法国学者罗奈·勒努阿在 1992 年《政治学》杂志撰文指出，市场的运行和效益的发挥必须借助于凌驾于市场之上的力量，这就是政府干预。市场越是发达，政府干预就越是重要。他说："没有国家的市场将导致二元的，甚至四分五裂的社会，它不仅会埋葬市场经济，使市场成为万恶之源，而且会使自由遭到破坏。"

市场有失败，政府也有失败，如何选择？ 1988 年，美国兰德公司在它的一份由查·沃尔夫主持完成的报告中作了探讨。沃尔夫的结论是，既要使政府在改善和扩展市场中发挥作用，又要利用市场力量改善政府功能。也就是说，利用政府弥补市场缺陷，同时利用市场克服政府失败。

79

私有财产制度，就其根本要素而言，是指承认每个人有权任意处置他靠自身努力生产出来的物品，或不靠暴力和欺诈从生产者那里作为赠品或按公平的协议取得的东西。

"私有财产的魔术把沙土变成黄金。从刚奇乘车穿越崎岖不平的山地，是我在法国的旅行中最赏心悦目的事情；到处是热火朝天的劳动和欣欣向荣的景象。这里有一种活力，简直可说是一往无前、无坚不摧。它使巉岩披上了绿装。如果询问其原因何在，对有常识的人来说是有失体面的；这必然是由于人们享有所有权。让一个人牢固地拥有一块充满岩石的荒地，他会使它变成一个园圃；让他以9年为期租种园圃，他会使它变成一片沙漠。"

在现代经济学众多的研究者当中，熊彼特是罕见的酷爱读书的人，因而他是一位罕见的学识渊博、具有敏锐洞察力的社会科学家。从这一点也可以说，熊彼特是有充分的资格研究这一课题的人物。加之凯恩斯生长在英国的传统文化之中，肩负着英国的命运。与此形成鲜明的对照，熊彼特生长在奥地利，他的祖国处于欧洲的激烈动荡之中，他不得不经常考虑国家的存亡问题，而经历许多变迁之后，他不得不作为一个美国人度过他的一生。正是这种不幸，使得他最具备研究这种经济体制问题的资格。

80

根据资本主义经过产业革命始告成立这一观点进行时代划分，那么资本主义的历史已经过了两个世纪。在其历史的一半以上的时间里，资本主义成了社会主义猛烈批判的对象。但是，在一百年这样长的时间里，尽管存在着问题，资本主义现在依然具有活力。这一点证明，就像熊彼特反复强调的那样，经济体制决不是以短期视野能够研究的问题。

高级官僚非常老练地运用拖拉的办事程序来耽搁和破坏他们不赞成的计划；他们善于以"解释"法令为名颁布各种条例和规章，这些解释事实上巧妙地、有时赤裸裸地改变了原法令的意图；他们善于拖延执行他们不赞成的法令，同时加紧执行他们赞成的法令。

制度经济学不是什么新的东西——它向来显然附带地包括在一切经济理论里。所以，它往往似乎很肤浅，因为它是那么平常和熟悉。可是正因为这个缘故，所以需要研究，而且最难研究。一切科学的整个历程曾经是从最遥远的对象——甚至在数以千计的光年以外——到最亲近的，我们自己的行动中的意志。科学的进展不仅是从简单的到复杂的，而且是从遥远的到平常的。

81

斯密和一百五十年来他的模仿者的理论，我们可以称为"原教旨主义"。……在他们看来，经济学必须回到一种比较根本的东西上去——上帝、自然、理性、本能、物理学、生物学的一种终极的本质。最普通的和最熟悉的事物不必研究。

1776 这"伟大的一年"产生了边沁的《政府论》、斯密的《国民财富的性质和原因的研究》、瓦特的蒸汽机和杰弗逊的《独立宣言》。从此以后，有一百多年，政治经济学脱离法律，法律脱离幸福。……所以边沁说李嘉图是他精神上的孙子。

为了要磨练人类，从"大地的泥土"炼成人类的心灵和道德品格。不仅工资制度，而且邪恶、苦难、贫穷和战争都是由于那天定的原则——人口比生活资料增加得快。……这个原理是他所谓"上帝的神奇的作用……为了创造和形成心灵；一种必要的作用，可以激发惰性的、馄饨的物质，化为生气；使大地的尘土升华，变成灵魂；使泥土的肉体发出神妙的活力。"

82

像许多其他的批评家一样，用我们今天使用的术语来说，马克思既关心资本主义制度的效率也关心平等。他看到了人们在长时间辛劳工作，但他们的劳动果实却好像只是使得厂商所有者的财富在大量增加。他称工人受到了剥削。马克思不只是关注工人悲惨的生活条件，而且也关注他们的工作条件。尽管人们大部分时间是在车间内辛勤劳作，但工作并不是他们生活中有意义的部分，他们被工作所异化。政治程序不能使得这种情况得到丝毫减轻，因为马克思注意到，政府成员来自于上层和中产阶级，他们在马克思称之为阶级利益的激励之下，而这些利益是与工人和农民的利益相互对立的。

按照马克思的观点，摆脱这种困境的唯一方式是经济制度的变革，这种变革在他看来是不可避免的。正像历史的力量已经导致了中世纪封建主义制度向资本主义制度演变一样，他相信，经济也会发生从资本主义向社会主义最终到共产主义的演变。那时，不仅没有私人所有权，而且国家将制定所有的有关配置的决策：马克思写道："各尽所能"，"按需分配"。很显然，对于生产什么以及生产多少、如何生产和为谁生产这些基本的经济问题，马克思的社会主义形式提供了与市场经济不同的答案。是国家而不是市场决定生产什么、如何生产和为谁生产。

在那些发现马克思的思想特别具有吸引力的人中间，包括俄国革命家弗拉基米尔·伊里奇·列宁。在 20 世纪早期，俄罗斯是欧洲最落后的国家之一。农民与地主处于一种近乎于封建的关系之中。

83

对以市场为基础的经济制度的信心并不只是建立在经济理论之上的，在市场经济中，迅速提高的生活水平已经超过了任何生活在一个世纪以前的人所能想象的程度。

今天，对于那些生活在印度和亚洲的其他地方以及非洲和南美洲的仍处于极端贫困的数十亿人而言，市场难以满足他们还在增加的要求。即使在工业化国家中，也仍有许多没有享受到普遍繁荣所带来好处的人们；在他们看来，市场制度没有发挥作用。

工作流动性是资本主义经济中激励结构的一个重要组成部分。对劳动市场的控制为政府进行大量的政治控制提供了条件。

由于企业不会因经营亏损而受到处罚，企业没有解雇人的激励。企业没有将利润最大化的激励，但都有很强烈的避免"引起麻烦"的动力。

在私有经济的市场上，投资基金流向边际收益最高的地方。利息率是资本的"价格"。它衡量了资本稀缺性的价值。

斯大林有两个基本思想。第一个基本思想，他认识到，那些没有分配用于消费的资源可以用来进行投资。第二个基本思想是集中向重工业进行投资。

对于社会主义制度中的厂商而言，出现亏损不会受到处罚，节省资源也不会受到奖励。

84

社会主义者希望用中央计划代替市场机制来配置资源。但是，他们遇到了两个更深刻的问题。首先，官僚机构并不具备了解如何有效地配置资源所必需的信息。其次，计划制定者们并不能完全监督经济中的各类厂商，以保证资源能以自己希望的方式加以使用。

资本是一种稀缺资源。它必须被有效地加以配置。价格提供了使之成为可能的信号。

这几个改革运动后面蕴涵的一个重要思想是市场社会主义，该理论认为一个经济有可能把市场机制的优势和生产资料的公有制结合起来。

市场社会主义面临着两个关键性问题：获得确定价格所需要的信息和为经理们提供激励。

在某种程度上，市场社会主义缺少资本主义和社会主义二者最好的特征：它缺少市场激励结构和传统社会主义的其他经济控制机制。

社会主义计划经济的中心问题是资源配置缺乏效率。它们没有利润激励，也没有预算约束。

85

消费品短缺已经导致了货币持有量大量积聚。这被称之为货币过剩。

信用收缩不仅降低了总需求，而且也减少了总供给。

问题是，市场经济的成功依赖于大量长期建立起来的制度，而不仅仅取决于抽象的市场概念。而且，要使经济出现繁荣，所有这些制度都必须相当好地发挥作用。必须有可以对潜在的贷款申请进行分类、监督贷款执行、确保资金流向最具生产力的部门并按所承诺的方式被加以使用的信用机构。

认真考虑过渡的每个组成部分；努力设计最好的可行制度；依照各自的具体情况进行调整，并借鉴美国、西欧和日本的适当经验。

为了使得市场改革得以进行，首先必须形成市场化的看法。伟大的经济学家约瑟夫·熊彼特把资本主义的本质描绘成"创造性毁灭"，也即经济经常处在一个旧工作和厂商不断消失，而新的、得到了改进的工作和厂商不断涌现这样一个持续的混乱过程。

第四章

就业与通货膨胀

A RESTRICTED VIEW
ON ECONOMIC THOUGHT

1

摧毁现存社会基础的最狡猾而又最可靠的方法，莫过于发放通货。这一过程把经济规律的全部看不见的力量都投到破坏的方面，而这样做时使用的方法，一百万人中间也不会有一个人能够弄得清楚。

我们对通货膨胀的了解可以简单地归结为五条：

1．通货膨胀是一种货币现象，起因于货币量的急剧增加，而不是产量的急速增加（虽然货币增加的原因很多）。

2．在当今世界上，政府决定——或能够决定——货币的数量。

3．只有一种医治通货膨胀的方法：即放慢货币增长率。

4．通货膨胀的发展需要时间——以年计算而不是以月计算；通货膨胀的医治也需要时间。

5．医治通货膨胀的不良的副作用是不可避免的。

只有四种方法可以增加就业人数：

（一）改良机构，增加远见，以减少"摩擦性"失业。

（二）减低劳力之边际负效用，以减少"自愿性"失业，前者可以用增雇一人所须提供的真实工资表示之。

（三）增加工资品（wage-goods），工业中劳力之边际生产力（用实物计算）。工资品乃庇古教授所创名词，应用起来很方便；货币工资之效用，即视工资品之价格而定。

（四）使非工资品价格之上涨程度超出工资品价格之上涨程度；再加上使非工资劳动者之开支由工资品转移到非工资品。

2

传统的看法，认为劳资双方之工资议价，决定真实工资。所谓充分就业者，即在一特定真实工资率之下，所能有的最大就业量。

设当工资品之价格——相对于货币工资而言——上涨少许时，现行货币工资下之劳力总需求量与总供给量，皆形增大，则称之为有不自愿失业之存在。

所有失业，不出于下列原因之一：（a）在改业过程中，暂时无工可作；（b）专业化程度极深，因此需求时断时续；（c）工会采取排外（closed shop）政策，不让工会以外的工人就业。……失业之病根，还是因为工人不让（货币）工资降低。

就业量决定于总需求函数与供给函数相交之点，盖在此点，雇主们之预期利润达到最大量。在总需求函数与总供给函数相交点时之值，称为有效需求（effective demand）。此即就业通论之要旨。

3

所谓充分就业者，即当对劳力产物之有效需求增加时，总就业量不再增加之谓也。故萨伊定律所谓：不论产量在什么水准，总产量之总需求价格恒等于其总供给价格。

个人主义又是使生活丰富不趋单调之最佳保障，因为生活之所以能够丰富不单调，就从广大的个人选择范围而来；而集权国家之最大损失，也就在丧失了这种多方面的，不单调的生活。

生活方式既得力于传统、想象、实验三者，自然最易改善。

今日之极权国家似乎解决了失业问题，但牺牲了效率与自由。有一点很确定：世界上不能再长久容忍失业现象，除了简短的兴奋期间以外，失业现象是和今日之资本主义式的个人主义有不解之缘的。不过把问题作正确分析以后，也许可以医治了疾病，同时保留了效率与自由。

狂人执政，自以为得天启示，实则其狂想之来，乃得自若干年以前的某个学人。

4

商业信心受到伤害就意味着投资减少、产量减少、就业率减少、萧条恶化。……正确的措施如果是为反对商人和金融界的观点而采取的，那么也将是错误的措施。

在经济学领域里，有一个十分鲜明的等级观念。排在最上层的是理论经济学家，他们在这个尊卑等级中的业务上的显赫名望，为从事银行和货币数学与研究的人所分享。在这个等级的最底层是农业经济学家和家政经济学家，在农业经济学中，地位特别低的是农场管理学教授。

一个追求通货膨胀的国家，就像一个特别守贞操的妇女，经过朋友的多次严厉劝阻和自我觉醒之后，决定找一个情人，结果却发现这个情人既不可心又窝囊。

用当时流行的隐喻来讲，货币政策是一根弦。你可以拉，虽然拉不出什么结果，但你根本不能猛推。

当不能领会一种思想时，讲求实际的人就寻找常识这道天然屏障的保护。常识是表达一向被信任的事物的另一个术语。

5

20世纪30年代的主要教训在于，通货紧缩和萧条破坏了国际秩序，使每个国家只顾拯救自己，对因其努力而给邻国带来的损害漠不关心。60年代末和70年代初的教训，同样在于通货膨胀破坏了国际秩序，在通货膨胀和萧条之间表达或暗示偏爱的人，会做出愚蠢的选择。政策必定永远是，有哪一种就会反对哪一种。

高通货膨胀水平的代价高昂，这有几个原因：（1）由于通货膨胀提高了持有货币的成本，它将人们的时间和注意力从更有效的使用转为窖藏其持有的货币。（2）通货膨胀致使厂商蒙受更多的"菜单成本"，所谓菜单成本是指与改变价格并向经销商和顾客发布新价格相关的成本。（3）由于价格调整是滞后的，通货膨胀导致某些厂商相对于其他厂商而言的价格虚假波动，这妨碍了价格体系有效率地配置资源的能力。（4）由于税法并没有指数化，通货膨胀提高了对资本收入的实际税率，并由此妨碍资本积累和经济增长。（5）通货膨胀使经济计量更为困难，因为货币作为价值尺度已不再那么可靠。（6）由于价格水平意料之外的波动在债务人和债权人自己之间重新分配财富，因此高度波动的通货膨胀对所有各方均产生不必要的风险。由于人们试图避免这些风险，利用货币为记账单位的长期合同就越来越不能够维持。

6

除通货膨胀以外，宏观经济运作的另一主要层面是实体经济。失业或实际国内生产总值（Gross Domestic Product, 以下通称 GDP）的增长是监控实体经济的主要指标。记住，货币政策并不是这些经济变量的最重要的决定因素。的确，根据标准理论，美联储根本没有能力在长期影响失业和实际增长。是什么决定长期失业率和实际增长率？失业取决于劳动力市场的特征、制度和政策，……在长期，实际经济增长的主要决定因素是科技进步的速率。

好的货币政策的关键是货币供给的稳定增长。他们认为，美联储只要将 M1 和 M2 的增长保持在一个低而稳定的水平上，经济就可以避免高通货膨胀、痛苦的通货紧缩以及商业周期中的大繁荣和大萧条。米尔顿·弗里德曼就是此种所谓"货币主义者"观点的最著名的支持者。

7

1964 年，美国国会通过了《民权法》，该法律禁止就业歧视，同时还成立了平等就业协会来对歧视案件进行起诉。随着政府在 1975 年明令禁止实行年龄歧视，这些法律所涉及的范围得到了扩展。

认为支付更高工资能够造成具有更高生产率的劳动队伍的理论被称为效率工资理论。

作为胡萝卜的高额报酬同时也是被解雇时的大棒。

失去这份高工资的威胁会鼓励道德行为。

在今天的世界上，大学只是筛选求职者的第一个环节。文凭竞争已经提高了赌注。

但那些确实能干并且热爱其工作的人会觉得，一周工作的第 85 或第 90 小时并不是很艰苦的事。通过工作足够长的时间，这些人能够将他们与其他人区分开。有些人认为，这种长时间努力工作在传递"信息"方面的作用是对许多年轻专业人员发现自己所卷入的激烈竞争的一种重要解释。

8

美国的厂商采取以下三种法律形式中的一种：业主制、合伙制和公司制。业主制是最简单的一种形式：厂商只有一个所有者。

当两个或更多的人决定在一起做生意时，他们可以组成一个合伙制厂商。

公司最重要的特点就是有限责任。

传统理论认为，在决定举债还是募股时，公司财务主管主要考虑两个问题。第一是资本的成本，即企业为使用新投资者的资本而必须支付给他们的报酬，也即给投资者的"平均收益"。第二个问题是风险，特别是破产的风险。一般来说，债务越多，融资成本就越低（即平均起来为资本支付的报酬越低），但是从破产的可能性来看风险也越大。

9

对经济学家们来说，失业表明一部分资源没有得到利用。对失业者及其家庭来说，失业意味着经济拮据以及生活方式的改变。

失业不仅使失业者得不到收入，它也强烈地打击了他们的自尊心。失业给不同年龄组的人带来不同的问题。对中年人或老年工人来说，失业也带来特殊的问题。因此，失业对个人来说常常是一出悲剧，对社区来说则是造成紊乱和紧张的一个原因，对社会整体而言，则是生产资源的一个浪费。

失业率是求职人数与劳动力总人数的比率。失业持续地存在，失业率从未下降到零。失业率的上升通常是由于经济增长的减缓造成的。

一个工作转换到另一个工作的过渡之中。这种失业被称为摩擦性失业。在一个动态社会里，随着一些产业的兴起和另一些产业的衰落，总是存在从一个工作到另外一个工作的变动，摩擦性失业因而将会一直存在。

长时期的失业常常是由经济中的结构性因素造成的，因而被称为结构性失业。由于失业者缺乏新创造出来的工作机会所要求的技能，通常在存在大量结构性失业的同时，也存在很多工作空缺。

周期性失业，它在经济增长放慢时上升而在经济繁荣时下降。政府政策最为关切的也正是通过降低引起周期性失业衰退的频率与幅度来降低这种失业的频率与幅度，以及通过对那些临时失去工作的人提供失业补偿来减轻这种失业所造成的后果。

10

一般价格水平的上升被称为通货膨胀，如果仅有一种商品的价格上升，这不是通货膨胀；只有大多数商品的价格上升才是通货膨胀。通货膨胀率是价格一般水平上升的速率。

经济学家计算不同价格上升的平均百分率。但在进行这种计算时，要赋予在预算中所占份额较大的商品（比如住宅）的价格变化以较大的权重，而赋予相对较不重要的项目（比如铅笔）的价格变化以较小的权重。

为了便于比较，价格指数给出任一给定年份相对于一个共同基年的价格水平。

政府在计算价格指数时使用的商品组合代表了一个普通美国家庭是如何花费其收入。这样得到的指数被称为消费价格指数或 CPI。

通货紧缩表示价格水平的稳定下降。

为什么与通货膨胀作斗争在经济政策中具有如此重要的地位呢？看来有下面三条理由。首先，是有人在通货膨胀中身受其害。其次，当通货膨胀率突然上升时，那些曾借出钱的人发现偿还给自己的美元变得不如以前值钱了。第三，当 5 年前只卖 1 美元的东西今天却卖 2 美元时，很多人觉得经济一定是出现了什么根本性的毛病。通货膨胀常常是政府经济政策出现严重偏差的反映，比如说政府开支远远超出了它的收入，或者是政府提供了过多的信贷。

11

一些经济学家（包括新古典经济学家）相信，绝大多数的就业波动可以用这一模型略加变化而用另一形式得到解释，在那里劳动供给是向上倾斜的，劳动需求曲线（或劳动供给曲线）的变化一般将导致均衡就业水平的变化。但是尽管这种简单模型可以用来组织经济学家对劳动市场的分析，对大多数经济学家特别是凯恩斯主义经济学家（无论是新凯恩斯主义还是老凯恩斯主义）来说，这个模型有一个严重的缺陷，它不能解释伴随衰退而产生的那种持续失业。

当经济学家谈论"失业"的时候，他们不是指那些自愿退出劳动市场的人。对经济学家来说，如果每一个想在市场工资下工作的人都能找到一份全日制的工作，劳动市场就是充分就业的。

当工人从一项工作转移到另一项工作时，总是存在着摩擦性失业。

当市场出清时，经济处于充分就业状态。

12

如果愿意并且有能力在现行工资水平工作的人不能找到工作，就存在非自愿失业。对非自愿失业的经济解释把注意力集中于工资对劳动市场条件变化向下调整缓慢上。这种情况出现时，工资被认为是具有向下粘性的。

然而在现代工业经济中，情况不是这样。当劳动市场处于非均衡时，大多数工人继续工作相同的时数或其工作时数仅略有减少，但是少数不幸的人在现行工资下将根本无法找到全日制工作。这就是失业问题。

许多社会问题都与由劳动需求降低造成的经济负担相当集中这一事实有关。

劳动市场是非均衡的。这种情况下的非均衡由两个因素造成：劳动需求曲线的变动，及工资调整的失灵。

大多数经济学家相信，在每一工资水平上劳动需求量降低（劳动需求曲线移动）时工资并不相应地降低，是对失业增加的主要解释。因此，失业又可以归结为下面两个问题：为什么工资不降低？以及更重要的，为什么劳动需求曲线会突然移动？在产量水平（用GDP衡量）与失业率之间存在一种联系。产量上升时，就业量也趋于上升。

在任一价格水平上，总供给量是经济中的每个厂商在这一价格水平上供给量的总和。

13

在就业水平波动的情况下，对于工资的稳定性有三种可能的解释。第一种解释是，劳动供给曲线是水平的，而劳动需求曲线移动了。当需求曲线向内移动时，就业水平发生变化，而（实际）工资变化很小。在这种情况下，就业的下降并不能代表我们所定义的非自愿失业，因为市场收敛于均衡点，此时劳动的供求相等。劳动市场沿着劳动供给曲线移动到一个新的均衡点。几乎所有的经济学家都拒绝接受这种解释，因为大量的证据表明，劳动供给曲线是相对无弹性的（陡峭的），而不是平坦的。第二种可能的解释是，劳动供给曲线的移动对工资的影响刚好抵消了劳动需求曲线移动所造成的影响。大多数经济学家所赞同的第三种解释是，存在着劳动需求曲线的移动，但是供给曲线并不作相应的移动，工资也不发生相应的变化。

14

实际工资在就业下降时可能并不降低的一个原因是，存在着阻止工资大幅度降低的合同和法规。实际上，存在着最低工资。

资方有时发现，满足工会的要求要比蒙受经久不决的磋商或罢工之苦更好一些，即使这样做可能对厂商长期健康发展不利。

最低工资在不同程度上阻碍了劳动需求等于供给。

工资影响劳动队伍的质量，工资影响劳动者的努力程度，而且工资影响劳动流动率。

在一次工资削减后发现它们已经失去了最好的工人这种情况真是太常见了。

雇主希望所支付的工资能使劳动总成本最小；这个工资被称为效率工资。

工资的减少对于减少失业经常无效，或者充其量只有缓慢的影响，因为价格的变化抵消了工资的变化。

如果工资与价格降低得足够多，经济将回复到充分就业状态。

15

劳动储备，也可以被看作一种隐蔽的失业。这一隐蔽失业的重要性由于阿瑟·奥肯的一项有说服力的研究而引起公众的注意，奥肯当时是约翰逊总统的经济顾问委员会主席。奥肯表明，当经济摆脱一次衰退时，产量增加的比例高于就业增加的比例，而当经济进入一次衰退时，产量减少的比例高于就业减少的比例。这个结果有时被称为奥肯定律。

有预期调整的总供给曲线总是指的长期总供给曲线。

他们会运用自己能获得的一切信息形成关于未来事件走向的预期，以这种方式形成的预期称为理性预期。

粘性工资的后果是对劳动的需求可能不等于劳动的供给，非自愿失业有可能出现。

在一个给定的，固定的价格水平下的需求小于厂商愿意提供的数量时，产出的水平由需求曲线决定。如果这个水平的产出低于充分就业所需要的水平，导致的失业被称作凯恩斯失业。伟大的英国经济学家凯恩斯第一次阐明了这样一种思想：对产出的需求，即个人、商业企业和政府购买物品的意愿，经常地限制着生产和就业。

在较低的实际工资——较高的价格——上，厂商愿意供给较多，这正是总供给曲线向上倾斜的原因。但是现在限制产出的是需求，而不是供给，并且价格越高，需求越低。

高价格水平带来更多就业的原因在于，由于工资是固定的，所以，在较高的价格下，厂商愿意生产更多；而为了生产得更多，它们必须雇用更多的劳动者。

凯恩斯称，古典经济学家提倡的解决低产出和高失业问题的办法，实际上会加剧经济的困难，而不是减轻其困难。

16

随着对通货膨胀的原因及治疗方法的深入了解，我们将看到，治疗方法本身可能与疾病一样有害，甚至更有害。

将所有的支付与衡量通货膨胀的某种尺度正式联系起来的方法被称为指数化。

通货膨胀使整个经济受到损害，原因有二。第一，与相对价格有关。通常，通货膨胀率的上升会带来相对价格更大的波动。在如此高的通货膨胀率下，通货膨胀给社会的资源配置带来了实际的扭曲。第二，由通货膨胀造成的风险和不确定性，使经济付出代价。如果企业发现它提高产品价格的幅度远低于合同中预期的增加工资幅度时，雇主就要受到损失。

人们对物价上涨的感觉要比对收入增加的"感觉"更敏感。

大多数经济学家会建议，如果降低通货膨胀没有什么成本，那么就值得去做。但是，如果治理通货膨胀的成本很高，而收益又不大，那么至少对那种温和的通货膨胀，不值得去理会。

17

现在我们考虑另一种情况，即没有超额生产能力，这时总供给曲线与总需求曲线的交点出现在总供给曲线的垂直部分,通货膨胀往往发生在这种条件下。由于通货膨胀是价格水平在一个较长时期内持续上升的过程，而不是价格水平一次性的变化，所以，我们把通货膨胀的分析分为两个部分：什么引发了通货膨胀，以及什么使通货膨胀持续下去。

总需求等于消费、投资、政府支出和出口减进口之和。这四个变量中任何一个变化都会引起总需求的变化。

总需求增加并不总是引发通货膨胀。当经济运行在供给曲线比较平坦的部分时，总需求的增加能够成为刺激经济的一个重要手段，它可以增加总产出而不引起价格上升。但是，如果经济运行在供给曲线较陡的部分时，这时经济接近全部生产能力，增加总需求只会提高价格，产出不会变化。

对通货膨胀的一个常见的描述是"太多的货币在追逐着太少的商品"。

由于货币供给增加导致的总需求增加，是需求冲击的一个特例，被称作货币冲击。

18

总需求是家庭对日常用品的需求、企业对投资的需求、政府对商品和服务的需求（包括对战争物资的需求）以及外国人对净出口需求的总和，这一总和超过了可能的供给量。

　　货币主义者典型地认为，经济的运行接近充分就业状态，即处于总供给曲线的垂直部分，因而货币的流通速度接近常数，所以，货币供给的增长超过产出增长的部分，必定转化为更高的价格。在他们看来，通过货币供给量增加提高价格的确切渠道（不管总需求的增加是源于增加了的投资，增加了的出口，还是增加了的消费），不如价格必定上升这一事实重要。

　　任何重要投入品成本的上升，都会使供给曲线向上移动。

　　通货膨胀不是价格水平的一次性改变，而是价格水平一个月又一个月地持续上升。

　　通货膨胀螺旋的基本特性是它的自我维持性。

19

　　物价的上涨是因为工资的上升，而工资的上升又是因为物价的上涨。

　　只要通货膨胀一开始，这两个过程（需求拉动和成本推动）几乎同样地发挥着作用。即使导致通货膨胀的初始原因，不管是需求还是成本的因素消失了，通货膨胀也可以自行持续下去。当工人们预期物价会上涨时，他们就会坚持要求增加工资，而工资的上升，使厂家成本增加，从而又导致更高的价格水平。

　　联邦储备银行要决定是否要扩张货币和信贷，以"适应"通货膨胀。如果它否决，那么实际信贷规模将会紧缩，实际利率将会上升，投资不受鼓励，总需求将会下降。总需求的下降将会缓解通货膨胀的压力。但同时如果总需求下降得太大，总需求曲线向左移动太多，使总需求和总供给曲线的新交点离开了总供给曲线的垂直部分，那么，总需求的下降也就会减少实际的产出水平和就业水平。

　　物价上涨导致工资上升，而工资上升又使物价进一步上涨，这就是通货膨胀螺旋。

20

为了降低通货膨胀，经济必须承受更多的失业；而为了减少失业，经济不得不经受更高的通货膨胀。

在失业与通货膨胀之间存在一种替换关系：低水平的失业率，伴随着高水平的通货膨胀。这种关系被称为菲利普斯曲线。

如果菲利普斯曲线非常陡峭，成本就很高，这意味着降低一点点失业率，会使通货膨胀率上升很高；相反，当菲利普斯曲线比较平缓时，政府为了抑制通货膨胀，必须付出较高失业率的代价。

在经济环境中，存在多种不确定因素会导致这种关系的变化。区别在菲利普斯曲线上的移动和曲线本身的移动是非常重要的。

更高的通货膨胀，伴随着更高的失业，这种情景被称为滞胀。

21

是什么因素使菲利普斯曲线移动？两个重要因素。一个是劳动市场结构变化，称为实际因素；另一个是预期。

如果工人中年轻人和新手比例很大的话，就像在上世纪70年代一样，那么摩擦失业的比例就会很高。结果使菲利普斯曲线移动，提高了自然失业率。

使菲利普斯曲线移动的第一个实际因素是劳动大军的数量和组成。第二个实际的因素是个人转换工作的速度。这种转换速度也会影响到磨擦失业的水平。第三个也是最后一个实际的因素是，由于科技的发展使得技术变得更加专业化，那些剩余的劳力，因为技术的原因很难在劳力稀缺的地方找到工作。自然失业率进一步上升。

各种因素的变化导致了菲利普斯曲线的移动。这些变化因素包括，劳动力数量，政府为降低失业成本所采取的措施，由于技术的进步使自然失业率上升等。

22

预期：大多数经济学家们相信，在通货膨胀与失业之间所建立的联系，至少一部分原因与通货膨胀预期有关。这种预期取决于人们在经济生活中所积累的经验。

当经济学家们把这条线画成垂直线时，他们是要表明，根本不存在一种失业——通货膨胀的替换关系能够将失业率降低到自然失业率之下。这就是所谓的自然失业率假说。

但是，上世纪80年代的情况却不同，较高的失业率与较低的通货膨胀率相遇。这恢复了许多经济学家的信念，他们不但认为在失业与通货膨胀之间存在着替换关系，而且认为存在着一种稳定的关系：经济可以有较低的失业率，只是要以较高的通货膨胀率为代价。从长期看，菲利普斯曲线可能是垂直的。但是，不管怎样，在一个较长时期内仍然有可能存在着通货膨胀与失业的替换关系。

在欧洲中世纪晚期，有过一个时期，那时有几个国家的政府试图通过限制价格水平和控制工资来阻止通货膨胀，并以割掉耳朵相威胁来强制执行这些措施。

23

对于治疗通货膨胀，货币主义者有一个非常简单的处方：联储只要使货币供给的增长维持一个固定比率即可，这个比率必须能够保证价格水平在长期中是稳定的。

对于反击通货膨胀，凯恩斯主义者的政策思路可分为两类，一类打算让经济沿着菲利普斯曲线移动，另一类打算让菲利普斯曲线本身移动。

使经济沿着菲利普斯曲线向下移动需要降低总需求，使得总需求曲线向左移动。政府可以通过采用紧缩的货币政策，通过降低支出水平，或者通过增加税收以使消费支出下降来实现这一目标。关于选择降低总需求的方法的思路是，通货膨胀之所以出现，是因为来自消费者、企业和政府的对国民产出的要求超过了可能提供的产出。这三种方法在效果上都试图降低一种或多种对国民产出的要求。对政府来说，困难的是决定谁应该少得，是那些从政府支出中获益的人（用降低政府支出的办法），是消费者（用增加税收降低税后收入的办法），还是生产者（由于投资水平的降低，而降低了他们的收入）。

24

总需求的降低减缓了通货膨胀压力，因为它缩小了商品的需求与供给之间的缺口。但是，与此同时，也减少了对劳动的需求，从而产生更多的失业。而当失业水平增加时，增加工资的压力会减低。所以；不管你认为是需求拉动还是成本推动的通货膨胀，降低总需求总是一种反通货膨胀的有效工具。

移动总供给曲线的一个办法是，减少管制。

当时的总统经济顾问、经济学家施泰因 (Herbert Stein) 曾写道："物价冻结，无论是在其决策、施行方面，还是在得到美国人民的自愿支持和遵守方面，都取得了令人惊奇的成就。"

大多数经济学家都反对限价的方法，因为它没有触及通货膨胀的深层原因，如对商品的超额需求。再有，这种控制是难以实施的，而且通常会导致不同程度的低效率。

如果物价控制要持续相当长时间的话，它必须允许这些相对价格的变动。如果不这样的话，低于均衡价格的那些商品就要发生短缺。

一些经济学家认为货币政策的一个重要作用也是劝说。

更高的生活水平也反映在更短的工作时间和更高的教育水平上。教育改善既是生活水平提高的结果，也是生活水平提高的原因之一。

虽然汽车实际上并不是在美国发明的，但是使小汽车变为几乎人人都能买得起的大规模生产技术（像流水线）是在美国开发出来的。

25

自然失业率就是一国经济实现了它的潜在的 GDP 水平时的失业率，也就是价格和工资上下波动的力量处于平衡时的失业率。实际失业率低于这个比率时，通货膨胀率就趋于上升，高于这个比率时，通货膨胀趋于平复。自然失业率就是一国经济承受得住的最低的失业率，反过来说，它就是最大可能的就业水平。

一般说来，一个国家要实现低失业率，就要以发生高通货膨胀率为代价。

自然失业率也就是最高的就业率和潜在的产量水平。

降低自然失业率的措施或建议：一是改进劳动市场的服务；二是提供培训；三是取消政府的限制；四是建议政府创造公共服务性质的就业。

通货膨胀是指所有商品和劳务的一般价格水平或评价价格水平的持续上升。

最广泛使用的价格指数是消费价格指数，又称生活价格费用指数。它计算的是城市居民日常消费的生活用品和劳务的平均价格水平。

通货膨胀率 =（本期的价格指数 – 上一期的价格指数）/ 上一期的价格指数 *100%

26

通货膨胀对各种价格和工资产生的影响不一样。大多数人受到通货膨胀的危害，但有些人却受到益处。根本的原因在于通货膨胀期间两种收入，即名义收入（nominal income）或货币收入（money income）与真实收入（real income）之间发生了差异。名义收入是人们收到的货币量，真实收入是人们名义收入的购买力。

通货膨胀产生以下几方面的损害：一是引起收入和财富的再分配，首先通货膨胀极大地损害了固定收入者，其次对放款人和借款人的影响不同。二是真实利率和名义利率的调整，在概念上把通货膨胀区分为预见到的和意想不到的两种。对通货膨胀率的预测经常发生错误，很少有例外的情况，因此通货膨胀和失业被公众谴责为两大祸害（twin evils）。三是通货膨胀与税收制度。首先税收制度不考虑名义利率和真实利率的区别。税制是规定对名义利率征税，而不计算它所代表的真实税率是多少。在通货膨胀的情况下，这种征税方式就出现很大的弊病。许多西方经济学家认为，有效税率太高必将阻碍储蓄、放款和投资，因此，高度通货膨胀将延缓经济增长。其次对某些放款厘定最高利率限度的规定，在通货膨胀期间却发生阻碍生产的破坏作用。四是通货膨胀的其他代价。

27

一般把通货膨胀按其严重程度划分为三种：一是温和的（或爬行的）通货膨胀（moderate 或 creeping inflation）；二是急剧的通货膨胀（galloping inflation）；三是恶性的通货膨胀（hyper inflation）。恶性通货膨胀并不多见，而战争或革命期间或在其后，当政府不得已以大量印制钞票方式弥补开支时才会发生。

对预期膨胀率进行冲击的主要力量是需求拉动的和供给推动的通货膨胀。

需求拉动的通货膨胀就是当商品、劳务的总需求增加时，所能供应的商品量不能很快地加以满足需要而引起的物价上涨。它又称为总需求的冲击。

主要的宏观经济学派如凯恩斯学派、货币学派和合理预期学派等都同意需求拉动的通货膨胀，本质上是过多的货币支出追逐在潜在产量时的供应有限的商品。

成本推动的通货膨胀就是在资源尚未充分利用时因成本因素而推动的价格上涨。典型的成本推动形式是工资推动、利润推动和商品推动三种。

工资推动的通货膨胀，是当强有力的工会要求增加的工资超过生产率的增长造成的。

利润推动的通货膨胀，是企业为了增加利润，不采取提高效率降低成本的正确途径，而是利用提高产品价格，投机取巧的方式获得。

商品推动的通货膨胀，是当能源、原料等投入品的价格大幅度上涨使生产成本显著地增加所引起的通货膨胀。

28

一国中央银行对成本推动而采取的对策成为货币调节（monetary accommodation），货币调节的结果导致价格水平的提高。

合理预期学派宏观经济学建立在两个基本假定之上：一是合理预期。个人和企业都能有效地利用收集到的信息。因为他们能够分析和预测有关价格、利率、货币供应量和其他有关的变量的信息，并在分析的基础上，做出效益最大化的市场决策。二是价格和工资的变动性。在商品和劳务市场上，供求力量会很快地达到均衡状态，既无匮乏，又无剩余。市场能有效地配置资源。

货币扩张政策只能提高价格水平，无法影响真实产量。在合理预期学派看来，货币调节是无效的。

菲利普斯曲线是一个图式，横坐标表示失业率，纵坐标表示通货膨胀率，曲线上的任何一点代表失业率和通货膨胀率之间的一种组合。由于曲线是向右下方倾斜的，表明较高的通货膨胀率和较低的失业率联系在一起；较低的通货膨胀率和较高的失业率联系在一起。

短期菲利普斯曲线就是在预期膨胀率保持不变时，表现通货膨胀率和失业率之间关系的曲线。所谓短期就是预期到需要根据通货膨胀做出调整的时间间隔。短期菲利普斯曲线的斜率代表通货膨胀和失业间短期内所能进行的取舍关系。

29

所谓自然失业率就是（包括摩擦失业和结构失业在内）各种压迫工资的力量处于平衡状态，维持一个稳定的通货膨胀率的失业率。所谓稳定的通货膨胀率是既不增加也不减少的一种膨胀率。

垂直的 LRPC 线是长期菲利普斯曲线：第一，从短期来看，扩张性的货币政策目的在于减少失业，但最终必然产生通货膨胀的压力。这表现为一国经济沿着膨胀—失业调整途径进行时，只是从 LRPC 曲线的一个点回归到它的一个更高的点上。第二，从长期来看，通过扩张性货币政策来降低失业率不会取得成功，只有导致更高的通货膨胀。

凯恩斯派经济学家还认为总供给的变化也能使菲利普斯曲线移动，在供给方面有三个因素能促使该曲线移动。它们是要素成本、一国的竞争结构和政府的财政政策。

30

无规则的货币政策是持续通货膨胀和经济不稳的主要原因。

膨胀率和失业率一同增加的时期称之为停滞膨胀，简称滞胀。

从时效来看，反通货膨胀采取的方式大致上可以分为两种，一是渐进主义（gradualism）的，另一个是大刀阔斧（cold turkey）的。

现今西方国家治理通货膨胀的辅助性方法有收入政策和指数化等。收入政策是一国用来直接控制物价、工资、薪金、租金、利息和利润等收入的政府政策，目的在于压制通货膨胀，其政策措施因通货膨胀的严重程度不同，而有所区别；指数化就是利用伸缩条款（escalator clause）在物价上涨时，根据各种指数，调整各类合同的名义价值，即工资、利息、债务、储蓄、养老金等。

第五章

金融货币理论

A RESTRICTED VIEW
ON ECONOMIC THOUGHT

1

利率当为这样一种比率，即，使某些人愿按此比率借入的数额与某些人愿按此比率贷出的数额恰好相等。如果供过于求，利息将降低；如果求过于供，利息将提高；而降低和提高的程度，均将达到供给和需求方程式重新确立的那一点。

利息的源泉在于企业家所创造的利润，从本质上看，它不过是利润的一个分支；另一方面，由于生产利息以及我所说的利益的"利息考察"在创新成功以后会遍及整个国民经济，因此，经济将回复到停滞状态，企业经营又一如既往。

后者的急剧、非连续的变化，即经济发展依靠短时间内对经济体系的巨大冲击而实现，如十八世纪的产业革命，第二次世界大战后的原子能、石油化学等给经济体系带来的巨大冲击。这时，总产量也就飞跃增加。

列宁的毁灭一个社会的最有效的方法是毁灭其货币，这一格言戏剧性地表现了货币的力量。……货币的重要性的例证为：自古以来，货币的控制在很大程度上使得统治者在具有议会的情况下，往往不取得议会的明确的同意而能从广大人民那里索取到大量的钱财。从古代的君王削减硬币成分和采用相类似的办法一直到现在我们较圆滑地转动印钞机或简单改动账目的技术，上述情况全然存在。

2

在货币问题上，如同在外交问题上一样，一种循规蹈矩的温顺本性、一种高超的裁缝手艺，以及清晰表达当前流行的金融学陈词滥调的能力，通常比一个聪慧好奇的头脑更有利于个人的成功。……在货币管理中，如同一般在经济管理中一样，失败往往比成功是一个更有利的个人战略。

现在流入股市的资金远远多于操纵股市的智慧；一个人的远见卓识终究会被遗忘，而他所犯的错误却会被人们铭记在心。……一只充足气的气球一旦被戳破，就不会有条不紊地漏气。

在"南海泡沫"事件中，有人指责说，"政治家们忘记了自己的政见；律师们忘记了自己的本行；批发商们忘记了自己的生意；医生忘记了自己的病人；店主忘记了自己的商店；一贯讲信用的债务人忘记了自己的债权人；牧师忘记了布道；甚至女人们也忘记了自尊和虚荣！"

深信"咒语"的威力。在股市下跌的时候，华尔街的许多"公民"立刻意识到了收入和就业——经济繁荣的标志——受到不利影响的真正危险，对这种危险必须加以防范。防范这个"咒语"要求尽可能多的重要人物尽可能坚定地反复重申这种危险不可能出现。他们确实是这样做了。他们解释了股票市场为什么只是一种表征，而经济生活的真正实质全在于生产就业和支出，所有这些因素还没有受到影响。当时，没有人真正懂得这个道理。"咒语"就像经济政策工具一样，容不得半点怀疑和犹豫。

3

强调信用的重要性，在每一本教科书中都可以找到。即使最保守的正统理论家，也不大能够否认；没有信用，现代工业的结构就不可能创立；信用使得个人能够在某种程度上不依靠继承的财产而独立行事；经济生活中的才智之士能够"跨上负债而取得成功"。资本主义信用制度在所有各国都是从为新的组合提供资金而产生并从而繁荣起来的，尽管在每一个国家都采用不同的方式。

这种信用支付手段，也就是为着支付的目的并通过给予信用的这种行为而创造出来的支付手段，在贸易中起着与现款完全相同的作用，部分地是直接起着这种作用，部分地是因为它可以立即转换为现款，作为小额支付，或作为对非银行业阶级——特别是对工资劳动者的支付。

经济学，几乎从它成为一门科学的时候起，就一直在抗拒那些抓住货币现象不放的人们的错误，这是做得很对的。这乃是经济学所作出的基本贡献之一。

<h1 style="text-align:center">4</h1>

我们可以把信贷现象的要旨规定如下：信贷在本质上乃是为了授予企业家以购买力而进行的对购买力的创造，但并不单纯是现有的购买力的转移。在原则上，购买力的创造标志着在私有财产及劳动分工制度下实现发展的方法。凭借着信贷，企业家在对社会商品源流还不具备正式的要求权之前，就取得参与社会商品源流的活动的机会。

一个经济组织的形式，如果在那里新的生产所需要的货物，是靠着特别创造出来的购买力的干预，从它在循环流转中的原来位置抽调出来的，那么，这就是资本主义经济。资本，无非是一种杠杆，凭借着它，企业家可以使他所需要的具体商品受他的控制，无非是把生产要素转用于新用途，或引向新的生产方向的一种手段。

资本对应于商品世界。商品是购买来用作资本的。商品的作用，在于服务于其技术性质相当的生产性目的。资本的作用，则在于为企业家获取用以进行生产的手段。在一种交换经济中，为要进行生产，它是企业家与商品世界之间不可或缺的第三种要素。它构成这两者之间的桥梁。它不直接参与生产，它本身并不是"工作对象"；相反，它担当一项在技术生产得以开始之前所必须完成的任务。

5

资本的唯一目的，纯粹是为了作为购买各种生产品的基金。当然，资本存在着——谁能否认这一点？——但它的特性恰恰在于不能把它看成是某种具体的商品，在技术上它也还没有被作为一种商品来利用，而只是作为用以提供那些在技术的意义上将要用于生产的商品的一种手段。

如果支付手段起不到为企业家置办生产品的作用，并为此目的将生产品从其原来的用途中抽取出来，那么，它们就不能算是资本。因此，在没有发展的经济体系内，就没有资本，或者换句话说，资本不发挥其特有的职能，因而它就不构成一种独立的要素。资本是一个发展的概念……由此看来，没有任何东西，它本身绝对地，有其固有的性质所决定地，断然地就是资本，而那种被指为资本的东西，其所以是资本，仅仅在于它满足了某些条件，或者说，仅仅从某种观点来看是资本。

资本是交换经济中的一种要素。交换经济的一个过程表现在资本方面的，就是生产手段转交给企业家。……支付手段，只有在私人的手里，才能起到作为资本的作用。私人资本的数量却有一定的重要性：它表明可以交付给企业家而任其支配的基金的多少，表明可以从原先的使用渠道抽取出来的生产手段的能量的大小。……当人们谈到社会资本时，所考虑的基本上乃是一个国家的商品储备量，社会资本的概念倒是从真实资本的概念中引申出来的。

6

这个市场更加集中，组织得更好，比其他两个市场更易于观察。这就是工商业家所谓的货币市场……这些规律的确有一大部分已经严格地规范化了；它们对所有撰写货币市场文章的著作家起着引导的作用。尽管这种实际规律的研究能让人们深入理解现代的经济生活，但这些有利于经济预测的实际规律至今还与理论很缺乏联系。

利息是现在购买力对未来购买力的一种贴水。

价值有两种这样的增加。第一，一种商品的服务——实际的或潜在的——在时间的进程中可以自动地改变，同时这种商品的价值也会增加。人们常常引用的例子，就是未成材的森林和窖存的酒。

第二，常常发生一种情况，那就是一种商品的服务在物质上就绝对和以前一样，然而在时间的流逝过程中其价值却有所增加。

7

利息是一种价值现象，是价格的一个要素。

第一，利息基本上来源于刚考察过的剩余价值。利息是发展在经济价值的海洋中所掀起的巨大波涛中的一部分。工业发展至少确实是利息形式的收入的主要源泉。

第二，正如我们已经看到的，发展中的剩余价值分为两类：企业家利润和代表发展反应的那些价值。……利息必然流进企业家利润。于是，在某种方式上，发展把一部分利润归给了资本家。利息成为对利润的一种课税。

第三，所有依附于具体商品的剩余价值，在本质上一定是暂时的；即使在一个充分发展的经济体系中这种剩余能够不断地增长——以致要想认识任何一种剩余价值的短暂性都需要有更深入的分析——可是它们也不能立刻就形成一种永久性的收入。这三道命题：作为一种最大的社会现象的利息是发展的产物；利息来自利润；利息并不依附于具体商品，是我们的利息理论的基础。

8

一部好的航空史可以使人知道坠机事件的发生，知道这些坠机是一种灾难，知道将坠机事件减到最少是多么重要。但是，正确的评价标准是有多大的交通运输量，以及交通运输的效率和风险。计算坠机事件的次数——按照这种标准，喷气式飞机的发明在其最初的 15 年是失败的——不是评价航空或经济政策成就的正确方法。

我们也必须认识到金融危机的一个重要要素是银行挤兑：投资者不去看当时的经济情况，而是开始关心其他所有投资者的行为，判断谁将第一个逃离。这样的情况时常发生，以政策变化（确保基础货币的稳定）和足够规模的外汇储备（利于信心的恢复）的综合运用为基础，迅速实行积极的反应措施是很重要的。一种有指导意义的方法可以用来衡量积极应对措施的效果，那就是比较拉丁美洲在1982年爆发金融危机后的十年萧条与墨西哥在1994年金融危机后的迅速恢复，以及那些准备好采取必要措施的国家——巴西、韩国和泰国——在亚洲金融危机后的迅速恢复。

9

对经济学家来说，利率就像一种价格。利率告诉我们，现在和未来之间的相对价格。

贴现值概念是一个重要的概念，因为，经济中许多决定是以未来为取向的。一个人要决定是否购买一所住宅或是否为退休而储蓄，或者一个公司要决定是否建造一个工厂或进行一项投资，都必须懂得如何估价未来1年、2年、5年或10年后所得到的货币的价值。经济学家认为，记住货币的时间价值是非常必要的。贴现值概念告诉我们怎样准确地做到这一点。

利率也是由供求规律决定的。

现在我们可以来解释为什么均衡利率通常是正的了。如果利率是零或者是负的，预期的借款人所需要的资金将比预期的储蓄者愿意提供的数量更多。可以肯定，负利率意味着人们可能借钱在今天进行消费但在未来却还较少的钱，而储蓄者在未来所得到的钱比他们储蓄的还要少。只有在正利率条件下，借贷的需求才可能与借贷的供给相等。

10

经济学家提醒人们去考虑常常被掩盖着的两个问题，即复利的作用和通货膨胀对借款的真正成本的作用，或对投资的真正收益的作用。

一般说来，物品和服务的当年价格往往都比上年要高。

所谓名义利率是以美元支付的名义数额，所谓实际利率是名义利率减去通货膨胀率而得到的利率。

资产具有长期的寿命，从而可以在某一日期被买来，而在另一日期被卖掉。因为这个原因，个人愿意在当前为它们支付的价格，不仅仅取决于今天的条件，即当前直接的收益或好处，而且还取决于对明天条件的某些预期。特别是，还取决于资产在未来会值多少钱，以及它们能够被卖掉的价钱。

贴现值的变化有两方面的原因。第一，利率的变化。第二，因为将来价格的预期在决定个人愿意在今天支付多少上是一个重要的决定因素，所以，当人们计划出售一项资产时，这项资产预期价格的变化将会改变贴现值。

11

当人们充分利用所有可利用的有关资料来形成他们的预期时，经济学家就说，他们的预期是理性的。

上世纪 80 年代许多地区房地产市场的疲软提醒人们，在形成预期时，应该注意结合更多历史资料的重要性。然而，所有预测未来的方式都存在的问题是，历史从来不能完全重演。因为今天的状况从来不会同任何过去的经历完全一样，所以，哪些事实会重复自己也从来不是明确的。变动可以交替地表现为渐进的或激烈的。即使是信息最灵通的专家，也对哪一种变化最容易出现存在着分歧。

许多经济学家因为预测准确而发了财，而且预测还形成了一个完整的行业。

不能预测转折点已成为预测的一个重大的局限。

人们是厌恶风险的，而我们的经济却还需要鼓励冒险。新的冒险事业是有风险的，但它们是经济增长的动力。

风险市场最重要的部分是保险市场。

经济学家认识到了保险的两个内在的问题，这两个问题使得保险作为一种对付风险的机制受到了限制。这两个问题是，逆向选择和道德陷阱。

逆向选择：愿意购买保险的人常常是最具风险性的人，而收取较高保险价格会阻止具有较低风险性的人购买保险。

12

在现代资本市场上，存在两种主要的资本筹集方式：通过债务（也叫做贷款或借贷）和股份（也叫做股票）。

这种较高的回报有时被称为风险贴水。

当我们减少风险时，我们也减少了动力，这是一种普遍的法则。

在许多情况下，市场可能达到一种折衷：部分保险，即对投保人提供部分保险，以便使投保人具有某些动力；但也使他承担某些风险。

用两次小距离的跳跃是跨不过一个深渊的。

利润体制如何给厂商提供生产消费者想要的物品的动机。价格给厂商提供以经济的方式使用稀缺资源的动机，并为协调经济活动和预示经济状况的变化服务。财产私有提供动机，使个人能投资于建筑物、机器、土地、汽车及其他财物，并维护它们。

最狭义的货币称为 M1，它是现金、旅行支票和支票账户的总和。

M2 包括 M1 中的所有项目，再加上一些几乎可以完全替代 M1 的项目。

传统上，银行是商业企业增加资本以及政府试图控制投资水平从而控制国家经济活动水平的最重要方式。

13

现代政府出于两个目的参与金融系统的银行部门。一个目的是保护消费者：当银行破产时，储户面临失去一生积蓄的危险。典型储户并不需要通过审查银行存折 (bank's book) 来认定某个银行是否确实可靠。在上世纪 30 年代的大萧条时期，上百家银行关闭了，导致成千上万的人陷入贫困。如今，银行受到更严格的规范。此外，储户得到了政府机构的保险，以减少他们因银行破产受到的损失。政府参与银行系统的第二个目的是稳定经济活动水平。银行系统通过它的活动影响投资水平，从而影响经济活动水平。投资的骤然下降能够将经济抛入衰退之中，而投资的骤然上升能够引发螺旋式通货膨胀。

在每个国家，中央银行有两个主要的政策目标：通过控制货币供给和信用的可获得性来稳定经济活动水平，以及规范银行系统的行为来保证金融健康。

现在的货币供给不是通过铸币厂或印刷厂创造的，而是在很大程度上由银行创造。

14

银行保留着防备储户提取的那些货币被称作它的准备金。

准备金的变化和存款的最后变化之间这种关系被称作货币乘数。

银行从联邦储备银行借款的利率被称作贴现率。

联储用三种间接方法控制货币供给和银行创造信用的活动。通过公开市场业务，它影响准备金的供给；通过法定准备金，它影响银行相对于其存款必须保持的准备金数量；通过贴现率，它影响持有过少准备金的成本；通过改变准备金的供给量、法定准备金数量以及不保持足够准备金所必支付的代价，联储影响银行的可贷款数额，以及与以流动形式（比如以国库券）持有资产相比，进行贷款对银行的吸引力。

现代银行系统发展出各种保护措施，结束了（至少减少了）挤兑对大多数银行的威胁。存在三个层次的保护。首先，联储规定了法定准备金率，并且如我们看到的，它行使着银行的职责。第二个层次的保护由银行的所有者提供。作为第三个和最后的保护手段，政府在 1993 年引入了联邦存款保险公司（FDIC）。联邦银行以及储蓄与贷款社必须购买保险，这保证了储户能够将他们所有的钱收回——每个账户可高达 10 万美元。

15

名义利率是持有货币的机会成本，货币需求随着利率的上升而下降，以及利率取决于货币需求等于货币供给之点，合起来被称为凯恩斯主义货币理论。

名义利率和实际利率之间的关系可能很弱。只有当名义利率的变化对通货膨胀预期不造成什么影响的时候，名义利率的变化才能直接转化为实际利率的变化。

相信货币流通速度是恒定的，从而货币供给的增长简单表现为收入的成比例增长的理论，被称作货币数量论。

从银行的角度看，上升了的利率对借款者群体有逆向选择效应，并且对借款动机也有逆向选择效应。

在严重的衰退中，货币政策可能只产生有限的影响。但是对于其中的原因，凯恩斯和可利用的信用规模论者只达到了部分共识。两者都认为通过货币政策促使厂商投资更多或消费者购买更多可能很困难，两者也都相信利率的变化可能较小。

同时，主张可利用的信用规模理论的学者们认为，在温和的衰退中，货币政策能够通过提高可利用的信用规模刺激经济；反之，更值得注意的是，货币政策很可能通过减少可利用的信用规模导致经济的收缩。

16

虽然经济学家们对很多问题有分歧，但是他们现在对下述的结论是意见一致的。1.当经济的运行接近其全部生产能力时，较松的货币政策可能导致价格的上升。2.大幅度收紧货币和信用的结果，会大量减少总需求，以致经济从接近充分就业的水平移动到出现大量失业的状态。3.当经济中存在超额生产能力的时候，对信用的放松可能将总需求曲线向外移动，带来产出的增长（而不是价格的提高）。4.当经济处于严重的衰退之中的时候，货币政策可能相对无效。这时为了刺激经济，可能需要激烈的行动（即便如此，货币政策是否有效经济学家们是有分歧的）。

他们认为货币政策在经济活动这一层次上是无效的。在他们看来，诸如实际产出和实际工资等实际变量，是由类似技术变更的实际力量决定的，而不是由货币决定的。货币政策影响价格水平，仅此而已。

17

在长期中货币政策的主要影响在于价格水平。但是对于货币主义者来说，货币在短期能够给产出带来实际影响。

实际上，没有理由认为货币政策非得通过某个单独的渠道发挥作用，它可能通过很多不同机制起作用。当货币政策无效的时候，所有机制都是乏力的。

货币的存在和使用是市场经济与自然经济相区别的一个主要标志。

在市场经济中，货币及其延伸——信用起着重要的作用。建立货币制度的基本目的就在于提供为社会所需要和所接受的合适数量的货币。货币供应量是否适当决定于货币的需求。当然货币的需求归根结底还取决于一国的生产和流通状况。整个货币银行制度的建立，主要目的在于调节货币的供求，以促进一国经济的健康发展。

18

范围最窄的货币供应量 M1：M1 是人们用来进行日常支付的最普通的货币形式。主要是由流通中的货币（即通货 currency）和能用支票提取的存款（checkable deposits）简称支票存款所构成。M1 又称基本的货币供应量。但是狭义的通货仅指纸币而言，不包括铸币在内，因为目前的铸币只是用来作为辅币使用的，不过它能和纸币相互兑换，因此包括在 M1 之内。在英国，将流通中的纸币和铸币加上商业银行的备用现金和在英格兰银行的准备金余额之和成为 M0。M1 中最主要的组成部分是支票存款。活期存款是一种"支票簿货币"（checkbook money）。

中等范围的货币供应量 M2：M2 的范围比较宽一些。它包括属于 M1 中的各个项目，还包括所有存款机构中的储蓄存款、小面值定期存款、过夜回买协议、货币市场互助基金（money market mutual funds，简称 MMMF）和过夜欧洲美元余额等，这些项目的交易性都比较差。过夜欧洲美元是美国的和外国的银行、公司和个人在美国境外的银行中所持有的美元存款。

宽范围的货币供应量称为 M3。

19

流动的和接近流动的资产 L：这是范围最宽的货币供应量，以 L 字母代表，它包括最富流动性的资产现金到接近流动的资产，即容易变成现金的纸面的证券。

货币的组成有宽窄之分或者说货币之所以分成几个层次，是和变现能力或称流动性（liquidity）密切相关的。具有完全变现能力的资产有两个条件，其一，必须能直接用来作为交易媒介，不需要事先交换成其他资产之后才能进行支付；其二，它的名义价值不会变动，既不增加也不减少。

个人和企业持有的定期存款和政府短期债券是最重要的准货币，其他像定值的保险单，信誉高的商业票据也是准货币。

准货币这一概念具有重要意义。因为持有准货币的人们要比同样收入水平，但无准货币的人们富有一些，因此前者比后者具有较高的边际消费倾向。这种情况将会影响整个社会的收入和就业水平。

最后还有"塑料货币"，这就是在西方国家广泛使用的信用卡。

20

一国金融体系的作用在于动员可贷资金和金融资本等货币资源并将这些资源配置到能得到最大收益的用途上。这种配置过程是通过金融市场而进行的。金融市场不是由单一的机构，也不是由一个具体的场所所代表，金融市场指的是通过通讯渠道所表现出的借款者和贷款者之间的极度分散的需求。正像商品的供求决定其价格和需求量一样，对可贷资金和金融资本的需求和供给转化为一系列的出价与还价，而达于供求均衡。金融市场是方便资金从有余单位向不足单位转移的市场。

信用一词意味着一方从对方借到货币或收到商品和劳务，所作出偿还给对方的承诺。从资产负债表的角度看，信用是一种负债。

金融市场又由两种市场组成，一是货币市场，另一是资本市场。

货币市场：货币市场是买卖由银行、公司和政府机构发出的短期信用票据的市场。在货币市场交易中，占重要地位的短期信用票据有以下几种：国库券、可转让的存款单、商业票据、银行承兑汇票、回买协议、免税的信用证券和联邦基金。

资本市场：在金融市场中除了货币市场外，另一个重要的组成部分就是资本市场。它是1年以上到期的长期金融证券进行交易的市场。可分为证券发行市场（或称初级市场）和证券流通市场（或称次级市场）两类，包括股票、抵押、公司债券、政府有价证券、州和市政公债。

21

金融市场在一国经济中起着重要的经济职能：通过货币市场提供的方便，企业和政府机构出售短期债券，借到资金，获得变现能力；通过资本市场提供的方便，企业和政府机构出售长期债券，将储蓄者的资金转移到借款人手中。货币市场和资本市场起着在借款人和放款人之间，短期用途和长期用途之间配置金融资源的作用。

金融远期市场包括期权市场（options market）和远期市场（futures market）。

服务于金融市场的机构成为金融中介。它们的职能首先是建立了贷款者和借款者之间的联系渠道。因为这些机构通过发行各类金融债券，使本身产生债务，从而获得资金，并将其提供给其他人，从而获得收益。其次，金融中介提供变现能力，或者说提供了流动性。它们能使一项资产很快地转换为现金而不损失其价值。第三，金融中介另一个重要经济转换职能是提供了货币供应量和准货币，从而方便了厂房、设备和存货的投资。

22

商业银行是最重要的一种金融中介，它的主要业务是负债业务、资产业务和中间业务三种。

负债业务是商业银行吸引资金的业务。吸收的资金有两种。一种是自有资金即业主或股东开业前集中起来的资本和开业后保留在银行内部的未分配利润（又称公积金）。另一种是外来资金，主要是存款。商业银行的存款有活期存款、定期存款和储蓄存款等，其中活期存款是最重要的一种存款方式，存款人可以随时提取。

资产业务是商业银行运用它的资本和吸收的存款，从事各种信用活动，以获取利润的业务。

其他金融组织的业务也是吸收资金并将它贷放出去，取得利润。

23

中央银行是一个国家的中央金融机构。它是政府和银行家（商业银行等）的银行，通常在政府中具有官方地位。它管理整个银行系统的货币和信用的供给，执行国家的货币政策以促进实现一国经济的稳定和增长的宏观目标。

中央银行的数目一般都是一个，例如英格兰银行。但有例外，如美国的联邦储备系统是将全国划分为 12 个联邦储备区，每一区设一联邦储备银行，这 12 个联邦储备银行又受设在华盛顿的联邦储备系统管理委员会的领导。联邦储备系统管理委员会和 12 个联邦储备银行合在一起构成美国的中央银行。中央银行只能在国内设立分支机构。

中央银行享有种种特权，它在一个国家的银行制度中，起着发行银行、国家银行和银行家的银行等三种特殊的作用。

中央银行又称发行银行。

中央银行的垄断发行职能逐渐扩大为通过货币政策，行使控制货币供应量的职权。

24

中央银行作为银行家的银行具有两种职能。其一是为了保证商业银行等有稳定的准备金，以应付存款人提款的需要，中央银行成为最后的贷款者。其二是为商业银行提供经常性的业务。商业银行等的准备金不足时，除向同业融通外，则需求助于中央银行。贴现窗口有两种：一种是票据再贴现，另一种是抵押放款。

票据再贴现就是商业银行将其贴现业务中得到的短期票据，持向中央银行请求贴现，以获得资金，则称再贴现。

作为国家银行，中央银行具有以下五种作用：代理国库；对政府提供资金；在国际金融业务方面代表国家与外国中央银行合作、举行国际结算、签订清算或支付协定，有关国际金融组织、国际金融会议和国际间对外援助等方面活动均由中央银行代表其政府参加；执行货币政策，控制货币供应量；管理和监督金融市场的运行和活动。

25

货币需求量的机会成本是失去的利息收入。

M1= 货币 = 通货 + 支票存款

银行为了应付差额，留取 5% 的存款作为准备金就绰绰有余了，不过为了保险起见，实际上的准备金比例大于 5%。

通过考察一家银行的一个连续的交易过程的分析，就可以了解创造货币的过程。商业银行创造货币的过程表现为活期存款的扩大。

在一个银行系统中，单独一家银行的放款不可能超过超额准备金的数量。换言之，当银行超额准备金等于零时，就没有未动用的放款能力。因此单独一家银行所能创造的货币以它的超额准备金的数量为限。

存款乘数是法定存款准备金比率的倒数。它的数值表明，整个银行系统能够把它的存款扩大到最初增加的新存款的最大倍数。

成倍扩大存款的关键决定于银行提供的贷款能否再作存款存入该银行。

货币基数就是公众持有的通货和银行准备金之和，因此货币基数又称强力货币。

26

凯恩斯在他 1936 年出版的重要著作《就业、利息和货币通论》中，提出了建立在三个动机上的货币需求理论。首先是交易动机，即家庭和企业需要持有货币作为交易中介，家庭需要货币购买食品，支付电费，购买耐用消费品等，企业需要货币购买原料和支付工资。

人们还持有额外一部分货币以应付不时之需，凯恩斯称之为谨慎动机所持有的货币。

交易动机和谨慎动机所需要持有的货币大致上与名义收入成比例。

凯恩斯的第三种持有货币的动机是投机动机。凯恩斯认为，当债券价格不寻常地高涨时，人们在其资产中以货币形态持有的比重迅速增加，以便在利息提高、债券下跌的时候，以货币购买债券。它失去的利息收入是它的机会成本。

27

资产组合理论：托宾认为财富的持有者有两种，一种是避免风险者，另一种是喜爱风险者。一个人持有债券而不持有货币就有遭受资本损失的风险，持有债券的比例越大，风险也越大。但避免风险者则使其持有的资产多样化。既持有货币和房产，也持有股票和债券。只有在利息增加、收益相当高的时候，他持有的债券的比重才会增加，从而承担更大的风险，较高的利息率是他持有更多债券、承担更大风险的一种补偿。因此财富持有者"不要把所有的鸡蛋都放在一个篮子里"。

一国经济可以概括为两种资产的经济：一种是无息的活期存款，另一种是长期债券。前者是货币的惟一形态，长期债券的价格与名义利率成反方面变动。名义利率是真实利率与通货膨胀率之和。

人们愿意持有的货币量决定于以下两个因素：第一，人们名义收入越高，持有的货币量也越多；第二，名义利率越高，人们持有的货币量越少。

在既定的货币存量和既定的名义收入水平条件下，货币市场只能在某一个名义利率水平上达于均衡。由于货币供需不平衡而产生的调整过程也就是货币市场达于均衡状态的过程。

28

一国经济不是存在衰退性缺口就是存在膨胀性缺口，也就是该国经济不是处于衰退时期，就是处于通货膨胀时期。财政政策通过调控政府支出和税收额就能填补这两个缺口。但是根据之前有关银行制度的分析，可以了解到，货币政策通过调控货币供应量也有助于填平这两个缺口。因为扩张性的和紧缩性的货币政策能够影响总需求，从而影响了总产量和就业量。

货币供给量的变动影响利率和投资支出，从而影响总支出和总产量水平的这一过程称为传递机制。另外一个说法是，在这一过程中利率与投资是传递机制，因为它们起着传递装置的作用。

利率决定于货币的需求和供给。货币需求是对流动偏好（即持有货币）的需求。货币供给决定于中央银行的货币政策即决定于法定准本金、公开市场作业和贴现率等三个主要武器。

政府支出通过税收与借债获得资金。两者决定于当时的财政政策目标，两者数量之差表明预算是赤字还是盈余。

29

扩大货币供给量将刺激投资的增加。通过乘数作用，从而成倍增加总支出，也就是增加了总需求。

即使在正常情况下，膨胀性货币政策大致总会引起通货膨胀，但是通货膨胀的程度决定于当时的经济状况。如果在失业情况严重，工业生产能力大量闲置的情况下，实施膨胀性货币政策，很可能不会引起通货膨胀，即使有通货膨胀也是轻微的。但是如果在一国经济接近于或处于充分就业状态时，膨胀性货币政策的主要后果将是通货膨胀。

货币学派的论点渊源于费雪的货币数量论和交易方程式。

首先说明，货币学派认为货币供给是决定名义GNP增长的主要因素。其次，货币主义者认为一国经济的总供给曲线 AS 比较陡峭，接近于潜在产量。财政政策推动不了什么。需求管理，即通过财政政策或货币政策控制一个国家的总需求水平，对真实产量的影响小，但对价格的影响却相当地大。

第六章

国际贸易

A RESTRICTED VIEW
ON ECONOMIC THOUGHT

1

只有两种机制是与自由市场和自由贸易相一致的。一个是完全自动调节的国际金本位。另一个是没有政府干预而完全由市场上的私人交易所决定的自由浮动的汇率制度。我们的问题不是"解决"一个国际收支平衡问题，我们是要通过采用一种机制来解决整个收支平衡问题，而这种机制又能使自由市场的力量对影响国际贸易的条件的变化，提供一个迅速、有效而自动的反应。

赞成浮动汇率并不意味着赞成不稳定的汇率。当我们支持国内的自由价格制度时，这并不意味着我们赞成价格上下剧烈波动的制度。我们所要的是一种制度，在这个制度下，价格可以自由波动，但是决定它们的因素稳定到足够的程度，从而在事实上价格的运动会处于适当的范围之内。最后的目标是达到这样一个状态；在其中，价格虽然可以自由变动，但在事实上，汇率却是非常稳定的，因为基本的经济政策和条件是稳定的，汇率的不稳定是根本的经济结构不稳定的征兆。通过行政办法冻结汇率来消除这个征兆并不能治疗根本的困难，而只能更加痛苦地对困难作出调整。

2

不断增强的国际贸易和金融一体化进程、推动新兴市场的经济发展，对支撑美国的经济增长来说是非常重要的。

当一个国家突然发现其账户上的产品和服务出口需求或者资本账户上的出口需求，也即对本地投资的外需下降时，该国的通常做法是将本币贬值。当私人部门产品的需求下降时，人们很自然的反应就是降低价格。当市场对一国产品的需求——也就是出口加上资本流入——下降时，该国也就很自然地会降低价格，最容易、最简单而且最直接的方法就是进行本币贬值。但是，如果该国的银行和企业持有大量的硬通货外债时，事情就不这么简单了。贬值将会增加债务成本，侵蚀公司利润，引发债务紧缩。

国际货币基金组织应该提供三方面重要的公共服务：第一，提高全球金融稳定性，减少金融危机的量级和频率；第二，提高市场上可获得信息的数量与质量以及获得这些信息的及时性；第三，在金融恐慌时期充当准最终贷款人。

3

全球化在美国的新经济中起到了相当重要的作用。它为美国提供了大量的资本，使之可以维持超过国内储蓄的投资；它为美国的创新者提供了巨大的出口市场，使之可以获得规模经济以支付需要大量前期投入的研究与开发；它向美国施加了竞争压力，从而刺激新技术的采用和不断创新；它使美国企业可以从国外进口价格低廉、品种多样的零配件和设备，使之获得最优的性能价格比；它还为美国企业在国外开展生产经营提供了途径，创造了条件，使之可以在最适宜的地方安排生产并充分发挥全球供应链的作用。

如果国家之间互相开展贸易，有两件事情会发生：第一，总体繁荣程度增加；第二，世界将会形成更坚实的和平基础，因为经济上相互依存的国家倾向于彼此间不进行战争。

关贸总协定有 23 个创始国，非常耐人寻味的是，中国曾是创始国之一，大多数人已经忘掉这一事实。这一机构在随后的 50 年内帮助许多国家融入国际体系。这一过程始于战后 50 年代的日本和德国，随后是从欧洲殖民地特惠计划中涌现出来的国家；进入 80 年代后，包括中国在内的前中央计划经济国家也纷纷加入。

4

他们不过是继续前人未尽的事业，然后站在前人的肩膀上掠取荣誉。我并不否认他们做这些也很辛苦努力，要小心翼翼地保持平衡，在获取最大利益的同时还需要小心谨慎地不从前人的肩膀上摔下来。

不过伊甸园里的情况可能还要糟糕：在自给自足的情况下，如果那个可恶的苹果只是用来交换一些更无伤大雅的东西，亚当和夏娃可能还幸福地生活着。

贸易普遍存在于我们的国民意识、国内政策、经济行为以及外交关系等各个方面。90 年代许多重大的贸易成就都会对后世造成影响。

贸易与一国的国内政治、经济政策和外交政策息息相关，而且和国际金融也有密切的关系。

出口减去进口有时被称为贸易差额。

收入水平很低时，净出口是正值。

对于较低收入水平来说，出口给经济的刺激作用，使经济扩张的效果比进口使经济收缩的效果更强；而对于较高收入水平来说，情况刚好相反。

5

政府经常面临的问题是，如何刺激经济活动而不使贸易平衡状况恶化。政府可能会决定用扩大政府支出的办法来增加总支出。但是当产出水平很高时，净出口可能会变成负值。这是因为出口变化不大（因为出口取决于其他国家的收入），但是进口却随国民收入的增加而增加。

在较高税率上，国民收入的增加所带来的可支配收入的增加较小，并且所带来的消费的增加也较小。因此，高税率的总支出曲线要比低税率的总支出曲线平缓一些。

国际贸易是互利的，它使所有国家都受益。在关于贸易政策的公开争论中，通常的主题是保护主义，与它对立的观点，称为自由贸易。

贸易赤字的增加可能产生于两个原因。第一，在给定出口和进口函数时，国民收入的增加。试图通过减少进口来增加国民收入的政策被称为以邻为壑政策，因为一国的经济受益是以其他国家的经济受损为代价的。在大萧条时期，许多国家奉行这种以邻为壑的保护政策，结果是所有国家都深受其苦。

6

在第二次世界大战以后的数年间，随着美国歌曲、美国服装以及全部的美国产品对国外市场的冲击，"美国制造"成为全世界所渴求的一种标志。

与在一国经济中一样，价格在国际贸易中也扮演着同样的角色。在一个经济内部厂商之间的竞争能保证那些能够最廉价地生产某一特定商品的厂商确实会这样去做。在一个行业中所有低成本的厂商碰巧都处于一个国家，那么这个国家就将统治该市场。相对价格反映出相对优势，而相对优势是国际贸易的基础，随着世界经济的变化，可以预期相对优势将发生变化，相应地，不同国家所提供商品的相对价格也将发生变化。

美国商品相对于外国商品的价格依赖于汇率。汇率衡量一种通货以另一种通货表示的价格。

当法郎对美元贬值时，我们说美元较坚挺，法郎较疲软；相反地，当法郎对美元升值时，我们说美元较疲软而法郎较坚挺。

7

汇率的变化和任一其他相对价格的变化一样，不一定是好事，也不一定是坏事。美元变得较坚挺不一定"好"，变得较疲软也不一定"坏"，尽管某些国家把自己货币的坚挺程度作为一种骄傲的资本。和相对价格的任一变化一样，总有某些人受益而某些人受损。坚挺的美元对美国消费者来说是好事，他们发现可以较便宜地买到法国商品；对法国出口商来说是好事，他们发现能够较容易地卖出自己的商品。但对美国出口商来说是坏事，他们发现自己在外国消费者中的市场正在逐步消失；对法国消费者来说也是坏事，他们发现自己再也买不起美国商品了。因此，当美元升值时，美国的进口增加，出口减少；当美元贬值时，美国的进口减少，出口增加。

于是，美国商品相对于外国商品的价格的变化就依赖于三个因素：汇率的变化；美国商品价格的变化（以美元表示），即美国的通货膨胀率；以及外国生产的商品价格的变化。

经每个国家的价格水平变化调整后的汇率称为实际汇率。

8

如果一个汇率体制是由市场上的供求关系决定的，而没有政府干预，则称为灵活或浮动汇率制。

进口与出口相等时所确定的汇率，称为均衡汇率。

在当今，存在着数量巨大的国际间的借贷，这已成为决定汇率的第二大因素。

世界经济与政治环境越稳定，资本的跨国流动性越好。

汇率的均衡点不单由进出口平衡确定，而且还受借贷决策的影响。

为了获得货币升值所带来的可能的资本增益而产生的对货币的需求，被称作外汇投机。有了投机，市场汇率不仅与进出口供求和投资有关，而且与未来相关因素的预期有关。

政府任何稳定（实际）汇率的措施需要具备三个条件：第一，政府必须选择汇率应该是多少。第二，政府必须有手段使得实际汇率能够保持在那个水平上。第三，必须有某种程度的国家间的合作。

1944 年著名的布雷顿森林会议上，以凯恩斯为首，签署了一个文件，确立了国家间的固定汇率，并建立了国际货币基金组织 (IMF)。

9

从长期来看，汇率是由基本的经济力量所决定的。多数经济学家赞同这种观点。

贸易赤字（或顺差）不过是进出口价值的差额。贸易赤字增加的主要原因，至少就 20 世纪 80 年代初来说，似乎是由于汇率的变动。美元与其他国家的通货相比升值了，从而使得美国商品对外国人来说更昂贵，而外国商品对于美国人来说更便宜。这自然引起出口减少而进口增加。

那么美元为什么会升值呢？主要是因为外国人在美国进行投资的需要增加了。

贸易赤字的数量正好等于外国人在美国投资的数量。贸易赤字和外国资本流入实际上是同一件事情的两种说法。这可以换成另一种说法：美国消费者和厂商从国外的进口大于他们向国外的出口的唯一办法是，外国人是否愿意通过向美国提供贷款或在美国进行投资来弥补这个差额。

进口减去出口（贸易赤字）等于资本流入。重要的是净流入，即帮外国人在美国投资和美国人在国外投资的差额。

贸易赤字 = 进口 − 出口 = 资本流入量

10

由于我们生活在一个多边贸易世界上，所以美国与日本之间所发生的贸易赤字不一定等于来自日本的资本流入。

基本的贸易恒等式仅仅是一个恒等式：它只是为寻求对事物的解释提供一个框架。

但是更可能的原因是美国的利率提高，从而吸引外国投资，使美元的价值提高，因此使进口品变得更便宜，出口品更昂贵。

投资报酬高的原因似乎不是因为美国的繁荣。真正的原因是，高利率反映了美国对借款的高度需求。贸易赤字和预算赤字双双增加这一事实绝非偶然：

大量的财政赤字导致汇率提高，由此又导致贸易赤字。

在一个有国际贸易的世界上，财政赤字是一个问题，除非私人储蓄相应增加或私人投资相应减少，否则财政赤字会造成贸易赤字和向外国借款。贸易赤字又意味着在将来美国经济不得不把国内生产的总产品中的一部分送到国外，以偿还这笔债务。

一种政策选择是试图通过刺激出口或减少进口直接影响贸易；另一种政策选择是试图通过削减资本流入美国的吸引力来影响资本流入。

11

长期以来经济学家们一直根据下列理由反对保护主义：(1) 这些政策在创造就业机会方面一般来说是不成功的。(2) 这些政策干扰了经济效率；当它们确实创造了就业机会时，它们却以很高的代价来做到这一点。

经济学家们的第二个反对意见是，当保护主义确实维护了就业机会时，事实说明这样做的代价很高。更一般地说，保护主义的后果是使得美国经济更缺乏效率。来自贸易的利益受到损失，专业化程度降低，利用比较优势的能力减弱，以及竞争程度降低。由于竞争程度降低，不但美国生产者可以索取更高的价格，而且厂商提高效率、提高生产率和提高竞争力的积极性也被削弱了。在长期内，这些因素也可以造成生产率的增长减慢。

多数单个行业及其工人无疑会从出口补贴中获得好处，而这种补贴以牺牲美国经济的其余部分为代价。可能是由于政府补贴的帮助，他们自然而然认为他们自己的生意做得更好对国家来说是重要的。他们也常常不考虑这些补贴强加给整个国家的代价。

政府可以采用另一种途径来减少贸易赤字，这是不歧视或不偏爱特殊行业的一种途径：变动汇率。

12

货币政策有时可以达到这种效果，至少在短期是这样。货币政策可以降低利率，使得外国人在美国投资的吸引力降低。对美元的需求曲线（美元被用于购买在美国的投资）向下移动，而这依次导致美元贬值，但是，在长时期内，汇率变动与资本流动规模有关。

庞大的赤字会把总需求曲线移动到这样一点，在这一点需求曲线相交于总供给曲线的陡峭上升的部分。

冷战结束带来了"和平红利"，即大幅度削减国防支出的可能性。更多地增加税收和更多地减少国防开支。

贸易对经济发展的作用是能提供本国经济发展不可缺少的新型的机器设备、中间产品和原料，出口数量大就可以支付增加进口设备所需外汇而不危及国际收支。贸易还是扩散技术知识和传递思想的手段，也是引进技巧、管理才能和企业家精神的桥梁。此外，贸易是资本在国际间，特别是从发达国家流向发展中国家的手段。贸易越大，可能获得的国外资金的量也愈大。因为贸易量越大支付利息和归还本金的能力越有保证。如果不能如期如数地支付利息和归还本金，一国很难指望有大量资金流入。最后，自由的国际贸易会维持一个自由竞争的国际市场，消除垄断的控制。

13

出口以不包括海运运费在内的离岸价格计算，进口则是以包括了海运运费在内的到岸价格计算。

推动出口战略的经济意义：第一，推动出口可以突破国内市场狭小的障碍，获得规模经济效益和增强竞争能力。第二，由于发展中国家有着众多的非熟练劳动力，在外向经济中劳动密集型产品是优势产品，可以优先获得出口。

资本输出无非分为直接投资和借贷资本输出两种形式。第二次世界大战以后，跨国公司是进行直接投资的重要机构，成为国际经济中一种不可忽视的因素。由于跨国公司具有的巨大规模和全球性的业务，使它对发展中国家的经济发展起着相当重要的影响。

如果国内储蓄缺口大于外汇缺口就削减投资或增加储蓄，反之，外汇缺口大于国内储蓄缺口就削减进口或增加出口。

成功地引进外资将会取得双重经济效果。一方面是由于发展中国家为了进行投资，必须从国外获得本国不能制造的机器设备和材料，可是由于这些国家的经济结构不易进行相应的改变，无法通过增加出口或减少进口获得必要的外汇来购买需要进口材料设备的，因此出现了外汇缺口。

14

适当地引进外资既能扩大出口，又能提高国内储蓄水平，最终将使两个缺口的失衡现象趋于均衡。更重要的是外国直接投资具有填补发展中国家的技术和管理等缺口的作用。

技术管理知识转移本身会带来许多问题，甚至还会牵涉到本国主权的完整。

东道国在经济利益方面可能受到损害：一是，在开始谈判接受直接投资，准许跨国公司在自己境内开设子公司时，发展中国家在经济权益上做了过多的让步。二是对经济租的控制。投资于采掘业的跨国公司必然在发展中国家购买矿山或油田。以后随着矿产品价格上涨，利润因而增加。这部分利润实际上就是经济租。三是转移订价法产生的损害。

没有一个国家的政府愿意本国国民经济的一部分，甚至是最重要的一部分由一个位于外国的决策中心来控制。

限制外国人投资到本国的关键部门：一般认为关键的部门大致包括公用事业、航空、航运、电视、广播、出版、银行和保险等部门。

15

需求是由消费者的欲望、要求、偏好和所有权分配状况两种要素决定，供给是由资源赋予和生产的物质条件两种因素决定。

在多国贸易的情况下，决定贸易流向时，相互需求的作用增强。

把数量可变的生产要素施用定量的生产要素所造成边际产品递减的趋向称之为边际收益递减规律，由于边际产品递减所引起的单位产品成本递增又称之为边际成本递增。

把生产某一产品的所有竞争性厂商的供给曲线加合在一起就形成整个市场的供给曲线。

当一个国家实际上无法生产某一特定产品，或者能够进行少量生产可成本太高时，即使这种产品是以递增成本生产，仍然会实现完全的国际分工，一大部分的矿产品和土特产品的生产就属于此种情况。但在一般情况下，由于生产中递增成本的出现而不能实现完全的国际分工。

运费越高，出口数量减少越多。如果运输成本等于或大于贸易开始前的两国国内羊毛价格的差额时，两国间不会进行羊毛的贸易。

16

国内商品：一些体积庞大、自身沉重、不易装卸、单位产品价值很小的商品，在国际市场上缺乏价格方面的竞争能力，因而不能进入国际市场。

国际商品：一些体积不大、容易装卸的商品，虽然价格较低，即使进行长距离运输，在国际市场上仍具有竞争能力的商品。

研究厂址选择的理论成为区位理论。现代区位理论根据运输成本影响工业布局的情况，把工业区分为以资源定位、以市场定位和自由定位三种工业类型。

运输成本也是决定一国比较优势的因素之一。那些远离国际市场和没有大规模国内市场的国家，在发展以市场定位的工业中缺乏相对优势，反之，接近国际市场或有广大的国内市场的国家在这方面就具有相对优势。

由于产品的成本比例反映了生产要素的供给和需求状况，特别是反映了生产要素的供给情况，因而根据两国之间的商品的比较成本差异，就可以决定两个各自在哪些商品方面有相对优势，哪些商品方面缺乏相对优势。当各国商品价格等于其成本时，那么国际间商品价格的差异就充分表现了一国的比较成本的优势或缺乏优势，决定了国际贸易走向，加强了国际分工，扩大了贸易量，增加了贸易双方作为一个整体从贸易中获得利益。

17

在完全竞争情况下，一个行业是由许多小厂商组成，无法实现大规模生产的经济效益，也就是无法实现规模节约，难于开展新技术和新产品的研究工作，成本不易继续下降。

如果垄断者在国外市场上遭到激烈竞争，它可以在国内保持垄断价格，在国外市场上以较低或相当低的价格出售其产品，实行倾销政策。

非价格竞争的主要手段是广告宣传和产品差别化。所谓产品差别化，是指厂商为了适应消费者的需要，使其生产的产品和对手厂商同类产品具有一定差别。这种差别可以是产品质量、效能的不同，商标、牌子的不同，包装、款式的不同，销售条件和服务方式的不同等等。具有差别的同类产品就称为差别产品。

绝大多数情况下，非价格竞争是价格竞争的一种补充，也是形成比较优势的一个因素。

但是通过质量竞争，使得产品性能不断提高，缩短更新换代时间；款式竞争使得商品时新一时，很快变得陈旧，不断翻新款式。因此要求企业提高管理水平，注意存货数量、销售时机和市场信息。

18

由于非价格竞争能使顾客熟悉厂商现有产品和新产品，便利顾客购买，积极影响需求，使得潜在需求成为实际需求，从而扩大国际贸易量。差别产品本身就能扩大国际贸易量，这是因为它能产生交叉需求。

土地、劳动和资本三种生产要素各自本身都是同一的。

如果商品和生产要素价格保持不变，在两种生产要素中，其中一种数量增加，另一种数量不变，那么密集使用前一种生产要素的产品绝对产量将会增加，密集使用后一种生产要素的产品绝对量将会减少。这个结论也称为雷布钦斯基定理。

应该考虑劳动的熟练程度和技术水平等因素，才能更好地说明贸易的流向。

人力资本能提高劳动生产率，技术却能提高土地、劳动和资本三者的生产率，或者提高三者作为一个整体的全部要素生产率。

一国所以能不断进行技术革新或推出新产品，则是因为该国能把自己拥有的雄厚技术力量和高水平的技术知识用于科研和发展工作。

19

如果把技术看成是生产要素之一，那么注重科研和发展的行业，它的科研密集型产品就会有高度的出口优势，这种理论也充实了俄林的资源禀赋理论。但是技术创新来自对科研和发展工作的投资，因此，出口科研密集型或高度技术密集型产品的国家多数也是资本相对丰富的国家。当前，由于技术创新所产生的国与国之间的技术差距，通过技术转让以及跨国公司与国外子公司之间的技术转移可望趋于缩小。

规模节约就是大规模生产所取得的经济效益。假如一国有广阔的国内市场，其制造业就有条件进行大规模生产，提高经营效率，降低成本，实现规模节约，取得比较优势，产品在国际市场上也更具有竞争能力。

学习曲线本是心理学的词汇，说明不管是人类还是动物，随着学习次数的增多和时间的推移，学习成果会有所进步。学习曲线是研究劳动技能的改进、技术的提高和特定时间内产品总量的关系，也就是说，是研究新产品和产量成倍增加后的成本变化。

20

假定有两个国家，一个是从事制造一种劳动密集型产品的先驱国，一个是后加入的国家，它虽然起步晚，但能在开始生产时就使用更先进的生产设备和工艺流程，进行更经济合理的生产，从而降低了劳动成本，使它在生产这种产品中获得比较优势。

相同的产量，也就是在相同的生产经验情况下，后进入国的成本总是低于先驱国的成本。

俄林资源禀赋理论说明各国比较成本的差异是发生国际贸易的基础，这种差异来源于各国生产要素禀赋多少的不同和生产不同产品所需要的要素比例不同。根据俄林的理论可以推断出生产要素禀赋的差别越大，发生贸易的机会就越多，贸易量也就越大。因此大量的国际贸易应该是工业发达、资本存量丰富的国家和土地或劳动丰富的非工业国家之间，以工业品交换初级产品的贸易。而要素禀赋情况越是相似的国家相互之间的贸易也越少。然而实际情况与此相反，统计数字表明工业发达国家的出口量占世界总出口量的 3/4，其中 75% 是在这些工业国家之间进行交易的。至于工业发达国家和非工业国之间的贸易量，只占世界贸易量的 1/3。因此，用俄林的理论无法解释这种贸易格局。

21

瑞典经济学家林达尔提出偏好相似理论，解释俄林理论所不能解释的这种情况，并认为俄林的资源禀赋理论不适用于工业品的贸易，只适用于初级产品的贸易。

俄林认为，一种工业品要成为潜在的出口产品，它必须是一种在本国消费或投资生产的产品，也就是说产品出口的可能性决定于它的国内需求。其原因有三。首先，企业家对国外市场无法像对国内市场那样熟悉。他们只知道在能赚钱的地方捞取利润，而这些赚钱的机会主要来源于国内需求。企业家不可能想到满足一个国内不存在的需求。只有在一个企业规模扩大以后，想到国内市场狭小，才会想到产品出口以赚取国外利润。一旦打开国外销路，出口份额甚至会大于内销份额。但不管出口份额如何的大，出口毕竟是市场扩大的结果，并不是它的开端。其次，就发明新产品的生产来说，国内市场是更加必须的。

一项发明很可能是由于努力解决本身环境中所遇到的切身问题产生的。

22

一个国家本身的需要才是技术革新和发明创造的推动力。如果所要解决的问题不是发明者所处环境的一部分，那么发现和解决这个问题都是困难的，因此创造或发明所形成的新产品一般只适应于本国市场需要的产品，它的生产与消费活动总是先在本国市场中进行，然后才逐渐适应于出口的需要。此外，由于创造发明和发展新产品工作必须和市场紧密配合，因此出口的工业品无论是消费品还是资本品必须先有一个国内市场，才能获得相对优势。这是由于企业家不太可能想到去满足一个不是国内的需要，即使看到了国外的需求也很难想象出基本上满足这种需求的合适产品。假使设想出基本合适的产品，可不花费高昂的代价也无法生产出适合于本国企业家所不熟悉的外国市场情况的产品。因此，一个只有国内需要的产品才会是具有最大的相对优势的产品。

林达尔认为两个国家的需求结构越是相似，其贸易量越大。如果这两个国家需求结构完全相同，一个国家所有的可能进出口的物品也是另一个国家的可能进出口的物品。

23

有的学者认为，资本缺乏的发展中国家，管理才能比资本更加缺乏，只有不均匀地分布资本品才能发挥现有的管理才能。也有的学者认为，发展中国家只有集中使用资本密集型技术取得大量利润，才能进行资本积累和经济发展。根据这些论点，资本稀缺的国家也需要高质量的资本品，因此资本品的质量差别和人均收入水平差别之间的联系就不明显了。此外，资本丰富的国家也需要一些技术并不先进的资本品，以便充当备用设备等之用。

到了18世纪70年代，亚当·斯密提出劳动分工和国际分工学说以及自由放任原则，主张国内开展自由竞争，对外实行自由贸易。大卫·李嘉图根据斯密的学说又提出比较成本理论，为自由贸易政策提供了坚实的理论基础。随着工业革命的蓬勃发展，先是英国、接着是法国等国工业生产急剧增长，经济实力日益增强。

所谓贸易壁垒，就是指一个国家为了限制外国商品进口所设置的障碍。贸易壁垒可分为关税和非关税壁垒两种。前者通过关税，后者通过关税以外的各种措施，来限制商品进口。西方国际经济学家一般是站在支持自由贸易的立场上，进行分析和评论贸易壁垒和保护贸易政策的。

24

最初，关税只是作为增加政府收入的来源之一。但一直到 18 世纪末 19 世纪初，关税的保护作用才得到了确认和应用。美国第一任财政部长亚历山大·汉密尔顿于 1971 年提出了保护关税的主张。自此以后，在大多数情况下，关税成了抵制国外竞争的一个保护性工具。

关税基本上分为两种。一种叫从价税（advalorem duties），另一种叫从量税（specific duties）。从价税是按进口商品的价格抽取一定百分比的关税，其税率表现为货物价格的百分率，如值百抽五。从量税是按进口商品的数量、重量、容量、长度和面积等计量单位为标准抽一定数量的税，如每重磅的可可抽关税 20 美分。从价税的征收对象一般是制造品，而从量税的征收对象是像棉花、小麦等大宗产品和标准产品。

从量税的优点是简便易行。从价税必须先由海关对进口商品进行估价后才能征税。估价的方法分离岸价格（F.O.B）和到岸价格（C.I.F）两种。离岸价格是以卖方把货物运到出口岸买方指定的船上所负担的各种费用为基础所决定的价格。到岸价格是成本加上保险费和运费在内到达目的港埠为止的价格，包括离岸价格所不包括的抵达进口港所花费的海运费和保险费在内。

25

各国关税税则都包括两个主要部分。一是应税一览表，载明就应收关税的所有物品，另一是应税物品的税率。

关税在发挥它的保护作用的同时，也发挥它增加财政收入的作用。

关税对进出口国经济的多方面影响称之为关税的经济效应。其中对价格的影响称之为价格效应，对贸易条件的影响称之为贸易条件效应，对进口国国内经济的影响称之为国内效应。

分析关税所引起的进口商品价格的变化，要连带回答两个问题。一个是进口商品价格上涨的幅度是否总是等于缴纳的关税税额；另一个是关税是否完全由国内消费者负担。租税理论的主要内容之一，是讨论租税能否转嫁，最终归谁负担的问题。关税是租税的一种，所以关税也存在着这个问题。

如果允许农产品自由进口，则外国农场主就会获得这种补贴，各国政府当然不允许这种情况发生。美国一向对纺织品进口实行限额制，限制发展中国家纺织品的进口，以保护它的正在震荡的纺织业。

26

所谓外汇，是国外汇兑（foreign exchange）的简称，它是以外国货币表示的用于国际清算的一种支付手段，也就是说，凡是存在银行的外币资金，或是可在国外得到偿付的外币票据，都称作外汇。

汇率（exchange rate）又称汇价（exchange price），它是一个国家的货币折算成另一个国家货币的比率。也就是说在两国货币之间，一国货币单位用另一国货币单位数量表示的价格。

外汇需求是由于本国居民需要向外国居民进行支付，主要是由于本国居民向外国居民购买商品和劳务而产生的。

外汇需求量和汇率的高低成反方向的变动，即外汇汇率提高，外汇需求减少，外汇汇率降低，外汇需求增加。

在其他条件不变的情况下，汇率和外汇需求的关系表现为两方面：一方面是外汇需求决定于向国外购买商品、劳务和进行投资等的数量；另一方面汇率的高低又决定这些交易量的大小。

27

进行国际交易时，外国居民对本国居民进行的支付就是外汇的供给，主要是由于外国居民向本国居民购买商品和劳务引起的。外汇的供给量与汇率的变化是同方向的。当外汇汇率提高时，按汇率折算，本国商品在国外市场的价格比汇率变动前便宜了。这将扩大本国商品的出口，从而增加外汇的供给。当外汇汇率降低时，按新汇率折算，本国出口商品在国外市场上的价格因而提高，外国居民购买本国出口的商品量少了，外汇供给量也相应减少。

外汇供给曲线是向右上方倾斜的曲线。

自由浮动汇率制的优点：一是自由浮动汇率制是一个行之有效的体制；二是能有效率地配置国际资源；三是货币政策的自主性；四是具有对称性。

自由浮动汇率制的弊病：一是汇率的频繁变动，会损害国际贸易与国际投资。出口商在订约后，即可按期货汇价卖定英镑。这时他的进货成本即可确定。到期后，即以期货英镑偿还货款。但是反对者认为期货交易费用相当高，也可能阻碍潜在贸易机会的实现；二是浮动汇率制可能产生加深汇率不稳定性的投机；三是为了短期目标可能牺牲长期目标；四是政策的自主性只是一种假象。

28

一国本位货币一般均以法律规定其含金量，成为金平价。

美元的法定含金量是 23.22 格令纯金，英镑含金量为 113 格令纯金。

稳定汇率就是由一国金融当局，根据外汇市场外汇余缺情况，反其道而行，补亏吸余，以求汇率的稳定。按照布雷顿森林制度最初的规定，只允许汇率在平价上下各 1% 的范围内波动。

在外汇市场经常变动的情况下，要有效地稳定汇率，就需要一国中央银行掌握相当数量的外汇和黄金作为稳定汇率的基金。英国放弃金本位以后，于1932 年首先创立外汇平准基金，以稳定英镑汇价。

自由浮动汇率的弊病大致就是固定汇率的优越之处。固定汇率制的优点主要有以下两点：一是提供了稳定汇率的有效措施，消除不确定因素和汇价的波动；二是货币平价的建立以及各国金融当局承担稳定汇率的责任，不但刺激国际贸易的增长，而且提供长期国际投资的合适的经济环境；

固定汇率制的不足：一是要时时稳住汇率；二是在固定汇率制下，稳定汇率的操作不必然保证能自行达到均衡。

单一汇率制，是政府当局以法令形式规定的对外汇率（又称官价），一切外汇必须依照官价进行买卖，严禁黑市买卖外汇。

29

一国为了增强出口竞争能力，扭转国际收支的逆差，鼓励进口本国所急需的物资，实施外汇管制下的复汇率制，也就是规定本国货币对另一国货币有两种或两种以上的比价。

如果采取法定汇率和自由浮动汇率相结合的复汇率制，称为双重汇率制度。

外汇管制的弊病：一是在外汇管制的情况下，无法进行多边贸易和结算，资本不能自由流动，阻碍对外贸易的发展和国内经济的增长；二是双边贸易要签订双边支付协定，在两国贸易出现不平衡时，债务国并非必须支付外汇，可以在一定期限内，向债权国输送商品弥补逆差，也可由债务国向债权国提供一定的信用，或者将差额转入下一年度清算账户内；三是扭曲了国际间相对优势的格局；四是外汇管制会产生外汇黑市。

30

套汇或套利（arbitrage）又叫地方套头或外汇裁定。是在一个市场上买进外汇、证券、商品或其他资产的同时，又在另一个市场上以更高的价格将其卖出的买贱卖贵的活动。

在外汇市场上，还可以在三个市场上进行三种货币的套汇活动，故称之为三角套汇。其操作较为复杂，但原理与两地套汇是一样的。

套期保值交易（hedging）是人们为了免除未来价格变动的风险，或把这种风险降至最低限度的一种买卖外汇、商品或债权的方式。

预期一种货币未来汇价下跌的投机者成为空头，预期该种货币未来汇价上涨者成为多头。

不论是空头还是多头，当其预期失误时就有可能遭受亏损。

金本位制是历史上第一个正式的国际货币制度。

实行国际金本位制的条件是：1. 每一个国家的通货价值以其含金量表示；2. 每一个国家的金融当局允许任何人按官价将黄金自由兑换成该国货币，或将该国货币兑换成黄金；3. 每个国家的金融当局按官价收购所有出售给它的黄金和出售给买者所需要的黄金量，以稳定黄金价格，并允许黄金自由输出入一个国家。

汇率上升也不会超过黄金输出点，汇率下跌也不会低到黄金输入点。

第七章

经济发展理论

A RESTRICTED VIEW ON ECONOMIC THOUGHT

1

所谓社会的经济进步通常指的是资本的增加、人口的增长以及生产技术的改进。但是人们在思考任何一种有限的前进运动时，往往并不仅仅满足于探索运动的规律，而会不由自主地进一步问道，这种运动会把我们带向何方？产业进步正在把社会引向什么样的终点？当进步停止时，人类会处于何种状态？

亚当·斯密始终认为，在静止状态中，人民大众的生活虽然也许并不是绝对贫困的，但必然是很拮据的，只有在进步状态中，人民大众的生活才会是令人满意的。一些人认为，不管人们的不懈努力会把人类的末日推迟多久，社会进步都必然会"搁浅而落得悲惨结局"。

即便是在古老的国家，在资本不断增加的状态下，也必须使人们出于良知和远虑对人口加以限制，以防止人口的增长超过资本的增长，防止社会最低层人民的生活状况进一步恶化。如果全体人民或很大一部分人不下决心阻止生活状态的恶化，不下决心维护已经确立的生活水平，则最贫穷阶级的生活状况，即使在进步状态下，也会降到他们不得不忍受的最低点。

2

如果人民大众从人口或任何其他东西的增长中得不到丝毫好处的话，则这种增长也就没有什么重要意义。

在最先进的国家，经济上所需要的是更好地分配财产，而要更好地分配财产便离不开更为严格地限制人口。单靠消除差别的各项制度，无论这些制度是公平的还是不公平的，都做不到这一点；它们只能降低社会最高层的生活，而不能长久提高社会最底层人民的生活。

正像战争是古代和中世纪从事的主要活动那样，工业是现代世界从事的主要活动。一个国家一旦走上工业道路，通过工业获取财富的欲望便不再需要加以人为的刺激，因为财富会自然而然地给人们带来好处，并往往成为衡量才能与成就的尺度，从而可充分确保人们满腔热情地追求财富。较为健全的社会状态不是由少数人拥有大量财产，使所有人眼馋，而是让尽可能多的人拥有并满足于人人都有可能获得的适量财产。

3

人们如果惧怕法律，惧怕舆论，就不会在那些最为重要的问题上自由地运用自己的心智，人的精神就会普遍麻痹和萎缩，到了一定程度，人们甚至在一般生活中都不会有什么大作为，若进一步麻痹和萎缩，甚至会逐渐出现倒退的现象。这方面最能说明问题的例子，就是西班牙和葡萄牙在宗教改革后 200 年间的情形。

在当前的文明程度下，个人以民众的名义行使的权力，很容易成为社会上惟一实在的权力，因而特别需要坚决保护每个人思想、言论和行为的独立，以维护人类精神的创造性和每个人的个性，因为这种创造性和个性是所有真正进步的惟一源泉，是使人类远远优越于动物的最重要的品质。

即便政府能把全国最有学识和才干的人都网罗到各个部门内，很大一部分社会事务仍应该留给具有直接利害关系的人去做。

如果一个民族没有养成为集体利益而自觉行动的习惯，如果一个民族一遇到与共同利益有关的事情就习惯地依赖于政府发命令或采取措施，如果一个民族总是盼望政府为他们做好每件事情，而自己只做习惯性的工作和例行的工作，那么该民族的能力就只发挥了一半，该民族所受的教育就在一极为重要的方面存在着缺陷。

4

政府不仅应把与个人有关的事情尽可能留给个人去做，而且还应该允许或毋宁说鼓励个人尽可能多地通过自愿合作来处理他们共同的事务，因为大家商量和处理集体事务，可以很好地培养公益精神，有效地产生处理公众事务的智慧，而这种公益精神和智慧一向被看作是自由国家的人民所具有的特殊品质。

熊彼特是1700年至今，经济学领域里十二位著名学者中占有最重要地位的人物之一。甚至，迈耶和鲍德温认为，熊彼特有资格成为经济学史上七位伟人之一，其他的六位是：亚当·斯密、李嘉图、穆勒、马歇尔、凯恩斯和马克思。熊彼特思想的特征就在于，它不属于任何一个给他以影响的学派，而是超越于这些学派之上而处于特殊思考过程之中……以导师所具有的思想体系而进行一种综合把握。应当说，熊彼特具有完全的智慧上的独立。

塔尔德–柏格森这种个人创造力可以改造社会的思想，在青年熊彼特的心里扎下了根。熊彼特从经济入手寻求社会发生变化的原因，最终总结出经济发展的概念。不过，他的经济发展论却不是以发明为基础的。他认为，只有创新，才是所有变化和发展的原动力；也只有有能力实现这种创新的企业家，才算得上是资本主义的主体。

5

熊彼特把创新规定为以下几点：

第一，确保原料等生产手段的廉价供应以及新的原料供应的发现。

第二，开辟新的通商线路能够为企业家带来利润。

第三，开发可以替代市场上已有物质（生产资料与消费资料）的新产品。

第四，通过宣传刺激消费者的欲望，且不断开发与这种欲望相配的新产品，也是了不起的创新。

总之，资本主义社会里的新产品中，有许多只是为了追求利润才出现的，不具有实际意义。但这并非新商品的社会性的问题。创新的最后一个内容是新组织化的实现。

创新犹如生物的生死，有的将半途夭折，有的将持续很久。但无论如何，它不可能永远存在下去。

任何具体的发展都是其以前的发展的延续。但是，为了充分考察事物的本质，我们姑且不考虑以前的发展，而假设一个发展是起始于某种静止状态的。这样，熊彼特所描述的静态经济就可以与"动物有机体的血液循环相比较"。即：由生产者和消费者所构成的国民经济中，经济生活年复一年地在同一轨道上循环，看不出有丝毫发生变化的征兆。

6

经济发展意味着经济体系内部发生非连续的、激烈的变化。换个角度说，它就是经济循环轨道的变换。这种变换必须是从经济体系内部自发地发生，并伴随着非连续性的变化。因此，经济发展理论便是关于循环轨道在限定意义上变动的理论，是处于一定状态的静态均衡的重心向另一个均衡重心移动的转换理论。因此就知，动态论以及发展论并非关于循环本身理论，也非经济不断适应连续转动的均衡中心的理论，更不能说它是关于由这些变动所带来的影响的理论。它意味着在经济体系内部纯粹用经济性变化使历来的生产函数发生变化。

熊彼特的经济发展和经济波动的原动力是创新。这种创新有时比妊娠期长，有时不那么长。由于某一创新而出现的长期波动处于繁荣局面时，更小的波动便容易进入上升气流，相反则进入停滞局面。也就是说，长期波动相对于其他两个循环，是一种必要的条件。但是，不一定任何时候各种循环都显现出这种明确的倾向。作为部分现象，短期波动的繁荣局面也许有利于缓解长期波动的萧条。循环相互影响，或增强或降低效果。如果只是单一循环，经济波动的过程便会很清晰，由复合循环形成的现实过程常常出乎研究者的预料正缘于此。

7

技术革新打破了收益递减的规律。必须注意的是，与完全竞争一样，完全垄断也是非现实的。资本主义的现象是少数人进行竞争，它形成了使创新不断出现的最大的基因。

可以说，熊彼特是在观察了资本主义的过程之后，通过引入静态和动态这一概念，才使上述也可以说是反论式的观点得以成立。

科学和技术的进步经常打破自然的制约。

熊彼特把经济学作为科学的观点，是与其对于科学或知识本身的独特的关心密切相关的。即熊彼特完全明白，在学术领域，任何收获都不是最终的，所有果实的命运都是腐烂，而且果实中的新种子的命运亦是如此。这种看法极具熊彼特特色。

既是理论上的探讨，也是历史发展过程的概述。……"创新理论"就是熊彼特"经济发展理论"的核心。

熊彼特从"动态"和"发展"的观点分析了"创新"和资本主义。他在这里通过引进"企业家"和"创新"而导出了资本主义。

按照熊彼特的观点，所谓"创新"，就是"建立一种新的生产函数，也就是说，把一种从来没有过的关于生产要素和生产条件的"新组合"引入生产体系。在熊彼特看来，作为资本主义"灵魂"的"企业家"的职能就是实现"创新"，引进"新组合"。所谓"经济发展"也就是指整个资本主义社会不断地实现这种"新组合"而言的。

8

熊彼特所说的"创新"、"新组合"或"经济发展"，包括以下五种情况：
（1）引进新产品；（2）引用新技术，即新的生产方法；（3）开辟新市场；（4）控制原材料的新供应来源；（5）实现企业的新组织。

第一种是经济"长周期"，或称"长波"，又称"康德拉季耶夫周期"，由俄国经济学家尼古拉·D·康德拉季耶夫于1926年首先提出，所以以他的名字命名。每一个周期历时50年或略长一点。在这里，熊彼特沿袭了康德拉季耶夫的说法，把近百余年来资本主义的经济发展过程进一步分为三个"长波"，而且用"创新理论"作为基础，以各个时期的主要技术发明和它们的应用，以及生产技术的突出发展，作为各个"长波"的标志。

第二种周期就是通常所说的平均大约9年到10年的资本主义经济周期，又称"尤格拉周期"，由法国的克莱门·尤格拉于1860年提出。在三种周期中，这一种是提出最早的。

第三种是平均大约40个月后（将近三年半）的所谓"短周期"或"短波"，又称"基钦周期"，由美国的约瑟夫·基钦于1923年提出。

一个"长波"大约包括有六个"中程周期"，而每一个中程周期大约包含有三个"短波"。

9

熊彼特的"经济发展理论"有几个大的特点：

第一，认为没有"创新"，就没有资本主义，既没有资本主义的产生，更没有资本主义的发展。

第二，在分析中熊彼特极力强调"变动"和"发展"的观点，强调并采用了历史的方法；同时认为"创新"是一个"内在的因素"。"经济发展"也是"来自内部自身创造性"的一种变动，从而又强调了社会经济制度"内在因素"的作用。这在西方经济学的传统中，是不多见的。

第三，熊彼特还非常强调和重视"企业家"在资本主义经济发展过程中的独特作用，把"企业家"看作是资本主义的"灵魂"，是"创新"、生产要素"新组合"以及"经济发展"的主要组织者和推动者。

熊彼特的《经济发展理论》，可以说是西方经济学界第一本用"创新"理论来解释和阐述资本主义的生产和发展的专著。当然，就全世界整个经济学界而言，只有马克思的《资本论》，才是最早用历史唯物主义的科学观点，剖析和阐明资本主义的产生、发展和趋于灭亡规律的巨著。1942 年，美国保罗·斯威齐的《资本主义发展的理论》一书出版，这是西方经济学界进步学者试图运用马克思主义观点，比较系统地研究马克思有关资本主义经济发展理论的少数著作之一。

10

我们的科学，和其他任何事物一样，不能丢掉我们称之为"理论"的所谓精炼的常识，它提供我们以考察事实和实际问题的工具。不管新的成堆的未经分析的事实，特别是统计上的事实，对我们的理论工具的关系是如何重要——毫无疑问，日益增添的事实材料的宝藏必定不断地启示新的理论模式，从而广泛地和默然地改进任何现有的理论机构——在任何给定的阶段，具有一些理论知识则是处理新的事物，也就是处理尚未体现在现有理论中的事实的一个先决条件。如果这些知识是粗浅的和下意识的，那么它可说是一种坏的理论，但仍然不失为一种理论。

文字的各种联系会导致我们走入歧途，朝着各种毫不足取的方向。与先验的先人之见……密切相联的，是对历史的"意义"的各种探索。认为一个国家，一种文化，甚至整个人类，一定会表现出一种一致的、直线式的发展的假设也是如此；甚至像罗雪尔这种具有务实精神的人也作出这种假设，无数的哲学家和历史理论家，从维科到兰普雷希特一长串才华横溢的人物，过去认为而且现在还认为，这是理所当然的。

11

社会发展的概念，是由这两种情况连同其他的事实来限定的：每当我们不能从以前的事态来充分说明一个给定的历史事态时，我们的确认识到有一个没有解决的然而又不是不可解决的问题的存在。

经济发展至今只不过是经济史的对象，而经济史又只是通史的一部分，只

是为了说明而把它从其余的部分分离出来的。由于事情的经济方面对于每一种
其他的事情的这种根本依存性，所以不能单用以前的经济的情况去解释经济的
变化。因为一国人民的经济状态并不单是从以前的经济情况中产生的，而只是
从以前的全部形势中产生出来的。

经济世界是比较独立的，因为它在一国人民的生活中占据如此重大的地
位，并形成或决定其余生活的一大部分；就像关于基督教反改革运动对意大利
和西班牙的绘画的影响的描述总归是艺术史一样，关于经济过程的描述也总归
是经济史，即使在那里，真正的原因大部分是非经济的。

凡是历史事实的联系非常复杂以致必须引用超出一般人的分析能力的解
释方法的地方，思想路线就采取那种分析工具所提供的形式。可是，凡是在问
题只是使发展或发展的历史结果成为可以理解的，只是找出能说明一种形势或
决定一个问题的要素时，传统意义的经济理论就几乎不能作出什么贡献了。

12

我们所指的"发展"只是经济生活中并非从外部强加于它的，而是从内部
自行发生的变化。

经济发展不是可以从经济方面来加以解释的现象；而经济——在其本身中
没有发展——是被周围世界中的变化在拖着走；为此，发展的原因，从而它的
解释，必须在经济理论所描述的一类事实之外去寻找。

我们所意指的发展是一种特殊的现象，同我们在循环流转中或走向均衡的
趋势中可能观察到的完全不同。它是流转渠道中的自发的和间断的变化，是对
均衡的干扰，它永远在改变和代替以前存在的均衡状态。我们的发展理论，只
不过是对这种现象和伴随它的过程的论述。

生产意味着把我们所能支配的原材料和力量组合起来。生产其他的东西，
或者用不同的方法生产相同的东西，意味着以不同的方式把这些原材料和力量
组合起来。我们所说的发展，可以定义为执行新的组合。

13

发展概念包括下列五种情况：（1）采用一种新的产品——也就是消费者还不熟悉的产品——或一种产品的一种新的特征。（2）采用一种新的生产方法，也就是在有关的制造部门中尚未通过经验鉴定的方法，这种新的方法决不需要建立在科学上新的发现基础之上；并且，也可以存在于商业上处理一种产品的新的方式之中。（3）开辟一个新的市场，也就是有关国家的某一制造部门以前不曾进入的市场，不管这个市场以前是否存在过。（4）掠取或控制原材料或半制成品的一种新的供应来源，也不问这种来源是已经存在的，还是第一次创造出来的。（5）实现任何一种工业的新的组织，比如造成一种垄断地位（例如通过"托拉斯化"），或打破一种垄断地位。

发展主要在于用不同的方式去使用现有的资源，利用这些资源去做新的事情，而不问这些资源的增加与否。……不同的使用方法，而不是储蓄和可用劳动数量的增加，在过去50年中已经改变了经济世界的面貌。特别是人口的增加，还有储蓄由以产生的来源的增加，这首先是通过对当时存在的生产手段的不同使用，才得以大部分成为可能的。

14

即使客观上的困难并不存在，也还是感到不愿意。科学史对于下面这一事实是一个巨大的证明，那就是，我们感到极其难于接受一个新的科学观点或方法。思想一而再、再而三地回到习惯的轨迹，尽管它已经变得不合适，而更适合的创新本身也并没有呈现什么特殊的困难。固定的思维习惯的性质本身，以及这些习惯的节约能力的作用，是建立在下面这个事实之上的，那就是，这些习惯已经变成了下意识的，它们自动地提供它们的结果，是不怕或不受批评的，甚至是不怕或不在乎个别事实与之发生的矛盾的。

即使在衣着和礼貌这些事情上偏离社会习惯的行为，也会引起反对；何况在更严重的事情上，自然更是如此。这种反对在文化的原始阶段更为强烈，但它决不会完全消失。谴责的表现可以立即带来引人注目的后果。它甚至可能造成社会的排斥，最后造成人身上的阻止和直接攻击。

在经济事务中，这种抵制首先是在受到创新威胁的各个集团中表现出来，其次是在难于找到必要的合作上表现出来，最后是在难于赢得消费者上表现出来。

15

领导是一种特殊的职能，与只是等级上的差别有所不同，它将会存在于每一种社会实体中，不论是最小的或是最大的，它的出现一般是同社会实体结合在一起的。

只有在新的可能性表现出来时，领导的特殊问题方才产生，领袖型的人物方才出现。领袖们完成他们的职能，更多的是用意志而不是用才智，更多的是用"权威"、"个人的声望"等等，而不是用创始的思想。

所谓经济发展，就其本质而言，在于对现存劳力及土地的服务以不同的方式加以利用；这一基本概念使我们得以声称：实现新的组合，是靠从原先的利用方式中把劳力及土地的服务抽调出来才得以成功的。

创新所面临的障碍会随着社会逐渐习惯于这种创新的出现而变小，特别是，创办新企业的困难也会随着与国外市场、信贷形式等等联系的建立而变小，因为这些联系一旦创造，追随于先驱之后的那些人也会受益。因此，已经成功地创办起新的企业的人数越多，作为一个企业家所遇到困难就越小。

发展的每一个具体阶段，都是在继承先前阶段的基础上开始的。购买力的蓄水池可能已经由前资本主义交换经济所创造的某些要素所形成，因而在经济体系中，总会有较大的或较小数量的购买力，可供新企业永久地或在一定时间内支配。

16

为什么我们意指的经济发展，不是像一棵树的生长那样均匀地向前发展，而是跳跃式地向前发展？为什么它呈现出那种特有的上升与下降呢？

回答不可能简短，也不可能是足够精确的：这完全是因为新的组合，不是像人们依据一般的概率原理所期望的那样，从时间上均匀分布的——按照这样一种方式，让人们能够选择等距离的时间间隔，在每一个间隔里可以安置实现一个新的组合——而是，如果一旦出现，那就会成组或成群地连续地出现。

即使没有人做过任何从他自己的观点出发都不可能认为是"虚假的"工作；即使不存在技术的或商业的"差错"，或"投机狂热"，或毫无根据的乐观和悲观；即使每个人都赋有广阔的先见之明，但仍然会存在周期运动——尽管采取比较温和的方式。如同我们将要看到的，繁荣所必然创造的客观情况，将独一无二地解释这个事物的性质。

强大的竞争力量和其他经济部门中出现的全球化力量所产生的影响推动了高科技部门的增长和创新以及经济中资本深化的程度。对最佳实践的需求、对创新的需求、对提高生产率的需求以及扩大服务范围的竞争性压力，都受一种具有极高竞争力的全球化经济所推动，其中大部分的需求都发生在服务部门，而且它随后又推动了高科技经济中的创新。

17

鼓励更多的科学和工程教育的基本思想就是要提高对创新行为的投入供给。由于创新的社会回报要高于创新的私人回报，所以，市场就不太会鼓励很多人去接受科学和工程教育，而这些教育却是尖端发明所必需的。如果社会想要得到更多的创新，它就必须培养出更多的创新者。

总的来说，美国在 20 世纪一直处在技术前沿是恰当的，而且这个国家已经因此而获得了巨大的回报：生产力水平，从而生活水平不断提高，到第二次世界大战结束时，美国的这两项指标在世界上名列前茅。

缓慢增长能够在几代人之间把一个国家由相对富有推向相对贫穷。

生产率的增长率降低意味着（人均）生活水平增长率降低。

经济学家们已经出于不同的原因研究了经济增长的源泉。一个原因是历史原因。另一个原因旨在理解不同的国家为什么有不同的增长率。第三个原因是为了帮助制定促进经济增长的政策。经济学家们发现，有四个引起生产率提高的主要原因：资本品积累（投资）的增加，劳动力质量提高，资源配置效率的改善和技术变革。

18

从事农业的 3% 的人口所生产的农产品足够美国人消费而且有余。这种生产率提高的主要原因是美国农业的机械化。拖拉机、联合收割机和其他设备使美国农民今天工作一小时相当于他们在 50 年或 75 年前工作一周。

当人均产出随着人均资本品的增加而增加时，报酬递减律也发生作用。资本的连续增加带来人均产出的增加越来越小。

在 1870 年，50% 的劳动力用于农业。而到 1960 年，也仍有大约 10% 的劳动力从事农业；今天这个比重不到那时的 1/3。

这些技术进步体现在产品的更高质量上、生产产品的更好的方法上和组织生产的更好的方式上。

生产率增长的这四个源泉是相互关联的。有关喷气式发动机的思想不会提高生产率，除非新的喷气式发动机实实在在地被生产出来。新思想不会凭空产生，它需要研究人员、工程师和优秀的管理人员。这反过来又需要高水平的人力资本。

19

尽管这四个因素全都重要并且相互联系在一起，经济学家们还是试图测量出它们的相对重要性。在这个领域中的经典的研究是由麻省理工学院的罗伯特·索洛做出的，他由于在增长理论上的贡献而获得诺贝尔经济学奖。根据他的估算，生产率提高中的大约 1/8 归功于资本供给的增加。经济增长的其余部分归因于其他三个因素。布鲁金斯学会的爱德华·丹尼森得出的结论是：尽管人力资本是重要的，但技术变革起着支配性的作用。

没有相当数量的资本品积累，任何一个国家都不可能从欠发达状态迈向发达状态，那些不能保持其人均资本品现有水平的国家的生产率会下降。因此，人口快速增长的那些国家必须进行大量投资，以便为新进入劳动力队伍中的人提供维持他们的生产率所必需的机器设备。

采用新技术也需要投资。没有高投资率，美国工业将会在技术上落后。

更高的投资率（即投资在国民产出中所占的比率）并不能永远保证经济有更高的增长率，尽管它能带来人均收入水平的持续增加。投资率提高可以给经济提供短期刺激。

20

没有发生报酬递减的原因是技术变革抵消了报酬递减的作用而且有余。随着投资率提高，技术进步率提高，这不纯粹是偶然的。事实上，在投资和技术进步之间存在双向联系。技术变化率提高使投资增加，因为新技术提供了更好的投资机会；同时，投资率提高为机器制造提供更大的刺激，从而开发出新的先进的机器。由于经济社会的投资增多，生产函数的上移足以抵消报酬递减规律的作用。

对于开放经济来说储蓄和投资之间也存在密切联系。

近些年居民储蓄率低并且下降可以根据储蓄动机和近几十年来美国经济的变化来加以解释。

多数经济学家认为，在美国储蓄率下降问题上，个人观念和价值观的变化比经济状况和体制的变化更加重要。有时被称作"我"的那一代人想及时行乐；他们延期消费的愿望很淡漠。一些像马克斯·韦伯那样的著名作家在讨论 19 世纪资本主义上升时期时，都非常强调储蓄和"职业道德"的重要性，尽管这些价值观是和某些宗教信仰密切结合在一起的。也许近几十年宗教信仰的淡化引起这些价值观的相应淡化。

21

储蓄不但包括新投资，而且包括"未实现的"资本增值。

税法的频繁更改，利率的大起大落以及汇率的暴涨暴跌，这一切都强化了关于商业不确定性的意识。

经济学家们的意见分歧在于究竟哪一种规章制度可以取消或简化而又对这些规章制度本来所要达到的目标没有严重的损害。多数经济学家们认为一些规章不过是以巨额成本换来充其量不过是很小的收益。

宽松的货币政策（降低利率）可以鼓励投资。为要抵消这类政策所产生的通货膨胀压力，政府可能需要采用紧缩性的财政政策，它不得不限制政府开支和提高居民税收。但在事实上，在20世纪80年代，政府推行的是恰好相反的政策搭配：紧的货币政策和大量政府赤字相配合。只是由于国外资金的大量流入才使这种政策搭配没有对美国投资造成灾难性的后果。

生产率增长的第二个源泉是劳动力质量。

22

处于技术变革前沿的经济需要训练有素的工程师和科学家来发现和实现创新。

美国已经从农业经济逐渐发展为工业经济再发展为服务经济。

生产率增长这一最后源泉可能是最重要的。今天的经济不同于这个世纪之初的经济的主要方面之一是在现代经济中变革成为常规：它创造了一个系统的过程，在这一过程中知识被获得，被转化应用，并被加以利用。

把经济维持在产出和就业高水平上的宏观经济政策是政府推动增长的一种重要方法。

自20世纪60-80年代，当日本的科学家和工程师致力于生产质量更好的消费品时，美国的科学家和工程师中大得不成比例的一部分却献身于生产质量更好的炸弹、导弹和其他武器。

基础理论被认为是最根本的知识基础。

23

看来每一个 10 年都有一个特殊的经济主题。例如，20 世纪 60 年代的主要经济现象一般认为是约翰逊总统推行"大炮加黄油"的经济政策，对越南作战和在美国与贫困宣战同时进行。其结果通货膨胀涌现出来。

如果政府把这笔钱花在或投资于没有效益的项目上，其结果将会减少经济中的人力资本和物质资本，这又意味着未来的产出和工资将低于他们本应达到的水平。

政府可以通过向国外直接借款来直接地增加外债，或者也可以通过吸收现有的国内储蓄，以至于美国人不再有钱来投资于美国的企业，使外国资金来填补这个空档，从而间接增加外债。

国家花钱超出其财力的后果与一个家庭花钱超出其财力的后果完全一样：最终都必须为消费奢靡付出代价。以国家消费奢靡而论，不得不付出这种代价的正是后代人。

如果没有对市场经济的承诺，就没有多少企业家会涌现出来，私人经济也不会得到多大发展。

24

像美国这样一个在世界上较为富有的国家，"发展中"的字眼通常用于农村地区，或房屋破旧、生意萧条的城市。某些发展中国家的生活与美国之间的差距明显超过美国的今天与它在两个世纪以前的差距。

发展中国家为经济学提出了某些极为棘手的问题。对这些问题没有简单的答案，也不存在可供遵循的能够保证成功解决这些问题的简单公式。

在美国和西欧那些富有的国家中，农业一直占国内生产总值的 5% 或更少。在贫穷的国家中，农业通常要占国民生产总值的 40% 或更多。

交谷租税制降低了租户的劳动积极性。

在这些经济中，城市和农村存在明显的差异，这种不平衡的经济被称为二元经济。

曾到过发展中国家的人并没有看到美丽的风景；他们看到的只是农村的贫穷和城市的肮脏。尽管在城市部门就业的工人的平均收入可能很高，但是参观者还是很自然地会注意到，无家可归的人们露宿街头、布满新移民用硬纸板搭成的住房和露天臭水沟的棚户区，以及衣衫褴褛沿街乞讨的儿童。人们很难不想到要为此做点什么事情。但是，为了知道做什么，我们必须了解这些国家陷入这种困境的原因。

25

本质问题可以简单地表述为：发展中国家经济的制度和结构不利于增长。

美国不像主要的欧洲国家那样慈善，援助额占国民收入的百分比很小，其中还有许多项目与防务目的相联系。

只有在贷款所产生的收益大于接受国必须支付利息的条件下，从世界银行或其他地方得到的贷款才能提高这些国家的生活水平。许多发展中国家已经面临金融危机，因为它们发现，仅偿还所需要的利息就越来越困难，更不用说偿还本金了。

外国投资也使得现代技术和专有技术的引进更为便利。

一个国家相对于人口规模拥有的资本数量越多，每台机器的产出就越低，而且资本的边际收益也就越低。

在任意时刻，一个国家只有有限的能力吸收更多的资本。这些国家缺少同时实施多个项目所需要的人力资本、经验和专有技术能力。在最贫穷的国家中，吸收资本的能力最有限。当投资规模被推进到超过这种吸收能力时，这些投资只产生非常低的收益。

而且政府经常投资于不能体现经济有相对优势的企业。

26

家庭人口仍然很多。一个原因是缺乏信息。另一个原因是经济方面的：在没有社会保障的农业社会，孩子既是劳动力的来源，又是老年人的依靠。而在发达国家中，孩子更多地成为一种经济责任而不是一种资产。

工业化国家能够向这些国家提供援助最有效的方式之一是对这些国家的家庭计划生育项目提供资助。

帮助发展中国家的另一种途径是向它们的居民提供教育。许多发展中国家都沿用了过去殖民时期的教育体系。学生能够背出一连串英国国王和王后的名字，但却不具备现代工业化社会所需要的职业技能。文化态度和价值取向可能使这一问题更为严重；学生们可能渴望成为政府官员而不是一名工程师或一名企业家（尽管在许多情况下，政府部门的高薪以及就业保障也为学生们的这种渴求提供了一个简单的经济动机）。

瑞士是一个以有限的自然资源与人力和物质资本相结合发展起来的国家。

市场失灵在发展中国家中更为普遍。

27

失业是极端贫穷的主要原因。在1954年对发展过程所进行的经典研究中，诺贝尔奖获得者阿瑟·刘易斯强调劳动的这种现存供给对经济发展所起到的重要作用，并称之为剩余劳动。

经济学家有时把一项资源的真实社会价值或成本称为该资源的影子价格。

企业家可以被看作是这样一些个人，他们有能力和动机发现新的为市场提供其所需要产品的途径，并且经营新企业来供给这些产品。

不幸的是，这些富豪们拥有的财富虽然很多，但即使把他们所有的财富全部没收并用于投资，对解决这些国家面临的问题也只是杯水车薪。

悬殊不平等最有可能阻碍发展的方式大概莫过于它对政治过程所产生的影响：不平等经常引起政治不稳定，而政治不稳定对经济环境产生极其有害的作用。在这样一种环境下，国内和国外厂商都不愿意进行投资。

28

赞成中央计划的主要理由之一是，它大概有更大的协调能力。但是，过去1/4世纪的经验表明，中央计划部门在协调方面一般做得并不好。一个原因是，它们通常并不具备所需要的信息。另一个原因是，厂商比政府机构更容易处理投资项目的细节——决定建造哪一类型的工厂、如何建造、确定建造这一工厂的有效方式等等，而在决定这些项目的成败上，恰恰是这些细节比其他任何因素都更为重要。

有时，政府实际上对发展进程起到阻碍作用。当政府将其直接控制的资源进行无效配置或通过对市场进行干预而使得这些市场不能有效地配置资源时，它就起到了这样的作用。

如果政府有权力授予特殊的利益，那么，人们就会为自己去寻求这种利益。

在最近几年，经济学家把基础设施的概念扩展到包含法律制度在内，尤其是能够贯彻执行的产权制度。

那些注意到政府对发展起阻碍作用的经济学家认为，最好的政策是停止干预：没有政府干预，市场将大力推动发展。

政府应该鼓励本国具有相对优势的那些产品的生产和出口。这一发展战略被称为出口导向型增长。

29

作为日本和韩国成功发展规划的一部分，政府提供出口补贴和为出口部门扩大所必需的信贷。日本的发展努力得到通产省强有力的刺激和协调。在不到20年的时间里，日本把自己的形象由一个便宜的低质量产品生产者变成了高质量和高技术产品的制造者，这些产品包括照相机、汽车和电子设备。

世界市场并不只是受价格支配，它也受到长期以来形成的贸易模式的影响。

出口导向型增长有可能使许多发展中国家经济中的二元结构永久化，在这种结构中，经济的某些部分相当先进，而另外一些部分却停留在很低的发展水平。出口导向型增长战略有可能使得一些与经济的其他部分只具有松散联系的孤立小块区域得到发展。这对于香港、台湾和新加坡这样的小岛可能不成问题，但对于更大的发展中经济来说这就是个问题了。

30

与上述发展战略相对的是进口替代，它强调通过以国内的产品替代以前进口的产品来发展国内市场。

不过，进口替代战略具有自身的缺陷。为了保护国内厂商而设立的贸易壁垒可能最终保护了那些缺乏效率的生产者。缺少来自国外的竞争意味着对于革新和提高效率缺乏足够的刺激。经常性贸易壁垒而产生的利润成为政府腐败的一个来源。并且，一旦贸易壁垒被引进，它们会被维持很多年。

当前的相对优势并不是设计发展战略适当的基础。在现代经济中，动态的相对优势是重要的，它主要不是基于目前的资源禀赋，而是基于获得的技能。

经济增长的最简单定义是以国内生产总值表示的"一国生产的商品和劳务总量的增加"。

扩张阶段开始时，产量的增加通常是利用过剩生产能力的结果。

由于一个国家生产能力基本上决定于它的生产要素的数量和质量以及它所达到的技术水平，因此，经济增长包括扩大和改进决定生产能力的诸要素的过程在内。

最早研究经济增长理论的是哈罗德和多马。

31

不少西方经济学家认为凯恩斯的理论还存在着缺陷。首先，凯恩斯的理论是假定在人口数量不变、资本数量不变和技术条件不变等前提条件下建立起来的。从长期看，这些因素都会变动，因此，他们认为凯恩斯的分析方法是短期的分析方法，不够完善。其次，凯恩斯理论的中心论点是一国的就业量（和收入）决定于有效需求的高低，而有效需求的高低则决定于消费量的大小和投资的多寡。由于人们消费习惯在短期内不会有太大的改变，一国的消费水平在短期内也就比较稳定，因此消费品生产部门的就业量不会有大的变动。就业量的增加主要决定于投资品部门的扩大，即主要决定于投资量的大小。如果劳动生产率一定，一经确定就业量，就能够估算出总产量。如果价格水平也是一定的，确定了总产量也就能估算出总产值。如果企业生产出来的商品都已销售出去，总产值也就成为企业的总收益。总收益以工资、利润、利息和地租的方式在工人、资本家、地主、企业家才能等诸要素之间进行分配时，总收益也就转化为一国的总收入。

32

西方经济学家认为这种分析方法是比较静态的，缺乏时间上的连续性。

经济增长意味着生产能力的扩大，以及一个社会的结构、体制和意识形态的相应调整而实现的。

西方各国政府经常采取入不敷出的赤字财政政策，刺激经济的发展，人为地加速经济增长。虽然各国工农业生产都有不同程度的增长，但由于长期实施赤字财政政策，非但没有解决就业问题，反而引起越来越严重的通货膨胀，造成"滞胀"的困难局面。

经济增长引起的其他方面的不良后果，在上世纪 60 年代末期已经变得明显起来，即随着工农业生产的发展，三废严重的地区，环境受到污染，大量野生生物死亡，生态失去平衡，居民遭受公害病症的困扰，消耗了大量的不能再生的矿产，消费了资源，造成这些物资的短缺。曾经一度是正面意义的"增长"一词，似乎突然增加了阴暗的，使人烦恼的涵义，长期地发展下去，资本主义世界必将进入堕落和崩溃的困境。

33

哈罗德的增长模型，就是要确定前一期的收入增长率，究竟高到何种程度才能使本期的储蓄全部转化为投资。因此，哈罗德的增长理论是建立在加速原理的基础上。

收入的增加，通过加速原理从而进一步刺激生产资料的需求和生产。

哈罗德的合意的增长率被认为是充分利用生产能力的增长率，它涉及的是实现产量的增量所需要的资本增量，未涉及到凯恩斯主义的中心议题就业问题。自然增长率就是人口增长和技术改进情况下所允许的增长率。

"黄金时代"对生产者来说是一个理想的状态，既能保证固定资本充分利用，又能保证全部有劳动能力的工人就业，以获取最大的净利润。

经济稳定增长的条件是什么？对于这个问题，哈罗德强调的是上一期的收入水平的变化对本期投资的影响，而多马强调的是当本期的储蓄完全转化为投资支出时，本期的这项投资支出对于下一期的生产能力的影响。

34

按照多马的说法，投资具有两重性，它一方面扩大了收入也就是扩大了总需求，另一方面产生了新的生产能力，也就是扩大了总供给。这项新的生产能力只有在下一时期中能够得到充分利用的情况下，生产者才愿意投资。下一时期的总需求必须等于包括新的生产能力的供给，经济才能继续均衡地发展。

问题在于这新增加的生产能力如何才能加以全部利用。多马认为，只有提高总需求，才能使增加的生产能力加以利用。决定总需求的因素有两个，一是消费，一是投资。其中投资是关键因素。要提高总需求必须扩大投资，而投资提高总需求是通过乘数作用进行的。

他们都认为，发达的资本主义国家经济增长过程中的中心问题，是预计的投资如何能够不断地和增长着的预计的储蓄量相等。他们都想从不同的角度来解决这个问题。西方经济学家认为，多马强调的是今天的净投资对于明天的生产能力（或称生产潜力）的影响。

投资用来增加资本与劳动力比例的，这被称之为"资本的深度化"。而资本按给定的资本与劳动力比例来装备劳动力的增量称之为"资本的广度"。

35

当实际增长率不管出于何种原因背离了自然增长率，通过市场机制的作用，调整生产中劳动与资本的配合比例，经济增长率有趋向于和自然增长率相一致的必然趋势。所以，从长期来看有着实现充分就业的稳定均衡增长的必然趋势。

剑桥学派经济增长模型把社会成员分为利润收入者和工资收入者两大阶级。

在充分就业的情况下，增加投资支出，首先就会提高物价水平，而货币工资不能按比例增加，因此增大了利润，也就是增加了利润收入者的收入。

按照发明对于资本边际生产力和劳动边际生产力的影响，把技术进步分为"节约资本"、"中性"和"节约劳动"三种类型。凡是提高资本边际生产力对劳动边际生产力比率的技术进步是节约劳动的技术进步，降低资本边际生产力对劳动边际生产力比率的技术进步是节约资本的技术进步，使资本边际生产力对劳动边际生产力比率保持不变的技术进步是中性的。

技术进步对经济增长所做的贡献远远超过资本积累所做的贡献。

36

经济增长比较完全的定义：一个国家的经济增长，可以定义为"不断扩大地供应它的人民所需的各种各样的经济商品的生产能力有着长期的提高，而生产能力的提高是建筑在先进技术之上，并且进行先进技术所需要的制度上和意识形态上的调整"。西蒙·库兹涅茨认为这个定义的三个组成部分都是重要的。持续扩大商品的供应是经济增长的结果，这种丰裕情况应该是由于应用各种先进的现代化技术实现的；然而先进技术只是潜在和必要的条件，而不是充分条件；若保证先进技术充分发挥作用，必须有相应的制度和意识形态的调整。

发达的资本主义国家在其经济增长过程中，呈现出六方面的特点。第一，按人口平均的产量增长率和人口增长率都是高的。第二，生产率本身增长的程度也很高。据他计算，按人口平均产量的增长一半以上是由于生产率的提高，也就是说，技术进步对于过去产量的增长起着很大的作用。第三，经济中的结构转变率高。从部门来看，是从农业活动转向于非农业活动，现在又从工业活动转移到服务性行业。从生产单位的平均规模来看，是从家庭企业或独资企业发展到全国性、甚至跨国性的大企业。从劳动力在农业和非农业生产部门之间的分配来看，在美国是迅速的结构变化。第四，与经济增长密切相连而至关重要的社会结构发生了迅速的改变。第五，由于技术进步，特别是交通运输的进步（包括和平的和军事的），产生了走向世界其他地方的倾向，使得世界成为一体，使得先进的资本主义国家在 19 世纪加速建立对殖民地的政治控制，瓜分还没有瓜分到的非洲大陆。第六，现代经济增长的范围是受限制的。世界人口中，3/4 的人口生活在远远落后于现代技术潜力所能提供的最低水平。

37

投入量包括劳动、资本和土地三个生产要素在内。

资源配置的合理化及其适应经济变化的速度，技术革新的扩散程度，生产规模的变动，人力资源和自然资源的固有质量等都是影响生产率的长期因素。

美国经济学家丹尼森认为，对长期增长发生作用并能影响增长率变动的经济增长因素主要有七类。有四类属于要素投入量，即就业人数和他的年龄—性别构成；包括非全日工作的工人在内的工时数；就业人员的教育年限；资本存量的大小。还有三类属于全部要素生产率范畴，即：资源配置，主要是指低效率使用的劳动力比重的减少；规模的节约，以市场的扩大来衡量；知识进展和它在生产上的应用。

丹尼森认为，在非住宅性企业领域内有两类资本投入量：一类是存货投入量，包括原料、在制品、成品、零件、谷物和牲畜等，其价值每年以期初、期末平均数表示；另一类是非住宅性建筑和设备，其价值分别计算总值和净值。

地区的开发是由于交通条件的建立，深层矿藏的开发是因为采用了新技术。这些变化是能够再生产的资本投资的增加和技术进步的结果，而不是土地使用量的增加。耕地的现在自然属性，同三五十年前一样。因此，美国过去的国民总产值的增长，没有任何部分是由于土地的质或量的变化而带来的。

38

在国民收入中，劳动得到工资等收入，资本得到利润，土地得到地租。

决定要素投入量的产出量变化，主要有资源再配置、规模节约等增值因素。因此，讨论单位投入量的产出量，就要把单位投入量的产出量的变化分配到有关的增长因素上去。

丹尼森所说的资源再配置，是指两种人力资源配置的改善。一种是配置到农业上的过多劳动力从农业中转移到工业中去；另一种是非农业性的独立经营者和在那些本小利微的小企业中参加劳动但不领取报酬的业主家属，从该企业中转移到其他企业中去，充任工资劳动者。

一个经济体系的增长意味着企业提供最终产品的市场规模的扩大；交通运输不是把商品和劳务运送给消费者，就是把消费者运送到提供商品和劳务的地方。丹尼森还认为，市场的扩大就有机会提高行业之间、企业之间以及它们内部的专业化程度，就有机会扩大企业规模，而不损伤能够促使效率提高的竞争压力，有可能加长个别产品的生产过程，有可能使包括批发和零售在内的几乎所有行业，能够在销售和运输方面进行更大的交易。

39

单位投入量的产出量持续增长的最大的一个因素和最基本的原因是知识进展。因为当知识合于生产发展的要求时，从定量的资源中所得到的产量必然增加。所以，知识进展能使同样劳动、资本和土地投入量生产更多产品，或者说，生产同量产品只需要更少投入量。

必须了解知识进展是综合性的。它包括技术知识、管理知识的进展和由于采用新的知识而产生的结构和设备的更有效的设计在内，还包括从国内和国外有组织的研究、个别研究人员和发明家，或者简单的观察和经验中得来的知识。

技术进步对经济增长的贡献是明显的，但是只把生产率的增长看成是大部分是采用新技术知识的结果则是错误的，因为管理知识也是非常重要的。管理知识就是广义的管理技术和有关企业组织的知识。丹尼森认为，管理和组织技术以及建筑设计方面"戏剧性的进展"是有目共睹的，很难找到一些技术革新对生产的影响超过了零件互换、装配线、测时和动作研究等对生产所引起的影响。管理和组织方面新近的进展降低了存货的储备量，而建筑设计的根本性变化使得物资在厂房内容易流动，办公楼内提供了更多的使用面积。其他像工作日程表，人事管理，对潜在市场的估计和进入的方法，以及整个企业组织领域和企业管理结构的改善都属于组织知识的进展，这些进展的效果在于降低了生产成本。

40

增长率的增加主要应归因于资本和知识进展的提高。知识进展速度的加快是和 1948—1969 年间科技的迅速发展紧密相联的。规模节约的重要性仅次于资本和知识进展。在后一阶段，规模节约贡献的提高是美国国内和国际市场容量扩大的结果。市场容量的迅速扩大，归根结底又是资本和知识进展贡献提高的结果。

知识进展是最重要的增长因素。

但是，如果把教育因素加到劳动投入量中去，那么劳动这个项目就成为最重要的增长因素。尤其在 1929—1948 年间，它几乎占了总平均增长率的一半，其次才是知识进展，然后依次是资本投入量、规模节约和资源配置的改善。丹尼森特别强调知识进展的重要性。他认为，整个战后年代，由于知识进展而提高的年增长率稳定在 1.2% 的水平上。

"知识进展是长期的真实的生产率提高的基本因素。"

41

丹尼森对美国历史上经济增长因素做了量的分析以后，总结了他认为促进美国经济增长的途径。他认为，要促进增长，就必须"工作得更多，更勤奋；消费得少一些，对真实资本、科学研究和教育技能的提高的投资要更多一些，为鼓励智力活动，发展科学技术和管理上的新概念；以及发展技术革新提供一个环境；排除使用已有的最有效的实验的障碍；用最有效率最有成果的方式分配我们的资源。"他认为，反之，要促退美国经济增长就应该"损害对工作和改进技能的鼓励，消费我们的资本，窒息智力方面的好奇心，或者把它引到没有实际应用的可能性的领域中；找出阻碍（物资、人员的）流动和产出低效率的生产方法。"

丹尼森申明他是主张促进经济增长的，并提出了三个看法：第一，政府要着重管教育，此外重要的是为私人资本提供一个"有利的经济气候"，也就是说增长的目的是让厂商获得最大利润。第二，促进长期经济增长要付出代价，这就要求"更多的工作，较少的闲暇，牺牲目前的消费，以增加真实资本、教育训练、科学研究等有形和无形投资，来提高将来的产量"。也就是说，美国的工人和工程技术人员必须加强劳动强度，为厂商获得最大利润服务。第三，对于美国来说，不能指望任何促进增长的方法能为长期资本提供可观的增长率。

42

在劳动方面，丹尼森认为劳动力的规模和教育水平是特别重要的两个因素。

丹尼森认为，资源配置的改变，特别是劳动力由农业和小本经营中转移出来，对北美、西欧各国的增长率的贡献很不一致。西欧国家中经济增长得快的，都是受益于 50 和 60 年代的规模节约。

对日本增长贡献最大的因素是资本投入量和生产率的提高，二者加在一起构成日本同这些国家增长率差距的绝大部分。

日本生产率增长得快，还由于劳动力由农业转移到工业的速度快，迅速引起外国技术和规模节约速度增加造成的。

丹尼森认为以下五个主要的增长因素对日本经济增长率的贡献比对其他任何国家的贡献都要大。

要素比例、资源配置、现有技术、管理水平，利用资源的一般效率和规模节约等方面的情况都是不一样的。有的人认为，"如果美国人像欧洲人那样做，美国可能已经跟上了欧洲国家的增长率"。丹尼森认为"情况并不单纯是那样"，在他看来，这是"因为促使欧洲获得更高增长率的因素尚未耗尽"，而美国在这方面已逐渐耗竭了。因此，在这种情况下，他的结论是："和欧洲国家战后增长率进行比较之后，并未提供不满意美国增长纪录的论点。"

43

麦多斯在他们的世界模型中，提出影响经济增长的五个主要因素，就是人口增长、粮食供应、资本投资、环境污染和资源耗竭，认为这五种增长因素的共同特点是它们的增长都是指数增长。这就是说它们按照一定的百分比增长着。

由于人口增长引起粮食需要的增长，经济增长引起不能再生自然资源耗竭速度的加快和环境污染程度的加深，都属于指数增长的性质。因此，人类或早或迟必然会达到"危机水平"。

"活动（睡眠）和转过来影响活动的体系状态（疲倦）之间构成一个封闭性环路结构。所有的增长和平衡过程都发生在反馈环路之中。"

人口增长率首先决定于出生率和两代人之间的"时延"。

14年后生产上所需要的原材料、燃料、运输量也要增加一倍。他承认，这种情况是把全世界作为一个整体而言的，如果各国按各自现有的人口和工业增长率发展下去，西方国家将和第三世界的差距越来越大，结果产生"富国越富，穷国越穷"的局面。

44

目前95%的工业能源是由化石燃料（煤、石油和天然气）生产的。这些燃料燃烧时，产生二氧化碳。目前，每年由于燃烧化石燃料放出的二氧化碳达200亿吨，并且以0.2%的增长率增长着，其中一半为海水吸收，另一半存于大气之中。

人们不知道打乱地球上的自然生态平衡到多大程度而不致产生严重的后果；不知释放多少二氧化碳而不致引起地球上气候的不可逆转的变化；不知道植物、鱼类和人类能够吸收多大剂量的放射性、铅、汞或杀虫剂而不致引起生命过程的严重中断。

人口增长离不开粮食的增长，粮食生产的增加需要资本的增长，更多的资本需要更多的资源，废弃的资源变成污染，污染影响人口和粮食的增长。

技术进步只是延长了人口和工业的增长，但不能消除增长的最终极限。世界体系的基本行为方式是人口和资本的指数增长和随后的崩溃。

45

多水平世界体系模型：丁伯根认为更有效地利用自然资源，工业国和贫穷国家必须发展自己有比较利益的工业，不要保护缺乏效率的工业，以便扩大国际贸易，进行资源交流。发展有比较利益的工业就是扬长避短，尽量利用本国所拥有的比较丰富的资源，降低产品成本，加强国际市场上的竞争力。通过国际贸易来交换他国商品，而这些商品所使用的自然资源，占比重大的必然是本国短缺的资源。他认为，工业国和贫穷国之间的最大差距，是在科学研究和发展新技术的领域中。

"企图以数学来代替知识，以计算来代替理解。"

要降低人口增长率的长期手段是加速经济的发展，而不是停止经济的发展。

开始时人口增长率趋于增加，一旦达到一定的收入水平和一定程度的城市化以后，增长率就将下降。

发展中地区有着大量的劳动潜力，在改良土壤和作物种植方面可以多投放劳动力；利用适当外援来提高农业产量，引进先进农业技术；实行土地改革及其他社会和制度的改革；采取适当农业政策，造成有利于农业发展的经济环境。

46

可能耗竭的自然资源价格的上涨，驱使相互竞争的生产者用数量比较丰富、价格比较便宜的资源来替代它，如果没有其他物资替代时，使用这种昂贵资源做原料的商品，将比其他商品价格高，消费者将被迫少买这种商品，多买其他商品。

污染可分两方面，一是经济增长对环境所产生的副作用和对社会的危害程度，有时比增加的产量的好处要大；另一方面是经济增长会损害主要的生态体系，因此，威胁到生命的存在。所以，问题在于今后能否既不影响经济增长，又把污染减少到可以接受的水平。

技术可以用来把大多数加工过程中产生的污染减少到几乎等于零，不过把污染降低到零度水平，所花费的成本却是太大了。

污染者消费环境质量，又没有花费任何成本，污染则是他们经营活动所产生的外部成本或社会成本。这就是说，一个人的行为，造成其他人的困难，这种成本是由社会负担的。现在环境质量已成为稀缺和十分有价值的自然资源，使用它理应支付一定的价格。其具体办法是对税收制度作一定的调整，这种调整不一定增加总的赋税负担，而是改变相对价格，为保护环境资源提供一定物质刺激。另外一些人主张利用行政手段，由国家制定控制污染的法律，由司法机构加以执行，对违反控制污染法律的企业或个人实行法律制裁。

47

"当增长开始放慢的时候，阶级斗争的征兆就可望出现。"

"技术的进展、价格制度加上公共政策和规章制度，对伴随着经济增长而产生的问题，提供了有效的直接的打击手段。"

技术改进是经济增长的主要推动力，其意义就在于"每一单位的投入量得出更多的产出量。"

控制污染成了国家当务之急。

为了继续经济增长所付出的社会和文化的代价太大了。继续经济增长使人失去了美好的生活。像食物、衣着、居住、健康、自然、闲暇、本能的享受、安全感和自尊感都是美好生活的组成部分。物质财富的享受不是人类快乐的惟一源泉，可以说现在西方是吃得过度、穿得过度和住得过度。人们还要有闲暇、文化和美丽的环境。现在机械化农业大大地减少了农村人口，使人们失去接触自然的条件，也因此在同一旅游胜地或国家公园要想避开成千上万的乘着汽车、带着照相机和半导体收音机的人群是既费劲又花钱。

48

技术每前进一步，特别是像人们所期望的，如更便捷的旅行，所有按电钮的舒适享受，日夜不停的文娱节目等，都使人们从对人的依赖转移到对机器的依赖，因而不可避免地更加限制了人们之间的了解和同情心的直接交流。人们越是追求进步，越是被迫相互分离，而他们的全部服务和经验都直接依赖于技术的创造。

这些具有社会稀缺性的一些生活上的美好商品，不但受到扩大生产所遇到的物质限制，还受到使用它们的限制，只有它们不被普遍使用才得到享受时的快乐。

一种学说、思想的出现，总是有其特定的历史背景。发展经济学也不例外，它是适应二次大战以后的国际政治、经济形势的变化而逐渐形成的一门经济学科。

经济增长使以国内生产总值表示的产量的增加或人均产量的增加；经济发展不但意味着产量的增加，而且表明产品、种类的改变，生产和分配产品的技术和体制的改进。增长可能是由于投入量的增加所导致的产出量的增加，也可能是生产效率提高的结果；发展不但具有这些内涵，而且还包括产品构成的变化和生产过程中各种投入量所做贡献的相对变化等情况在内。经济发展意味着一个经济领域的发展导致其他经济领域的成长的这种结构变化和真实收入的增加扩散到所有经济领域的这种体制变化。

经济发展的思想渊源可上溯到亚当·斯密。他于1776年出版的《国富论》一书，是建立古典政治经济学理论体系的最重要著作，也是讨论经济发展的最早著作。

49

由宏观经济学与微观经济学组成的西方经济学原理，是以西方发达国家经济为研究对象，分析市场经济、国民收入和就业理论，偏重于中、短期的经济研究，对人口和技术因素一般都看成是既定的外生变量，涉及到增长理论时才进行长期分析。

农业生产率低，一方面是人多地少；另一方面是技术原始，组织力差，配备的实物资本和人力资本（受过教育的、有专门技能的劳动力）少。技术落后的原因是个体的、自给自足的非商品性农业经济，加之存在高利贷的借贷制度，缺乏增加生产和提高劳动率的经济刺激力量。因此，提高农业生产效率，增加单位面积产量，应该是最优先考虑的发展目标。

首先，凯恩斯理论是从西方发达国家的经济推导出来的。它是假定对产品的需求增加时，厂商能够很快地扩大其产量和增加就业，对需求的增加迅速做出反应。发展中国家提高生产和就业的障碍，主要不是总需求的不足，而是在总供给方面存在着结构性和制度上的限制。这就是说，由于缺乏资本、原料、中间产品和有技术的、有管理能力的人力资源等，就是通过政府的赤字财政政策扩大总需求，也不能相应地增加供给量，结果是往往导致物价水平的提高。上世纪50年代和60年代某些拉丁美洲国家的物价高涨现象就是实行凯恩斯政策的后果。

50

哈罗德—多马模型的公式是：$G=s/C$，或$G \times C=s$。这个模型的经济含义是，为了国民经济的增长，社会必须以国民总产品的一定比例进行储蓄（s），并把这部分储蓄转化为投资。投资越多，增长也越快。但是一定水平的投资究竟能够推动多大的增长率（G），还要决定于增长1单位产品所需的投资数量，即决定于资本—产出比率C。C越小，一定水平投资推动的增长率（G）越大，反之，推动的增长率（G）越小。

经济发展就是工农业的产量和劳务的增加，它在很大程度上决定于基础设施的有无及其所达到的水平。基础设施分为社会固定资本和人力资本两方面。前者包括公路、桥梁、港口、铁路、水运、航空、电报、电话等运送物资和传递信息的交通运输设备，电力供应和供水系统等，这些设施大部分要由政府来建设。人力资本包括教育和卫生方面的设施，用来提供利用资源、进行有效管理的各级管理人员和身体健康、效率高的劳动力。此外，还需要有有效的金融机构以便吸收存款，扩大信贷，支持工农业生产和便利商品流转。只有一国有较好的基础设施，对外来资本才有吸引力，才能使投资发挥效能。

有的发展经济学者将以上的看法，归纳为发展中国家发展经济要受三个因素的约束：受国内储蓄水平的约束；受外汇数量的约束；受资本吸收能力的约束。在发展的早期，受资本吸收能力的约束影响较大。

51

社会固定资本的设计任务繁重，需要大批技术人员；社会固定资本的建设时期长，如果许多项目齐头并进，在建设过程中只有投入，不能形成生产能力，容易产生通货膨胀的压力；这些设施建成以后，由于直接生产部门尚未建设就绪，在一段时期内，设备不能充分负荷，成本高昂，造成经营管理上的困难。其次，它忽略了对农业部门的投资，农业生产的停滞不前，会延缓全面的经济发展。此外，经验证明，一些发展中国家首先投资于资本—产出比例低的行业，而不是投资于资本—产出比例高的社会固定资本。这样的投资方式增产的幅度大。因此，"大力推动"投资不一定是发展中国家发展经济的一个先决条件。

52

平衡成长（balanced growth）的概念并不是十分明确的，它可以指各个部门和各个产业同时协调地发展，一同增长。

平衡成长的目的，在于利用外部经济效益和各部门之间的相互补充的性质，以推动经济发展。但实行起来会遇到许多困难。首先，这种百废俱兴的发展方式超出了发展中国家的能力。它们一缺生产力，二缺技术力量，一旦向各个产业进行投资时，必然引起对生产要素的急剧需求，形成供不应求的局面。这时，不但形成通货膨胀的压力，而且各种产业立即成为竞争购买生产要素的对手，无法发挥相互补充的作用。竞争购买生产要素的结果必然引起要素价格上涨，企业成本增加，很难收到外部经济效益。其次，各个发展中国家所拥有的各类生产要素的数量是不均衡的，有的数量丰富，有的感到不足，有的甚至是完全没有的。在这种情况下，要全面进行平衡成长是非常困难的。此外，社会固定资本虽然具有不可分性，但是在大多数发展中国家并不是毫无基础的。主要是如何加以扩充改进的问题。经验证明，在开始建设时不一定就要进行巨型项目。

53

互补性质将通过对发展、瓶颈、短缺和阻碍的抱怨而表现出来。随之采取的行动，不是基于盈利的动机，就是基于政治压力（如向政府要求增加教育、公路和电力等公共服务）而做出安排。因此，不平衡发展给予引致投资决策有充分活动的自由，从而经济地利用稀缺的资源。如果在两个不同时期里所显现的平衡成长，那是一个部门跟随另一个部门，一系列不平衡发展所造成的最后结果。

赫尔施曼认为社会固定资本包括那些进行第一、第二和第三产业生产活动必不可少的基本劳务。广义地看，应包括法律、秩序、教育、公共卫生、运输、通讯、动力、给水、农业灌溉等公共服务。狭义地看，只有那些提供的基本劳务所需的投资具有技术上的不可分性和资本——产出率高，才称为社会固定资本。按照这种狭义的理解，社会固定资本只包括电力和交通运输设施两大类。最低限度的社会固定资本能产生外部经济效益，因此降低了动力和交通运输费用，就能降低企业的生产成本。

二元社会的特点是，一个社会内，外来的发达的西方资本主义体系和本土的落后的前资本主义农业体系共同存在，前者使用先进的技术并具有较高的生活水平，后者使用本土固有的落后技术。

54

不同的社会体系具有不同的经济理论，资本主义经济理论意味着无穷的欲望和货币经济，但不适用于前资本主义经济。本土固有的农业和手工业，如果模仿西方体系就会遭受损失。鲍埃克认为，适应于二元体系的工业化和农业发展将是一个由大众发动的、小规模进行的缓慢过程。其实，二元体系的存在正是由于帝国主义长期的掠夺和剥削而导致的，它是帝国主义阻碍当时的殖民地和附属国经济发展的历史证据。

从农业部门向能够进行储蓄的再投资的工业部门转移劳动力是经济发展的本质问题。他们没有认识到发展中国家农业本身的发展潜力和农业发展对整个经济发展和人们生活水平提高的重要意义。

按照纯粹竞争理论，一个企业获取的利润只是它的产品销售量和投入成本的函数。

缪尔达尔认为，地区间的不平衡是由于富庶地区得到过多的实惠，因而后进地区的发展受到阻碍这种往复循环的因果关系造成的。在这种循环中存在着两种效应，一是回浪效应，另一是扩散效应（spread effect）。回浪效应是由于人才外流、资本向外移动和贸易发展而产生的对本地区的冲击。

55

银行业如不加以管制，它将成为把落后地区的储蓄转移到发达地区以谋取高收益的工具。贸易的开展也有利于发达地区而不利于落后地区，前者通过贸易甚至有可能挤垮后者已有企业。

如何解决地区间发展的不平衡呢？缪尔达尔否定市场机制的作用和自由放任政策能够解决这个问题。他主张由政府执行平均主义政策来加强扩散效应，而减弱回浪效应加以解决。

缪尔达尔要求政府执行平均主义政策，加强扩散效应，减弱回浪效应，立意虽好，但是希望各个地区同步发展几乎是发展中国家人力、物力和财力所不允许的。比较可行的方式是，首先集中力量建设好一些成长中心，只要具备一定基础，即可向四外辐射，促使扩散效应逐渐胜过回浪效应，实现各地区的比较平衡的发展。

56

罗斯托认为，一国经济起飞必须具备三个基本条件：一是，生产投资率从5%或不足5%，提高到超过国民收入的10%；二是，像赫尔施曼主张的那样，发展选定的一个或几个主导部门，促进它的向后连锁或向前连锁；三是，必须有一个能够利用经济扩张的政治、社会结构，即能够进行更多的储蓄，通过主导部门的扩大，产生外部经济效益，并导致经济起飞。

经验教训：大力发展工业却产生了严重的城市失业现象，忽视农业发展引起了农村经济的停滞等。

经验表明，综合性的中央计划在迅速变化的环境里有其局限性，现有的分析工具无法应付复杂的经济变化。这意味着严格执行计划的做法不一定是上策，应该重视执行中的协商、协调、灵活性和选择性。因此像日本和韩国等国家和地区的经济计划既不具体细致，也不需要硬性遵守，而以灵活性著称。

57

"60 年代和 70 年代的事态强有力地表明，对于经济发展，最重要的莫过于是熟练地管理相互联系着的价格和鼓励制度。事实上，新近编制的许多计划确实更加重视价格和市场的作用。计划方案，甚至是出口方案，都不作为目标，而是作为预测，表明计划制定者的最佳判断。"

舒尔茨 1984 年出版的《改造传统农业》一书，对上面提出的市场鼓励制度以及农业自身的发展在发展中国家经济发展中所起的作用问题，给予了肯定的回答。它代表了新古典学派对发展中国家基本经济问题所进行的典型分析，也是舒尔茨获得诺贝尔经济学奖的最重要的一本著作。从价格和鼓励制度出发，强调传统农业中农民是有效率和有理性的。在可以利用的资源没有多大的变化的情况下，他们凭借多年的经验积累，发展了当时是最好的耕作方法。他们对价格刺激的反应是积极的，能够根据市场情况取得最大利润，支出教育等事业的人力投资和信息业务，在传统农业转变为先进的现代化农业的过程中起着关键性的作用。舒尔茨否定了农业落后和农民保守的传统观念，强调价格鼓励和人力资本的作用，促进了新古典学派理论在发展经济学中的复苏。

58

新古典学派强调市场和价格是调节经济活动，使生产和消费之间、供给和需求之间达于均衡状态的力量，是进行资源配置的手段，并由此建立了局部均衡、一般均衡理论。针对市场的调节作用，马歇尔提出替代原理。在市场上合于理性的行为就是消费者比较不同搭配的各组产品，经常以一组商品代替另一组商品，直到用于各种商品上的最后 1 单位货币支出所产生的边际效用相等，从而获得最大满足为止。在供给方面，生产者的合理行为就是经常用一组生产要素来代替另一组生产要素，为的是发现生产成本最低的生产方法以获取最大利润。

新古典学派认为，经济增长就像一片森林一样，是逐渐地连续不断地，而不是突发地成长的。他们认为技术进步和劳动效率的增进能够克服增长中的阻碍。因为，发达国家的人口增长不像马尔萨斯预言的那样快，技术进展能够阻止收益递减规律发生作用，增加资本积累就有可能提高工资率，经济增长将会出现涓流效应，即经济增长的效益可以使各个阶级和穷人直接或间接地得到好处。

由于体制的或更根本的原因，使得某些重要的领域中，市场无法达到均衡状态。

59

一般是把农业看成是促进工业化的手段，它的作用就是向工业支援剩余劳动、剩余粮食和资本。上世纪60年代初，一般讨论农业作用时，着眼于它的贡献，认为如果不相应发展农业，那么工业化将会由于粮食的不足和农业原料的缺乏而受到阻碍，不理解农业本身就是需要发展的一个广阔领域，反而认为农业方面不能要求得过多。一些发展中国家为了工业化而挤占农业，使国内交换条件非常不利于农业，还用贸易保护政策组织农产品的出口等。

从生产要素的供给方面看，技术水平是可再生的生产要素供给的基础。

舒尔茨所谓的传统社会是一个与外界隔绝、封闭型的简单再生产的社会模式。

由于不会发生像配置大型机器设备所出现的不可分性，因而产品价格和要素价格都是易于变动的。还有，没有一个生产要素处于失业状态。舒尔茨认为，在传统农业中，在技术水平一定并有其他要素进行配合时，耕作每一块土地，都能增加一定的产量。使用像沟渠、畜力等可再生的资源也能产生同样的效果。能够并愿意进行一些有用工作的工人都会受到雇用。由于这个社会排除了技术引进的可能，因此，不会出现妨碍充分就业的因素。

60

汇率是一种价格，它影响进出口货物的价格。农民也参照汇率来做出如下的决策：多少精力用于栽种作物，多少用于其他活动；在栽种的作物中多少用于市场销售，多少留作自家消费等。

传统农业不仅有效地配置了生产要素，还实现了收益率很低的一种特殊类型式的经济均衡。舒尔茨的分析既说明了传统农业水平的低下，农民的贫困，又说明了传统农业的合理性和所包含的积极因素。

传统农业中的农民必须以某种方式获得、采用和学习有效地使用一套新的、有利可图的生产要素。

事实上，以传统农业和以现代化农业为基础的社会之间的农业生产要素的差别甚大。这意味着能否采用新的农业生产要素是区别传统农业和现代化农业的标志。

舒尔茨反对增长经济学中把生产要素分为"土地、劳动和资本"以及"技术变化"两部分。他认为技术总是体现在一个特定的要素之中。引进一项新技术必须使用和以前使用的不一样的一套生产要素。那种把"技术变化"看成是和它在其中作为组成部分的一个生产要素可以分开的看法是错误的，把"技术变化"看成是不加解释的"剩余"，则掩盖了一个特定的新生产要素。

61

一项生产技术是一个或更多的生产要素的必然组成部分。

舒尔茨认为，资本理论要包括一切生产要素，即土地、全部可再生的物质生产手段和人力因素。通过投资不但能增加物质资本的力量，而且也能增加人力资本的存量。这三种要素在解释农业产量和增长率的差别时，土地的差别不重要，物质资本的质量差别相当重要，但是农民的能力差异最重要。

任何生产要素质量的变化都意味着 个新的生产要素的出现和技术进展的增进，都可以确认其来源。它是从微观经济学的角度，把新古典学派的合理性和有效率的概念具体化了。

经济发展的目标应当是首先保证基本需求，也就是在经济发展过程中，注意改进教育、医疗保健、供水排污、居住条件和提供足够营养成分的食物，以直接对人力资源产生积极作用。又要注意采用减少浪费和改进现有技术效率的简易方法提高生产率，不要一味追求技术的迅猛变化。这种主张被称为基本需要论。持这种观点的人认为，不应有过多的、不恰当的结构和技术变化以及资本输出，应该以注意防止水土流失、建立和改良小型灌溉系统、修筑道路等较好的基础设施来提高农业产出，应当尽量利用地方资源和技术能力。

62

阿根廷经济学家普雷维什指出，发达国家技术进步的结果是提高了国内的和出口的商品价格，从而改善了本国的生活水平，而发展中国家的技术进步，不但没有提高工人的工资，而且压低了出口产品的价格，使得贸易条件长期恶化了。

市场力量不可能使要素价格在国际间实现相等。因此，如果让经济自由地发展，那么因果关系的相互作用及其积累起来的影响，使得益者更加得益，而后进地区的努力反而会受到阻碍。

这种分配制度使新厂商难于进入该行业，使原有厂商之间缺乏竞争的动力，缺乏提高生产效率的吸引力，成本不易下降、经济效益也不易增加。

有时，迅速发展的进口替代工业，还会和出口工业争原料、争人力和争资金，结果是以牺牲出口工业的方式，换取进口替代工业的发展。

一个产业的最重要的贡献，不但是其直接生产的产品，社会利益和对其他产品的影响。更重要的是它对教育水平、技巧、生产方法、发明能力、习惯和技术水平等有着进一步的影响。

63

美国人的商业激情与政治民主有机地结合了起来，他们尊重秩序，因为没有秩序商业就不能繁荣；他们重视信誉，因为没有信誉经营就不能长久。他们从不做不切合实际的计划，也从不冒险去发大财。在他们眼里，实践要比理论更为重要，秩序与社会繁荣是须臾不可分的。

根本不干的人拿得最多，只在名义上干点工作的人居其次，工作越艰苦和越讨厌报酬就越低；而最劳累、消耗体力最多的劳动甚至无法肯定能否挣到足以糊口的收入。

如果大多数公民没有一个最低限度的文化和知识，也不广泛地接受一些共同的价值准则，稳定而民主的社会不可能存在。……儿童受到的教育不仅有利于儿童自己或者家长，而且社会上其他成员也会从中得到好处。这就是"邻近影响"。

问题主要并不在于我们花钱太少——虽则我们可能如此——而是我们从每花一美元中所获得的太少。或许在好多学校中花费在雄伟的建筑和奢侈的场地上的钱数被正式地划归为学校教育的开支。

愿意看到款项用于更好的老师和更好的教科书，而不用于体育教练和房屋走廊的家长没有办法来表示这种意愿。

教育经费又往往花费于远离教育的项目。

64

传统农业是一个经济概念，所以不能根据其他非经济特征进行分析，而要从经济本身入手分析。舒尔茨说："完全以农民世代使用的各种生产要素为基础的农业可以称之为传统农业。"从经济分析的角度来看，"传统农业应该被作为一种特殊类型的经济均衡状态"这种均衡状态的特点就在于：1）技术状况长期内大致保持不变（即使使用的生产要素与技术长期未发生变动）；2）如果把生产要素作为收入的来源，那么，获得与持有这种生产要素的动机也是长期不变的，即人们没有增加传统使用的生产要素的动力；3）由于上述原因，传统生产要素的供给和需求也处于长期均衡的状态。从上述分析来看，舒尔茨所说的传统农业实际是一种生产方式长期没有发生变动，基本维持简单再生产的、长期停滞的小农经济。

舒尔茨特别强调，引进新生产要素实际就是许多经济学家反复强调的、促进经济增长的关键因素——技术变化，因为"'技术变化'这一概念在实质上至少是一种生产要素增加、减少、或改变的结果"。那么，如何才能通过引进现代生产要素来改造传统农业呢？舒尔茨着重论述了三个问题：1）建立一套适于传统农业改造的制度；2）从供给和需求两方面为引进现代生产要素创造条件；3）对农民进行人力资本投资。

65

制度上的相应的改变是经济现代化的必要条件之一。而制度是包括各种不同的活动、结构以及具体活动的规章制度。在改造传统农业中，舒尔茨认为重要的制度保证是：运用以经济刺激为基础的市场方式，通过农产品和生产要素的价格变动来刺激农民；不要建立大规模的农场，要通过所有权与经营权合一的、能适应市场变化的家庭农场来改造传统农业；改变农业中低效率的不在所有制形式（即土地的所有者并不住在自己的土地上，也不亲自进行经营），实行居住所有制形式（即土地所有者住在自己的土地上亲自进行经营）。

完全以农民世代使用的各种生产要素为基础的农业可以称之为传统农业。一个依靠传统农业的国家必然是贫穷的，因而就要把大部分收入用于食物。

从根本上说，这种改造取决于对农业的投资。这是一个投资问题。这种研究方法把农业作为经济增长的一个源泉，而分析的任务是要确定通过投资把传统农业改造成生产率更高的部门能够实现那么廉价而巨大的增长。而且在低收入国家农业总是最大的部门。某些国家以损害农业来实现工业化，只有少数国家从工业和农业中都得到了大幅度的经济增长。成功地发展自己的农业部门，使农业成为经济增长的一个真正源泉的只是个别例外的国家。

66

一旦有了投资机会和有效的刺激，农民将会点石成金。

农业经营是以长期形成的社会习俗为基础的一种生活方式。这种观点认为，传统农业基本是某个特定民族生活方式的一种文化特征。

人们经常把贫穷社会中农业的弱小性归咎于特定的文化价值观。这些价值观与工作、节约、勤劳和对更高生活水平的追求是相关联的。为什么经济进步如此微少，以及为什么特定的经济发展计划实际上总不成功。

传统农业的概念就意味着，对所有生产活动都有长期形成的定规。引入一种新生产要素将意味着，不仅要打破过去的常规，而且要解决一个问题，因为新要素的生产可能性要取决于还不知道的风险和不确定性。从事传统农业的农民接受一种新生产要素的速度取决于适当扣除了风险和不确定性之后的利润，在这方面，传统农业中农民的反应和现代农业中农民所表现出来的反应相类似。

67

文盲的含义是什么？人民是文盲这一事实并意味着，他们在配置自己所拥有的要素时对边际成本和收益所决定的标准反应迟钝。人民是文盲只表明，人的因素所具有的能力小于他们获得了与教育相关的技能和有用知识时所应具有的能力。

看来所有非增长类型的社会都可能有某些共同的、特定的基本经济特征，但这种情况显然并不适用于所有实现了经济增长的社会。某些社会可能是在长期的静态均衡以后开始增长。某些社会可能是在一场战争严重地摧毁了一些可以被迅速替代的要素后表现出异乎寻常的高速增长。某些社会可能是处于将近长期大幅度增长的尾声并可能接近于长期静态均衡。

市场方式并不是简单地意味着把所有的投资都交给市场。如果市场方式为了增加可供农民使用的资本量而仅仅局限于减少资本市场的不完全性的方法和措施，那么，它就不会成功。改善农民获得这种资本的条件的余地是存在的，但这些改善并不能实现所要达到的改造。农民每年为这一目的所需要的追加资本量一般并不多，而且一旦提供了有利的新农业要素，他们很容易从内部储蓄获得所需要的大部分资本。但是，最重要的是向生产农民使用时有利可图的新农业要素的供给的投资。提高这种要素的需求者的能力也需要投资。而且，这两种投资都要求有相当的政府支出和对服务于农业部门的特定政府活动的组织。

68

许多世纪以来，人们在耕作中使用的知识一直在进步，因此，曾有过许多次农业改造。人工种植的谷物、根茎和果实代替了野生品种。长期被认为是最好的作物曾多次被更高产的品种所代替。在种植棉花，尤其是在种植玉米方面，许多年前就通过杂交而实现了巨大的改进。家畜取代野兽作为肉和皮革的来源，而其中某些野兽被选出来并培育成役畜。在某些地区灌溉代替了在干旱土地上的耕作，谷物轮作制和肥料的使用被证明是有益的。这样，人们一次又一次地通过采取并学会使用新生产要素而改造了传统农业。

在美国有一种长期受到重视的信念，即农业是经济中的基础部门，农民所具有的社会价值优于城市一般居民，而且家庭农场是农业中的"自然的"经济单位。这种学说称农业原教旨主义。近几十年来在某些穷国有一种完全不同的学说受到拥护。这种观点认为，工业始终是实现经济增长的基础部门，农民不仅受传统的束缚而且天生就比非农业人口落后，大部分农业劳动力的边际生产率是零。可以把这种学说相应地称之为工业原教旨主义。

69

如何使用包括人在内的每种生产力的知识（或者是专门技能，或者是"教养"）也是生产要素的一个组成部分。当把所有的生产要素完全弄清楚时，也就弄清楚了技术。在把生产要素这种概念所根据的经济逻辑弄清楚时，就可以通过某些例子来进一步阐明它在研究增长中的实际含义。

把人力资本作为农业经济增长的主要源泉。它可以表述如下：贫穷经济中增长缓慢的经济基础一般并不在于配置传统农业生产要素方式的明显的低效率；也不能用对这类传统要素的储蓄和投资率低于最优水平来解释，因为在正常的偏好和动机为既定的条件下，边际收益率总是太低，不能保证有追加的储蓄和投资。在这些条件下，迅速增长的经济基础不在于提倡勤劳和节俭。增长的关键在于获得并有效地使用某些现代（从贫穷经济中人民的经验来看就是非传统的）生产要素。如上所述，这些现代生产要素往往被经济学家用"技术变化"来解释。其中，现代农业要素的供给者是在农业实验站工作的研究人员。他们在这一问题上的贡献是非常重要的。在新农业要素确实有利可图时，农民的作用是作为新要素的需求者来授受这些要素。但是，典型的情况是传统农业中的农民并不寻求这些新要素。最后，主要取决于农民学会有效地使用现代农业要素。在这一点上，迅速的持续增长便主要依靠向农民进行特殊投资，以使他们获得必要的新技能和新知识，从而成功地实现农业的经济增长。

70

故此马歇尔的企业家定义，那就是，只是把企业家职能看作是从最广义说的"管理"，自然会使我们中的大多数人都表示赞同。我们不接受这个定义，就是因为它没有把我们认为的主要之点表达出来，而这是使企业家活动与其他活动具体分开的唯一要点。

不管是哪一种类型，每一个人只有当他实际上"实现新组合"时才是一个企业家；一旦他建立起他的企业以后，也就是当他安定下来经营这个企业，就像其他的人经营他们的企业一样的时候，他就失去了这种资格。

由于充当一个企业家并不是一种职业，一般说也不是一种持久的状况，所以企业家并不形成一个从专门意义上讲的社会阶级，如同——例如——地主或资本家或工人那样。自然，企业家的职能对成功的企业家及其家人将会导致某种阶级地位。这种职能也可以给一个社会历史的时代打上它的烙印，可以形成一种生活方式，或一种道德的和美术的价值制度；但在它本身，它并不表示一种阶级地位，也不以一种阶级地位为前提。

71

企业家是一种特殊的类型，他们的行为是一个特殊的问题，是大量重要现象的动力。因此，我们的立场可以用三对相应的矛盾作为特征来描绘。第一，用两个真实过程的对立：一方面有循环流转或走向均衡的趋势，另一方面有例行经济事务渠道中的变化，或从制度内部产生的经济数据中的自发的变化。第二，用两个理论工具的对立：静态的和动态的。第三，用两类行动的对立，根据现实，我们可以将其描绘为两种类型的人物：单纯的经理和企业家。因此，从理论意义上讲的生产的"最好方法"，可以设想为"在已由经验检验的并且已经变得熟悉的各种方法中的最有利的方法"。

如果每一个人在每一种场合都必须重新创造那些指导他的日常行为的一切规则，那他就必须是一个智慧和意志的巨人。

一切知识的习惯一旦获得以后，就牢固地植根于我们之中，就像一条铁路的路堤植根于地面上一样。它不要求被继续不断地更新和自觉地再度生产，而是深深沉落在下意识的底层中。它通常通过遗传，教育，培养和环境压力，几乎是没有摩擦地传递下去。我们所想的、所感觉的或所做的每一件事情，常常完全变成了自动的，而我们的有意识的生活并不感到它的累赘。

72

实现一个新计划，和根据一个习惯的计划去行动，是两件不同的事情，就像建造一条公路和沿着公路行走是两件不同的事情一样。

彻底的准备工作，以及专门的知识，理解的广度和逻辑分析的才智，在某种情况下却可能成为失败的根源。可是，我们愈益准确地学会怎样去理解自然的和社会的世界，我们对事实的控制就愈益完全；事物能进行简单计算，并且的确是迅速的和可靠的计算的范围（具有时间和逐渐增加的合理化）越大，这个职能的意义就越是减少。因此，企业家类型的人物的重要性必须要减少，就像军事指挥员的重要性已经减少了一样。不过，每一类型的人物的根本实质的一部分，则是和这一职能分不开的。

73

那些根据产品说明书来使用织机的人，初时买织机所付代价甚昂，以致几乎得不到什么利润。利润将归属于那些成功地把织机引入到产业的人们，不管他们是制造并使用织机，还是只制造或只使用织机，都无关紧要。我们所考虑的企业家在创办新企业时所作的贡献是什么呢？无它，只是意志与行动。那么，他们的成就究竟何在呢？他们并未积累任何种类的商品，他们并未首创任何独特的生产手段，而只是与众不同地，更适当地，更有利地运用了现存的生产手段。他们"实现了新的组合"。他们就是企业家。他们的利润，即我们所谈到的剩余，对此没有相应承担什么义务，就是一种企业家利润。

变革的目的在于使单位产品的费用减少，从而在现有的价格与新的成本之间创造出一个差额。企业组织中许多创新，以及商品组合中的一切创新，均属于此种情况。

这些人只不过是更有效地使用了现有的商品，他们实现了新的组合，他们就是我们所意谓的企业家。他们的利得是一种企业家利润。

74

除了意志与行动外，他并没有贡献任何东西；除了重新组合现有的生产要素外，他并没有做任何事情。

企业家的作用不仅是经济体系不断改组的运转工具，而且也是包含社会上层在内的各种要素发生连续变化的传递手段。成功的企业家在社会上的地位上升，他的家人的地位也一同上升，他们由于他的成就而获得不直接依赖于他们各自的作用的地位。这是在资本主义世界里人们现在社会阶梯上得以上升的最重要的因素。因为这一进程是靠在竞争中摧毁旧的企业以及依附于这些旧企业的一切存在，所以，总是相应地伴随着一个没落、丧失社会地位、被淘汰的过程。三代之内，兴而复衰，信然。

为什么企业家的出现不是连续性的，也就是说，只是在每一个适当选定的时间间隔内出现，而且是成群地出现？这完全因为一个或者少数几个企业家的出现可以促使其他企业家出现，于是又可促使更多的企业家以不断增加的数目出现。

75

企业家成批的出现是繁荣产生的唯一原因，它对经济体制的影响在性质上不同于企业家按时间均匀分布的连续出现对经济体制所产生的影响，只要它不像后者那样，意指一种连续的，并且甚至是不可察觉的，对均衡位置的干扰，而是一种跳跃式的干扰，一种具有不同数量级的干扰。

实际上，即使在有竞争的社会里，消除利润也仅仅是近似的，并且这一过程既不排斥某些利润的保存，也不排斥损失的立即出现。为什么新的繁荣并不径直地随之而来：因为一批企业家的行动同时改变了经济体系的各项事实，破坏了它的均衡，因而引起了经济体系中显然不规则的运动，而这是我们所设想的一种向新的均衡位置的挣扎和斗争。

对于现代工商业界所特有的关于周期运动及其机制的认识，足以使工商业者，只要当最坏的情况过去了，就能预测将要来临的繁荣，特别是它的次级现象；许多个人对于新的均衡的适应性，从而许多价值对于新的均衡的适应性，常常被这样一种期望所延缓或者阻止，那就是，如果他们多少能坚持的——这常常是以他们的债权人的利益为依据而进行通融——那么他们就能够在下一个繁荣中以有利的条件进行清理，或者根本上就认为完全没有清理的必要，这在具有优势的繁荣时代，尤其重要，并且拯救了许多实际上不适于生存的厂商，同许多适于生存的厂商一样保存下来。但是无论如何，它延缓或者阻止达到稳定均衡位置的过程。

76

不景气时期，企业家及其跟随者们，特别是那些偶然地或者利用投机享受繁荣期间价格上升的果实的人们，失去了获得利润的可能性。

不景气的经济特征，在于通过力求均衡的机制，把繁荣所带来的成就扩散到整个经济体系；而那种对于这个体系仅仅是部分必需的暂时反应，却掩盖了评委会基本特征，产生了以不景气这个名词所表达的气氛，同时也产生了甚至为那些指数所呈现的不属于（或不完全属于）货币、信贷及价格的范畴，并且不单单反映不景气时期所特有的自动通货紧缩的特性的那种反响。

77

没有一种疗法能够永久地阻止大规模的经济和社会过程，在此过程中，工商企业、各个人的地位、生活方式、文化的价值和理想等等，将以整个社会的规模下沉，并最终消失。在一个存在私有财产和竞争的社会里，这一过程是对新的经济和社会形态的不断出世的必要补充，也是对所有社会阶层的不断增高的实际收入的必要补充。如果真的不存在周期变动，那么这个过程就要缓和一些；但是，这并不能整个地归因于前者，事实上这个过程要缓和一些；但是不能整个地归因于前者，事实上这倒是独立于它们而被完成的。家庭和厂商的兴与衰，在它们变动的特殊方式中，较之在以固定速度进行反复的自我再生产过程的这种含意上的静态社会里所观察到的任何事物，更能说明资本主义经济制度的特征，包括它的文化和它的成果方面的特征。

我们可以看出，实际上每一种经济变动必定只是历史的一个个别现象，并且这种经济变动，只有对于每一场合实际发生作用的无数因素进行了细致的历史分析之后，才能被我们作出解释。换言之，为了要理解经济周期，我们首先要获得那种可以称为历史上的经验的知识，这种历史经验，体现了经济生活对上述各种社会动乱的反应。这也是一种理由，说明为什么掌握过去的事实是头等实际重要的事情。

78

统计学上，"周期"这个名词包括两个东西：其一，在历史的时间（以区别于理论的时间）内经济数量价值的序列，不是表现为单纯的增加或减少，而是表现为这种价值本身的，或它们的一阶或二阶时间导数的"不规则的"再现；其二，这种"波动"并不在每一个这种时间序列里独立发生，而常常是或者彼此同时出现，或者一个接着一个出现。

所谓"增长"就是指连续发生的经济事实的变动，其意义就是每一单位时间的增多或减少，能够被经济体系所吸收而不会受到干扰。

创新就是生产函数的变动，而这种函数是不能分解为无限小的步骤的。你可以把许许多多的邮车加起来，加到你想要加到的地步；但这样做，你仍将永远得不到一条铁路。

一旦当均衡邻近区已经"从下线"达到时，繁荣的波浪往往就一定出现，并常常是逐渐减弱而进入另一个新的均衡邻近区；而且，一个国家的铁路化或电子化，可能要花费从半个世纪到整整一个世纪的时间，并且包含着这个国家在经济结构和文化类型上的根本转化，它改变人们生活中的每一件事，直到他们精神上的雄心壮志；可是另外一些创新或创新组合，却出现和消失在很短的年限里。更者，长周期变动一般是以明显的步骤而实现，并且由此引起较短的波动和较长的根本性的增长，在这种情况下，认为只存在一个单一的周期并认定它将表现出非常明显的规律性，那是不太合乎常情的。

79

为时 54 年到 60 年的"长波"——"康德拉季耶夫周期"。……1842 至 1897 年很容易解释为世界上的蒸汽和钢铁时代，特别是解释为世界上的铁路化时代。未来的历史学家最终将比较容易地认识到，电气、化学和汽车对于大约从 1897 年开始发生的第三个长周期的上升波和下降波的发端的重要性。任何一个令人满意的对原因的分析，必须从引起那种信用扩张的事情开始；如同每一个令人满意的对结局的分析，必须从考查用增加的货币资源进行了什么工作开始一样……因而投资的增加及信用的扩张是和繁荣阶段相联系的，所以我们就能用扩张信用的方法来制造繁荣。

马歇尔是第一个认为企业家才能是一种生产要素并应得到该项剩余的经济学家。

80

对利润的性质有以下不同观点：第一，利润是生产协调的报酬。企业家只有以最低的成本生产最大产量的科学方法组织生产要素投入生产，才能获得利润。企业家的生产协调工作执行得越好，厂商获得的利润也越大。第二，负担风险的报酬。企业家需要经常从事有风险的经济活动，如钻探石油，开辟新的销售市场等。从事这些风险活动一旦失败，必然遭受很大的经济损失。如果对于这种可能遭受的经济损失没有补偿，就没有人肯冒风险从事这些活动。因此投资的收益，除了包括正常投资所应获得的纯利息之外，还要有利润部分。第三，利润是技术革新的报酬。第四，利润是垄断收益。第五，利润是意外收益。

政治性的经济周期：政治性的经济周期是由一个特殊的外部因素，就是由在任的国家领导人为了争取连任而设计的宏观经济政策造成的。从理论上看，凯恩斯就业理论给予各国领导人调节经济的有力武器；从公众这一方面看，他们既渴望经济增长以获得就业机会，又希望物价平稳不发生通货膨胀。国家领导人就是利用公众的这种心理，运用手中调节经济的权力，争取公众的选票，以达到连选连任的政治目的。这种做法在美国最为明显。

81

自上世纪 60 年代以来，有的美国总统在争取连任之前的一两年中或是大幅度增加财政支出或是减税，形成扩张性的需求冲击，以刺激经济，提高就业，造成能使选民投票支持在职总统连任的经济繁荣局面。选举胜利以后，政府面对着先前形成的膨胀性缺口，转而实行紧缩性政策压制物价上涨，使该国经济转向衰退阶段。政治性的经济周期的最明显的例子就是 1972 年尼克松的竞选活动。从竞选前的 15 个月开始，美国政府就要求联邦储备银行扩大货币供应量，并在财政上进行减税以刺激经济。美国经济学家从失业率的变动，测出 1981—1984 年里根任期内的政治性经济周期，即 1981 年和 1982 年失业率非常高，而 1983 年和 1984 年经济增长率却特别地高。

所谓人力资本就是对教育和保健等事业的投资。这项投资能有效地增加劳动者的技能，是劳动者长期获得较高收入的来源，就像投资于厂房和机器设备开工生产，能为资本家长期产生利润一样。由于舒尔茨提出了人力资本，由此纠正了在经济发展中，只重视物质资本而忽视人力培训的偏向。把人力培训对农业发展的作用置于物质资本之上，这不能不说是一种创见。

82

人力资本的概念早已出现在亚当·斯密的《国富论》中。他认为一国的资本存量应包括社会成员获得的有用才能在内。他指出："这些才能的获得，需要维持获得者在受教育、学习和学徒间的生计，总是有实际的花费。这些花费可以说是固定在并实现于他的人身之中的资本。"

贫穷国家农业领域的经济成长突出地决定于有无机会得到新的现代化农业生产要素。生产率高的现代化农业和主要资源是可以再生的生产要素。它包括特定的物质投入物和顺利地使用这种投入物所需要的技艺和其他能力。

从新生产要素的需求方面看，农民是这些要素的需求者。他们接受新的农业要素的程度决定于使用后的盈利性。盈利性并不限于衡量市场交易。主要粮食作物，如秘鲁高原的马铃薯和墨西哥的玉米其产量增加的部分，虽然并不出售，但也应看成是盈利性。盈利性决定于在贫穷的社会中，新生产要素的价格及其产量。在这个社会中，新生产要素的价格相对说来是比较高的，而产量增加的绝对数才是弥补成本取得利润的来源。

83

这些知识和技能本质上就是对农民的投资，或者说是人力资本的投资。

舒尔茨认为，他的中心论点说明人力资本是农业经济增长的主要来源。因为成长的关键在于获得并有效地应用现代生产要素。这就要求农民具有有关的新知识和新技能。但它们不是免费供应的，需要付出代价。它们在本质上就是人力资本的投资。

因为经济学家过分强调了物质损失对经济恢复的阻碍作用，没有估计炮火之下幸存下来的人力资本的雄厚力量，因而低估了西欧的恢复与增长的前景。

创立和兴建企业有时比培养出能经营管理这些企业的合格人才要容易些。

"一旦有了投资机会和有效的鼓励，农民将把黄沙变成黄金。"

第八章

经济学派及主张

A RESTRICTED VIEW ON ECONOMIC THOUGHT

1

新剑桥凯恩斯学派，又称为凯恩斯左派，或新李嘉图学派；另一派为把凯恩斯理论与新古典学派理论结合在一起，形成新古典综合凯恩斯学派。

新古典经济学认为，在资本主义制度下，由于供给自行创造需求，充分就业便是资本主义经济惟一稳定的均衡状态。凯恩斯认为在一般情况下，总需求与总供给相等时，不一定达到充分就业的均衡，因而存在着失业。凯恩斯的这种观点，就完全否定了萨伊定律。

所谓通论，通就通在他的理论是关于一切就业水平的理论。

什么决定就业量？这就是有效需求。而有效需求就是总供给等于总需求时的社会总需求，也就是预期能为资本家带来最大利润的社会总需求。

凯恩斯认为，在一般情况下有效需求不足，就是缺乏足够的需求来吸收全部劳动力就业。为什么有效需求不足呢？这是由于三个基本心理规律的作用造成的。

2

边际消费倾向递减。边际消费倾向，是指消费增量在收入增量中所占的比例。边际消费倾向递减，是指随着收入的增加，每一次收入增量中，用于消费的越来越少，而用于储蓄的越来越多。这就是说，随着收入的不断增加，人们的消费会随着增加，但不如收入增加的那么多。在新增加的量中，用于消费的逐渐减少，用于储蓄的将逐渐增加。

投资的增加还有一个特点，就是它可以导致收入的成倍增加。

凯恩斯利用乘数这个概念来说明，增加投资就可以增加需求，它不是起一次效果，是累进的，即连锁反应。这也就是说，任何一次投资支出都会增加投资品工业的生产的增加，从而可以增加收入，而收入的增加，消费也将随之增加，从而引致消费品生产的扩大。这样又可以增加就业，如此继续下去，投资变动给国民收入总量带来的影响要比投资本身变动大得多。投资的增加，可能引起国民收入成倍增加。

3

资本边际效率递减。什么是资本的边际效率，是指资本的预期利润率，也就是每增加一笔投资，预期可以得到的利润率。

流动偏好（又叫灵活偏好）。凯恩斯反对传统货币数量学说关于货币供求只影响一般商品价格水平的说法，认为还影响就业方向和改变就业量。用货币形式保持自己收入和财富的心理动机就是流动性偏好。

当预期利润率下降，利润率低于利息率时，就更没有人愿意投资了。

要克服危机、消除失业，只有国家加强对经济生活的调节和干预。凯恩斯对国家干预经济的政策主张主要是四条。（1）税收政策。凯恩斯为了扩大消费支出，主张高消费。（2）货币政策。货币政策就是中央银行通过变动货币的供应量，或者变动利息率来稳定国民经济的政策。如要扩张信用，就调低存款准备金的比例，这也就等于扩大了放款总额，支票流通量增加。这样货币供给增大，利息率下降，投资增加，总需求也就增加了，这是反危机措施。如果反通货膨胀，那就调高准备金的比率，收缩信用。所谓公开市场业务，就是由中央银行在证券市场上公开买卖国家债券。政府债券不是证券交易所里买卖，是在专柜市场上买卖。证券市场上买卖的是股票。（3）财政政策。财政政策，就是通过财政支出和税收的变动来控制总需求水平的政策。财政支出，就是通过政府购买商品和劳务的支出，直接影响总需求。而税收，则是通过增减税金，间接影响总需求。扩大政府支出产生政府乘数作用，这是政府"以就业维持就业，以就业扩大就业"方针的理论依据。凯恩斯简单地认为，有失业就没有通货膨胀，有通货膨胀就没有失业。凯恩斯认为，对于出现的财政赤字，政府可以利用发行公债来弥补。一旦物价上涨到产量不能再增加时，则发生了真正的通货膨胀。（4）对外贸易政策。

4

凯恩斯经济理论的发展：

（1）消费函数的理论发展。消费函数是表示消费与收入之间的因果关系。消费增量在收入增量中的比例是递减的，即边际消费倾向递减。消费受别人收入和消费的影响，这叫做示范效应。消费受本人高峰时期收入和消费的影响，叫做棘轮效应。

（2）投资函数理论的发展。加速原理是用来说明收入或消费的变动与投资变动之间的关系的经济理论。它的内容是：收入的增加将引起消费的增长，消费的增长必然使生产消费品的投资品的需求增加，引起投资的增长。在充分就业的情况下，收入增长率递增时，投资的增长是加速增长的。反之，收入停止增长或下降时，投资是加速减少的。因此，投资乘数原理说明投资的变动将会引起收入的变动；加速原理说明收入的变动将会引起投资的变化。

收入的增加，引起消费的增加，消费的增加又必然使投资增加，这种投资成为引致投资。

5

经济周期中的高涨阶段和低潮阶段正是由于乘数与加速原理结合的作用所决定的。瑞典学派主要代表维克塞尔利用货币利息率和自然利息率的均衡观点，以及熊彼特利用创新概念来解释经济周期的波动。

凯恩斯主义是否适用于中国：投资乘数的作用，它必须在生产要素处于闲置状态的前提下方能发挥作用，而我国这些要素供应不足。

联系商品领域和货币领域唯一的桥梁是利息率。

新古典综合凯恩斯学派认为目前世界经济体制可以分为：计划经济、市场经济、混合经济。萨缪尔森认为混合经济就是"国家机关和私人机构都实行经济控制"。

所谓二元经济，它包括二元生产经济和二元消费经济。

萨缪尔森认为，既然西方国家经济是由国家管理的公共经济部门和市场机制发挥作用的私有经济部门组成的混合经济，那么单有凯恩斯的宏观经济学的需求管理理论或单有新古典学派经济学的微观经济理论，都不能适应混合经济活动的需要。只有把二者综合起来，即依靠新古典综合的经济理论以及由此制定经济政策，才能有助于消除资本主义经济原有的缺陷，维持经济稳定，保证充分就业，促进经济增长，并给人们带来不断增长的福利。

6

新古典综合是把凯恩斯的收入分析和新古典的价格理论综合在一起。利用扩大政府开支，克服有效需求不足来达到充分就业水平，这就满足了新古典经济理论假定的前提。

政府的经济活动表现在两个方面：一是政府收入（主要是征收企业和居民户的税金），二是政府支出（包括政府对商品和劳务的购买，以及政府给居民户的转移支付，如津贴、救济金、雇员工资、利息等）。

利用扩大政府支出大于政府收入的方式，以增加需求的财政政策，称为赤字财政政策。如果利用繁荣年份的财政盈余来弥补萧条年份的财政赤字，这就叫补偿性财政政策。

1958年，当时在伦敦经济学院任教的菲利普斯，根据1861—1957年英国的统计资料，编制成表示失业和货币工资变动率之间的关系模型，提出了一条用以表示失业率和货币工资变动率交替关系的曲线，即失业率较低时，货币工资增长率就比较高，反之，当失业率较高时，货币工资增长率就比较低，甚至是负数。把这种关系画成一条曲线就称为菲利普斯曲线。

7

根据新古典综合凯恩斯学派经济学家的研究，他们对滞胀的原因提出了三种解释：第一种，对微观部门供给的冲击。第二种，福利支出的增加。由于它弥补了低收入家庭的收入，使得失业者不急于找工作，也使得萧条时期物价并不下跌。这样，福利费用的扩大，既加深了通货膨胀又不能消灭失业，从而出现了滞胀局面。"如今处境如此困难的原因之一在于：我们正在管理一个比较人道的社会。"第三种，劳工市场的结构特征。工会控制劳动力的价格，也就是说控制工人的工资；大公司控制着商品的价格，即物价。这种控制的结果造成工资刚性，即工资易升不易降。价格刚性，物价易涨不易跌。劳工市场上的均衡，应该是既无失业又无空位。但这种情况是少见的，常见的是失衡。这种失衡表现为失业与空位并存。由于工人工种不同，技术水平不一样，又居住在不同地区，他们之间缺乏自由替代的可能，所以失业与空位是并存的，即存在着结构性失业，即"人找工作"和"工作找人"并存。由于失业与空位并存，又存在着工资刚性和物价刚性，这样，虽然有失业存在，工资并不下降；有空位，工资就上升，出现了失业与工资上升并存。工资上升使物价上涨，工资与物价出现跳背游戏。所以，失业与空位并存就转化为失业与通货膨胀的并存，即滞胀。

菲利普斯曲线表明了通货膨胀与失业之间的取舍关系。

8

收益，是指降低通货膨胀率或失业率可能带来的好处；成本，是指增加通货膨胀率或失业率可能造成的损失。

政治周期，是指西方发达国家政府在大选前后其经济政策的重点是不同的。

微观经济政策包括的范围很广，主要是：第一，制定和执行新的能源政策和农业政策；第二，修改和改进现行福利支出政策；第三，收入政策：收入政策又叫工资和物价管制政策，简单地说，就是对工资和物价进行管制。其措施有三：一是自愿协商，即政府、企业、工会三方协商工资的增长界限；二是硬性管制，直到冻结收入；三是物质刺激原则。硬性管制短期内工资和物价可以控制住，时间长了也不行，会出现黑市，价格更贵，情况更糟。至于物质刺激，则由于企业是以获取最大利润为目的，在情况有利时宁肯挨罚也不愿放弃高额利润。第四，人力政策：又叫劳工市场政策，主要是解决失业与空位并存的矛盾，包括三方面内容：一是劳动力的再训练；二是帮助劳动力迁移；三是提供劳工市场信息。

9

平等是指社会成员的收入均等化。效率是指资源的有效配置，包括人尽其才，物尽其用。劳动力和生产资料的闲置和利用率不高，被认为是效率的损失，资本和人才的外流也被认为是效率的损失。

权衡这个词在西方经济学里是非常重要的，是指人们对这些事物的取舍关系。美国经济学家奥肯说过，经济学主要研究的就是权衡取舍。

收入分配的基本依据是市场对生产要素供给的评价和报酬。而市场供给的评价和报酬是受生产要素稀缺性影响的。在稀缺性不变的情况下，市场是根据效率给以评价和报酬的。经济效率高，市场给以的评价高，报酬多，个人的收入也就多；经济效率低，市场给以的评价低，报酬少，个人的收入也就少。如果把收入拉平，那也就没有效率了。

市场对每个成员提供的报酬，既是对他效率的评价，也是对他提供生产要素数量的刺激。

10

社会流动性越是受到限制，效率也越低。所谓流动，包括垂直流动和水平流动。垂直流动是指人们可以在不同层次社会之间流动，如下层和上层。水平流动是指在同一等级社会流动，如在下层社会范围内不同地区、不同部门、不同职业间的流动。

平等和效率的最优权衡取舍：什么是最优的权衡取舍？就是以最小的不平等换取最大的效率；或者以最小的效率损失换取最大的平等。

居主导地位的是新古典综合凯恩斯学派，主张以最小的不平等来换取最大的效率，或以最小的效率损失来换取最大的平等。解决办法如下：第一，增加对教育的支出；第二，福利措施的修订；第三，修订税收规则；第四，增加社会流动性；第五，不能割断平等与效率的关系：一个人的效率高低，并不完全取决于个人工作努力的程度，也取决于个人的天赋，即先天的条件，取决于家庭条件和个人以前的生活史，取决于他人提供的条件，包括其生产要素的供给，所以国家对收入应该进行适当的调节。

11

新古典经济增长理论的政策含义在于：如果劳动力人数增加得越快，经济中所需要追加的投资量越大，平均每个人的消费水平越不能提高。也就是说，劳动力增加越快，国民收入中用于投资的部分越大，用于消费的部分越少，收入水平越不能提高。所以，当劳动力增长率为一定时，要提高经济增长率，就需要压低平均消费水平，或者提高每个单位资本的产出率。

人们很难把技术因素同资本和劳动力因素分开。资本设备里体现了技术，劳动力本身也体现了技术，至今这个难题也没有得到解决，但问题的提出是重要的。

经济增长率越高，资本积累率越高，技术革新率就越大。也就是说，资本积累率和技术革新率进一步推动了经济增长。

经济政策应该解决的目标是六个。其中宏观目标是四个：一是充分就业；二是物价稳定；三是经济增长；四是国际收支平衡。微观目标两个：一是实现收入均等化；二是经济效率的提高，使资源有效配置。因此，困难不在于经济增长，而在于同时实现这六个目标。所以，仅有宏观的经济政策是不够的，还必须有微观经济政策。

12

财政政策和货币政策的松紧搭配：松，是指扩张性政策，紧，是指紧缩性政策。松紧搭配是指：把扩张性的财政政策和收缩性的货币政策相配合，或把收缩性财政政策和扩张性货币政策相配合。松财政政策和紧货币政策相配合，其含义是什么呢？就是用投资优惠、减税、扩大政府开支以鼓励投资，同时又控制货币流通量，以防止通货膨胀加剧。紧缩财政政策和宽松货币政策相配合，其含义又是什么呢？就是用扩大信贷和降低利息率以鼓励投资，同时又缩小政府开支，减少对市场的压力，稳定物价。

财政政策和货币政策的微观化：微观财政政策包括对不同的部门实行不同的征税方法，制定不同的税率，个别调整征税范围，以及调整政府对各个不同部门的拨款等等。微观货币政策包括规定不同的利息率，控制对不同行业的信贷条件和放款量等等。

13

新古典综合凯恩斯学派的实质：在经济学说史上有过三次折衷主义的出现，它们分别是：19世纪40年代，英国经济学家约翰穆勒集西方各经济学之长，写成了《政治经济学原理》，1848年出版成为当时经济学的正统。18世纪末，英国经济学家马歇尔又将当时西方各种经济学原理综合为一个新古典的均衡价格理论体系，于1890年出版了《经济学原理》一书，在凯恩斯主义出现之前一直是西方经济学的正统。第三次新古典综合凯恩斯学派把凯恩斯主义和以马歇尔为代表的新古典经济学进行了综合。其中以萨缪尔森所著并于 1948 年出版的《经济学》为代表。

所谓的"过去是不能召回的",意思是现实生活中所发生的各种事情都有其历史的、制度的渊源。比如对收入分配,这就必须从历史因素着手分析,而不能单纯用生产要素的投入量来分析。琼·罗宾逊讲道:"无论什么时候,货币工资率水平多少是一种历史偶然的事,它依赖过去长时期劳工市场的种种条件。"

凯恩斯经济学作为一种宏观的经济理论,所缺乏的是价值论和分配论。

14

新剑桥凯恩斯学派从价值理论出发来研究收入分配问题,主要是想表明以下三个极其重要的观点:(1)收入相对份额的大小,在一定的收入水平条件下取决于利润率水平,而利润率水平是与生产一定的物质技术条件联系在一起的。工资和利润在既定的国民收入中各自所占的份额总是呈相反方向运动的,而这又受着利润率高低的制约。利润率越低,则工资总额在国民收入中的比重就越大;反之,利润率越高,则工资总额在国民收入中的比重就越小。(2)收入分配形成的结局具有客观的、物质的基础,它不仅和历史上形成的财产占有制度有关,而且和劳工市场的历史条件有关。(3)新古典综合凯恩斯学派认定工资决定于劳动的边际生产力,资本的利息决定于资本的边际生产力。也就是说,资本家为生产提供了资本,工人为生产提供了劳动,大家都为生产做出了贡献,因而分配产量或收入时,资本家得到利息(或利润),工人得到工资,这是各尽其力,各取所酬,是理所当然的事情,是"公平的"、"合理的"。只要按照各个生产要素(劳动、资本等)各自的边际生产力来决定其收益率的话,那就不存在谁剥削谁的问题。

15

任何产品的价格总是等于成本加利润。

资本的价格包含了工资、利息等成本在内。

波兰经济学家卡莱茨基的一句名言："资本家得到他们所花费的，工人则花费他们得到的。"

琼·罗宾逊认为，从长期来看，资本家的边际消费倾向比较固定，所以国民收入中的利润份额主要取决于投资率（I/Y）的变动，而投资率是和经济增长率密切联系在一起的。较高的经济增长率来自较高的投资率，而较高的投资率必然使利润在国民收入中占较大的份额。

新剑桥凯恩斯学派认为：第一，在其他条件不变的情况下，经济增长率越高，利润率越大，国民收入中作为利润收入那部分就越大，作为工资收入部分就越小。这样，经济增长就加剧了资本主义社会中利润和工资分配比例的失调，使工人的处境相对恶化。所以，经济增长不利于工资收入者而有利于利润收入者，工资在国民收入中相对比例的下降是必然的。这一点与新古典综合凯恩斯学派根据新古典经济学中的边际生产力理论为基础的分配理论所作出的结论（随着经济的发展，利润率下降，工资率上升）是完全相反的。第二，资本主义社会最大的病症正在于这种收入分配的不平等。国民收入分配中利润与工资分配的格局由历史条件所形成，由经济增长所加剧。第三，解决资本主义社会问题的途径不是实现经济增长，而是实现收入均等化。经济增长要求技术进步，而技术进步则改变了劳动力构成。

16

在上世纪 30 年代，正是由于初级产品价格的猛烈下跌导致了资本主义世界所发生的经济危机。

初级产品价格上涨时，它在工业品成本方面便具有强有力的通货膨胀的影响。这是因为，初级产品价格的上涨通过各个生产阶段将依次进入可交成本中，并与不变的"利润加成"结合在一起，最后使得制成品价格提高，从而引起利润在增加价值中所占份额上升。

农产品价格的上涨很可能在工业部门引起工资—物价螺旋式上升的通货膨胀。

新剑桥凯恩斯学派认为"市场机制是个效率极差的调节器",主张充分发挥市场机制的观点实际上是旧经济学的自动趋于均衡学说的恢复,30年代的大危机已证明了它的失败。他们也反对把货币作为影响经济的惟一重要的因素。琼·罗宾逊早就指出,货币量与生产量之间仅有微弱的、间接的联系。

17

新剑桥凯恩斯学派政策主张的理论基础是收入分配理论,并根据它的收入分配理论提出以社会政策为基本内容的政策主张。其特征:一是把改进资本主义社会的收入分配制度放在"医治"资本主义社会的"病症"的首要地位;二是主要依靠社会政策来改变收入分配制度。其提出的主要政策主张,可分为短期调节措施和长期措施。

长期措施:主张实行没收性的遗产税,以便消灭私人财产的集中,抑制食利者阶层收入的增长,并把政府通过没收性的遗产税所得到的财产及其收入可专用于公共目标,发展各种社会福利事业。一些新剑桥凯恩斯学派经济学家认为,阶级是来自财产的世袭,如果消灭了这种世袭,把大笔私人财产转为公共所有,阶级也就不再存在了,至少是阶级本身没有什么重要意义了。

18

货币学派的主要代表人物美国经济学家米尔顿·弗里德曼,由于他独立不羁的人格和非凡的天才,他成功地发动了一场持续十多年的生机勃勃的、富有成效的科学论战。一个经济学家不仅对科学研究的方向,而且对实际政策,直接和间接地产生如此之大的影响是十分难能可贵的。

货币主义(Monetarism)是在1968年7月美国经济学家卡尔·布朗纳写的《货币与货币政策作用》这篇文章里,首先提出的。货币主义的论点在50年代就已出现，但真正用这个词，却是在这篇文章之后。

货币主义的中心命题是什么？或者说它的定义是什么？西方经济学家有不同的解释，最常见的有三种。第一种，货币主义就是以实行限制货币存量（或货币供应量、货币总量）为重点的货币政策。第二种，认为货币主义是和凯恩斯主义相对立的反凯恩斯主义的理论。第三种，是美国经济学家弗里德曼给货币主义下的定义："以前经常被称为货币数量论的理论，现在就叫做货币主义。"

货币主义不只是一个简单的货币政策，而是关于整个经济运转的宏观理论。没有货币数量论，就没有货币主义。它们"只是在两个论点上是一致的：第一，通货膨胀是一种货币现象，在解释它时，货币数量是基本的因素；第二，认为占主流地位的凯恩斯学派理论在通货膨胀问题的领域内已经失败了。"并且用这两个论点的一致性来判断一个经济学家论点是否归属于货币主义的基本标准。

19

经济自由主义。弗里德曼的经济自由思想可以大致概括为四点。

首先，弗里德曼的经济自由主义是18世纪的自由主义的继续，其核心思想是坚信个人的尊严。人们在不损害别人自由的前提下，有根据自己的智能运用自己能力的机会和自由，自由是目的。他主张经济应该自由放任，以此作为减少政府在国内的作用和扩大个人在经济社会作用中的工具。在国际上，弗里德曼把自由贸易作为各个国家加强经济联系的手段，反对贸易保护主义。并主张削减政府垄断的权力，以保证公民的自由。其次，弗里德曼理想中的经济制度，是自由竞争的资本主义。这种制度的大部分经济活动主要是通过自由市场中的私人企业活动来进行的。在这种自由竞争的经济中，人们有三种权力：一是有选择自己收入的自由，有支出货币数量的自由，有决定储蓄数量和方式的自由；二是人们根据自身的价值使用自己拥有的资源的自由，也就是每个人有选择职业、进行证券买卖的自由，有进入或退出企业的自由，这都是严格按照资源的，不能凭借任何力量来限制他人；三是人们必须拥有私人财产的自由，包括房屋、机器、厂房等广泛的财产。这三点是经济自由的最基本东西。

此外，弗里德曼认为经济有两种协调机制：一种是通过政府中央指令来调节经济；一种是通过市场机制来自行调节。这种市场机制调节就是价格体系，它是通过人们之间自愿交易进行的。价格在调节经济中能发挥三种作用：传递信息，通过价格信号来调节生产；改进生产方法，迫使企业降低成本，从而使资源做到有效利用；还能改进收入的分配。再有，弗里德曼认为，经济自由活动能起两种作用，既能实现自由竞争，又是实现政治活动的手段。

20

政府的作用和现状。政府当务之急是从积极干预经济的道路上改变方向，尽量减少对经济的干预。

经济自由主义的实际应用。第一，福利国家政策的现状和弊病。第二，负所得税方案。所谓负所得税方案，就是政府规定某种收入的保障数额，如果某一个人的实际收入，低于这个保障数额，他不仅不用交所得税，还可以按一定的比例得到补助。但是，如果实际收入超过规定的数额，就得交所得税。通过实施负所得税方案，还可以使每个收入少的人得到一定的现金收入，并不是各种名目繁多的社会保险。

货币主义最主要、最鲜明的特点，就是反对国家干预经济，主张市场调节。

从长期来看市场经济本身有力量趋于均衡，也就是充分就业。从短期来看经济可能是波动的，但产生波动的原因是外生的，不是经济本身固有的力量。因为价格和产量的变化是平稳的，不是急剧的，它能够使经济受到的冲击得到恢复。现在市场经济所以经常波动，不是市场本身，是政府干预经济和实施错误的政策所造成的。在有失业的情况下，市场经济正处于调整过程之中，而政府就实施充分就业政策，干扰了市场经济的正常运行。

21

美国经济学家库兹涅茨通过计算表明，美国在 20 世纪前半期，尽管实际收入有相当的增长，但储蓄率并没有什么大的变化。在这50年里储蓄率大体一致，这说明边际消费倾向不是递减的。

消费者的现期收入可以分为两部分，一部分是恒常收入，一部分是暂时收入。人的能力所带来的收入，就为恒常收入；经济波动带来的收入，像价格突然上涨，这时的收入就为暂时收入。

财富是多种多样的，但可以简单地分为两种：一种是人力财富，也可以叫人力资本；一种是非人力财富，也可以叫非人力资本，包括债券、股票、各种耐用消费品、机器、厂房、设备等。

恒常消费是利息率、非收入效应、非人力财富、恒常收入的一定比例的函数。这就是弗里德曼的消费理论的核心。

弗里德曼认为其重要性有两个：一个是对经济发展的意义。在发展中国家有一个很重要的问题，那就是投资的增加或减少对经济发展有着重要的意义。投资的重要来源是储蓄，而储蓄决定于两个因素，一个是实际收入水平，一个是收入分配是否平等。

22

由于消费者示范效应的存在，发达国家的消费水平必然会促进发展中国家的消费水平，从而使其消费倾向提高，导致低储蓄率。

西方经济学家把商品价格同货币数量相联系的理论，称之为货币数量论。根据当时的认识，货币数量学说的内容大致是：在其他条件不变的情况下，一国货币量的增加，它的价值便下降，从而表现为一般物价水平的上涨；反之，货币量减少，其价值提高，一般物价水平将随之下降。

费雪的货币数量说

公式：MV-PT

M代表货币流通量，V代表货币流通速度，P代表价格水平，T代表总的交易量（或产量）。

剑桥学派的数量论

公式：M=ky

剑桥方程式表明：一国的国民收入或国民生产总值，也就是公式中 y 的增加，货币存量也就是货币需求量 M 应该成正比例增加。如果货币的发行速度超过国民收入或国内生产总值的增长速度，就必然发生通货膨胀。

23

费雪方程式着重表明货币在支付过程中的作用，剑桥方程式着重表明人们手头现金的作用，两个公式都是说明，在货币供应按照货币购买的不变速度来周转，即货币的流通速度不变，那么货币供应的增加，必然意味着物价水平按比例上升，也就是说发生了通货膨胀，如果停止扩大货币供应时，通货膨胀就中止。

弗里德曼认为，既然影响货币需求的主要是恒常收入，那么影响价格的就不是货币需求，而是货币的供给。

弗里德曼根据他的货币需求函数，最后归结为通货膨胀是一种货币现象。它来自货币数量的增加快于产量的增加。因此，制止通货膨胀的惟一有效办法是限制货币数量的增长率。

经济波动的直接原因是货币供应过快和无规则的变化。

此外，货币主义认为传递机制具有直接性、较广泛性。所谓传递机制是指：货币数量的变化和总的名义收入变化之间的传递渠道。凯恩斯认为，货币的变动影响利息率，利息率的变动影响投资，投资的变动影响收入。

24

什么叫真实余额效应？货币主义认为，人们愿意持有一定数量的货币，以便做很多事情，但人们手中持有的货币并不愿意随着货币供给量的增加而增加，比如手中多余的货币购买证券、债券和各种耐用消费品等。如果支出过多，必然导致价格的上涨，由此引起收入的变动。

货币主义的政策主张：

如何选定货币政策目标。（1）不能把限制利息率作为政策的指南。（2）限制失业率不应作为政策目标。由于工资具有刚性，即工资宜升不宜降，价格具有刚性，即物价宜涨不宜跌，形成工资和物价的循环上升。从而不断加深通货膨胀，即物价不断地普遍上涨。（3）控制价格水平，也不应是政府的政策目标。（4）货币政策目标应是控制货币存量。

货币政策的目标应该是什么？应该是控制货币存量（或者叫货币总量，或者叫货币供应量）。根据弗里德曼统计，每次大的、主要的通货膨胀都伴随着货币供应量的急剧增加，每次大萧条也都是由于货币供应量急剧下降的结果。因此，弗里德曼认为，政府的货币政策目标应该放在控制货币供应量上。

25

通货膨胀是一种货币现象。

弗里德曼认为，通货膨胀是由货币因素决定的，它表现为稳定的、持续的物价上涨。这里，弗里德曼是从宏观经济角度来看的，即对总的物价水平、而不是个别的物价水平。

在实行金本位制时，如果发行更多的货币，就必须有商品的增加，否则，一部分货币就会退出流通领域。在纸币流通的情况下，它的发行量由货币当局决定。这种纸币发行量过多，超过了商品量的增长率，也就是说，超过流通中所需要的货币量。纸币是不能兑换黄金或金币的价值符号，不能退出流通领域。因此就会出现通货过多的情况，即通货膨胀。货币供应量增加得越快，通货膨胀也就越严重。

货币供给增加过快的原因。（1）政府财政支出增加。实施赤字财政是否造成通货膨胀，这主要是看政府如何为其高支出筹措资金。这有两种办法：一种办法是政府把增加的支出转移出去，也就是向私人借债或增加税收，这就不会发生通货膨胀。因为政府支出的增加，用私人支出的减少代替了，换句话说，用政府支出的增加代替私人支出的增加。通过这种替代，不能发生通货膨胀。

但是向私人借钱或增加税收，这会遭到公众的反对。另一种办法是政府利用向中央银行出卖债券的办法来增加政府支出。这实质上等于政府增加了在中央银行的存款，也就是增加了货币供应量，这时就会发生通货膨胀。（2）弗里德曼认为西方政府实行的充分就业政策加剧了通货膨胀。（3）中央银行错误地把政策目标放在控制利息率上。

26

所谓自然失业率，是指没有在货币因素干扰的情况下，劳工市场和商品市场的自发供给力量发挥作用时，应有的、处于均衡状态的失业率。

失业加上通货膨胀，这就是人们所说的滞胀。

货币主义的可供借鉴之处：一般说来，货币发行的增长幅度应同生产增长的幅度，严格地说应当同社会对货币需求量的增长幅度相适应。如果货币发行量超过流通中的需要量，必然造成货币贬值，虽然不能出现国民收入实物形态的"超分配"，却可能发生货币形态的"超分配"，即通货膨胀。

西方的新古典经济学是建立在两个前提上，一个是个体是寻求最优化的，换句话说，经济行为主体在他们的收入和技术的限度内力求取得最大的预期利润或最大的预期效用；另一个是市场趋向于供求平衡，就是说在每个市场上，除非有法律的限制，情报的脱节，或政府政策的阻碍，在某一特定价格水平上卖方愿意供应的数量恰好等于买方愿意买进的数量。

27

合理预期学派，一是假定人们能够进行合理的选择，也就是说，人们能根据可能得到的最好的信息进行决策，他们的预期是在利用可能得到的最新的数据和可能得到的最好的经济理论的基础上形成的，因此，政府不能"愚弄"人们了。二是假定价格变动得非常迅速，因此市场上总是处于均衡状态，也就是说价格是柔性的（flexible），所有市场总是处于供求相等的境地。

什么叫预期呢？从事经济活动的行为主体对当前的行动作出决定之前，总要对将来的经济形势或经济变量做一个估计，这种行为就是预期行为。

什么叫做合理预期呢？当人们的预测符合于实际上将会发生的事实，就叫做合理预期。

在合理预期学派看来，政策措施的成功仅仅在于"出奇制胜"，一旦引起公众的警觉提防，重复使用的政策措施就必然失效。

中央银行应该"逆对经济风向行事"，就是在经济衰退时，扩大货币数量和降低利息率，在经济过热时，减少货币数量和提高利息率。同时，他们认为财政政策也很重要，也应"逆对经济风向行事"，就是在经济衰退时，扩大政府开支和降低税率，在经济过热时，减少政府开支和提高税率。并主张用引入政策来限制工资和控制物价，以便应付因"工资推动的"或"成本推动的"通货膨胀。

28

弗里德曼认为，最好的办法就是按固定的货币增长率来扩大货币的数量。此外，可以由市场和价格机制充分发挥作用，让利息率、失业率、价格水平自由变动来达到经济的稳定。他还极力反对用收入政策来控制通货膨胀，认为这样做，不仅不能解决通货膨胀，并且会扼杀价格机制的作用，对合理组织生产和有效地利用资源起破坏作用。

通货膨胀和失业之间的关系：菲利普斯曲线表明：当失业率较低时，货币工资增长率就比较高，反之，当失业率较高时，货币工资增长率就较低，甚至是负数。由于西方经济学家把物价上涨率同货币工资变动率联系起来，并且用物价上涨率来表示通货膨胀率，所以这一曲线通常被用来表示物价上涨率或通货膨胀率和失业率之间的交替关系。

西方有句名言："他骗了所有的人。最后他发现，原来他被所有的人骗了。"

合理预期学派认为，各经济行为主体对未来事件的预期是合乎理性的，所以，只要政府的政策措施及其影响是有规律的，那么这种规律性就或迟或早一定会被经济行为主体所发现，并成为他们决策所依据的一种信息。

29

既然采取相机抉择的稳定经济政策同不采取这种政策相比不能使产量和就业这些实际变量发生变动，政府不如放弃施行这类带有规律性的政策，而让市场机制去充分发挥它的自发调节作用，这样，反倒能够使整个经济处于稳定状态。

由于是人为地扩大总需求，使资本主义经济危机的痼疾由剧烈的阵发性变为缠绵的长期慢痛。

如果既考虑劳动因素，又考虑资本因素，那么降低边际税率可以在三方面扩大可课税基础。第一，更多的劳动或资本进入市场，扩大产量，因而扩大可课税基础。第二，当边际所得税率提高时，资本从像公司债券这样的传统较高税率的市场转向于免税或低税的地方政府公债。相反，削减边际税率，在市场上运转的资本为赚取更高的利润就会从低税的活动转入传统较高税率的活动，不需变动产量就能扩大可课税基础。第三，边际税率越高，挣得的最后 1 美元的租税负担越重，就越加促使个人或资本家聘请会计师或律师设法对边际收入进行逃税，而削减税率就能减少这些人的逃税行为。

30

供给学派把在资本主义生产关系下进行生产的个人说成是生产（或供给）发展的最大源泉。

公债不过是用一种未来的但更加苛重的税收来替代当前的税，同时还要支付额外的税，即支付公债的利息。

供给学派还认为穷人的消费倾向比富人高，主张通过调节"收入再分配"来扩大总需求，以使总需求来适应总供给，因此不断扩大转移性支付，即扩大各种社会福利开支。结果，使政府利用税收和公债等手段搜集起来的社会"储备"，并没有转化为投资或物质生产，而是转化为巨大的消费，并且滋长了惊人的浪费以及营私舞弊和懒惰等。所有这一切便造成了巨大的浪费需求与缺乏相应的物质生产增长的并存，高通货膨胀和低生产增长率及高失业率并存的局面。实际上是表面的"富裕"和内在的贫弱相结合。

应该看到，未来在美国占统治地位的经济学，绝不是某一流派，而是融合各个学派合理因素为一体的综合性理论。

根据历史唯物主义的观点，一种思想，一种理论，都是那个时代社会现实矛盾的产物。而一种经济理论得以被采纳为政府制定政策的理论依据，通常总是由于这种理论在一定程度上揭露出当时经济现实中的主要矛盾，并且据以提出的解决这种矛盾的政策和方法具有一定程度的合理性。如果把一种理论的产生和它在经济生活中发挥作用，看成是一种纯粹偶然的现象，这就不啻是把人们的经济活动看作是纯主观的人们意志的作用。

31

哈耶克新自由主义和西德新自由主义虽然都认为资本主义市场经济是完善的，私人企业经营制度有很大优点，政府对经济的干预有弊而无利，但它们在理论观点、研究方法和政策主张方面也存在着一些重大的分歧。新自由主义是战后德国经济发展的主要政策依据，并被认为促成了战后西德"经济奇迹"的主要原因。

哈耶克是当代新自由主义的最有代表性的理论家，是当代新自由主义思潮的鼻祖。他是理论上自成体系的新自由主义经济学家，他同米塞斯的很多观点极为相似，所以把他作为新奥地利学派主要代表人物更为合适。

哈耶克早期从事货币理论和资本理论的研究，从中得出经济可以自动调节而无需国家进行干预的论断。

资本主义经济有自动调节的功能，如果国家对经济不进行干预，银行自行调节信用，就会逐渐消灭生产过剩现象。反之，如果国家对经济进行干预，就会损害市场机制的作用，萧条过程反而会持续下去。所以国家的反危机措施有其弊而无其利。

32

人是社会的主体。一个人要能够独立地决定自己的目的，而自由选择是达到这种目的的手段，并自由采取自己所喜欢的生活方式，保证自己言行的自由。哈耶克认为这种自由不仅是宝贵的，重要的还在于自由是创造一切价值的源泉，没有自由，就没有创造性。

个人自由这个概念应和责任相联系。一个人的环境只有自己知道，对自己的才能最清楚，所以自己的命运应由自己决定，国家或他人不应去干预。也就是说，人们选择自由必须受到法律原则的保证，自由本身应是法律原则的体现，没有法治（the rule of law），自由是空洞的。他强调，人治的弊病在于政府的行动因人而异，一旦权力落到某些追求个人私利的人手中，权力就会被滥用；即使权力被思想高尚的、有理想的人所掌握，那么权力也会被用来实现某种"理想目标"去建设某种"伟大的社会"（the Great Society），结果也会给社会带来极大的祸患。他写道："现在世界上许多最有害的力量的根源往往不是坏人，而是思想高尚的理想主义者。"也就是说，按照哈耶克的看法，世界上的坏事不一定都是坏人干的，往往是一些"好心肠"的理想主义者干的。

33

哈耶克认为，个人自由还包括思想领域里的自由，主张思想的解放，反对思想的国家化。哈耶克把"思想的国家化"称作"真理的末日"。他说道：在这种情况下，"一切宣传都为同一目标服务——把所有宣传工具都协调起来朝着一个方向影响个人，并产生出特有的全体人民的思想'统一性'。……灵巧的宣传家于是就有力量照自己的选择来形成人心的趋向，而且，连最有理解力的和独立的人民也不能完全逃脱这种影响，如果他们被长期地和其他一切新闻来源隔离开来的话。"像上世纪 30 年代德国政府为了消灭犹太人，制造了许多"根据"，于是人民相信犹太人确实是罪恶的，非消灭不可。他们成群冲上街头，把犹太人赶出家门，凌辱他、迫害他，这种残暴行为是在自认为"高尚的"思想支配下进行的。参加迫害犹太人暴行的许多德国青年，当时相信自己的道德标准无比正确。他们没有自己的独立思想和信念。哈耶克把这种"思想的统一性"称为"当代的蒙昧主义"（contemporary obscurantism），是极权主义统治的精神支柱。他甚至认为，"思想的国家化"需要树立新的偶像，并且要使人们相信，只有新的偶像才能为他们指引方向，只有对新的偶像的忠诚才能使他们不再困惑和彷徨。而思想解放就是要摒弃对一切偶像的崇拜，由人们自己的价值判断准则来支配个人的行为。这种价值判断准则就是"个人的自由高于一切"。

自由主义者认为最重要的不是走得多么快，多么远，而是在于解决方向问题。

34

保守主义为什么会反对急剧的变革。哈耶克认为其原因是它们过分相信政府，对市场机制、价格机制本身缺乏了解。只有政府赞成改革，保守主义才会赞成。自由主义者与保守主义者不同，他们能充分认识市场的运行规律，对价格机制充满了信心，所以赞成改革。即使不清楚改革会发展到何种地步，也赞成改革。新自由主义的特点：就是要把现行的国家对经济的干预改为市场经济。

哈耶克把私有制社会称作"富人得势的世界"，把废除了私有制的社会称作"只有得了势的人才能致富的世界"。他认为前者好于后者。哈耶克也承认私有制社会有一些缺陷，存在着穷人和富人，但他仍然认为私有制好。他认为在公有制社会，穷人只能靠有权者的恩惠才能改善生活，穷人必须服从于有权势者。在私有制社会中，穷人通过个人的努力可能致富，他的各种努力也不会受到任何人的阻碍。在私有制社会中，任何人都有选择职业的自由，都可以到能够施展自己才能的地方去工作，并由此致富，取消私有制，个人选择职业的自由也就消失了。私有制还能保证政治上的自由。这是因为在自由竞争的社会里，政治和经济是分开的，这种分离是个人自由的基本保证，私有制在这个意义上恰恰保证了个人的自由。如果把政治和经济集中在一起，即使集中在"最好的人"手里，那么他手中的权力也就不可避免地扩大了。经济权力可以作为政治权力的补充，政治权力又可以作为经济权力的补充。二者结合在一起，个人便成为丧失独立性的依附者，这就同奴隶制很少有区分了。

35

重要的是，从事各种行业的机会应当在平等的条件上向一切人开放，任何个人或集团企图通过公开或隐蔽的力量对此加以限制，均为法律所不许可。哈耶克说："由特殊干预行动对自发过程中造成的分配状况的纠正，就某个原则同等地适用于每一个人而言，从来不可能是公正的。"所以，哈耶克认为平等，不应指收入的平等，更不能去人为地制造收入平等；平等应是机会平等，这只有通过自由竞争才能实现。因此，限制了自由竞争，也就限制了机会平等。

经济自由只有通过竞争的市场才能实现。因为市场机制在满足人类欲望和分配生产资源到各种不同用途上是起着很好作用的。市场制度为什么照例取代其他类型的制度，其根源就在于市场制度在促成资源配置上利用了比任何个人所能掌握的都更多特定情况的知识，而这些知识只是分散地存在于无数的人们中间。

36

哈耶克从货币因素出发，强调的是货币发行的垄断权。他认为，货币发行是一国政府借以增加国库收入和扩大政府权力的一种手段，一旦需要资金，就可以利用这种垄断权源源不断地制造出货币来，既方便、又有利，而这恰恰是经济不稳定的根源，失业和通货膨胀又都是由此引起的。哈耶克指出，市场经济本质上是一种私人经济，只要听任市场机制充分发挥作用，市场将会把有关的信息及时传递给生产者和消费者，从而使经济资源得到合理配置和有效利用。可是要使市场机制充分发挥作用和及时传递市场信息，就必须健全货币制度。

出现通货膨胀，是因为政府滥用货币发行权制造财政赤字的后果。

37

哈耶克认为，应当用鼓励市场竞争和私营企业自由经营的办法来减少垄断的权力。

哈耶克认为计划经济没有经济效率，其原因首先是任何合理的资源配置决策都必须对各种产品的供求等情况具有完备的信息，而信息又是千变万化的，分散在千百万人的脑海中，这只有通过自由竞争才能在市场上反映出来，它不可能及时地被少数计划者所掌握。信息的分散，也就要求决策分散，由此合理的决策只能分散地由私人通过部分来做出，计划经济的集中决策由于无法收集到分散而千变万化的信息，也就不可能做出合理的决策。其次，效率是来自于内在的经济动力，这种动力就是个人对经济利益的追求。利己的动机可以促进整个社会的进步，所以，私有制度能使个人的积极性得到发挥，从而价格机制能有效地配置资源，提高经济效率。可计划经济消灭了私有制，个人失去了利己动机，没有劳动的主动性和积极性，也就不能使价格机制正常发挥作用，因此也就无法实现资源的有效配置。此外，在完全竞争条件下，能实现产品成本、价格最低，产量最高，从而使资源配置最合理，而社会主义计划经济是最大的国家垄断，破坏了竞争，也就无法实现合理的资源配置。

38

贺德林的一种论调："常常使一个国家变成地狱的，正好是人们试图把国家变成天堂的东西。"

"自由市场经济"的优点在于资源配置的协调和经济生活的和谐。

由于"中央管理经济"排斥了市场价格机制的调节，因此往往会造成僵化的、不协调和无效率的社会经济后果。在现实经济生活中，两种"理念经济模型"在任何时候都不会单一地存在，任何国家某一时期的具体经济制度，都是两种"理念经济模型"的特定的组合，即混合经济。欧根强调国家有责任去组织、形成一种使每一个人可以在其中充分发挥其积极性的自由活动的经济秩序，建立一种"竞争秩序"，而不应深入干涉到各个经济过程，国家应制定法律保护自由市场经济以对抗垄断组织的出现，由国家采取措施以促使并保证垄断企业之间的竞争，实现"价值监督"，即通过对货币、信贷、预算、税收、价格政策等来影响社会需求和个别企业的活动。

经济科学的一项重要使命就是追溯和记录各种经济秩序。

39

西德新自由主义者认为自由放任和自由竞争并不是同一概念，自由放任是要求一个所谓"廉价的政府"，要求放弃国家管理的"非社会"的自由市场经济，而新自由主义所主张的自由经济是"社会的市场经济"，即根据市场经济规律，保证"社会安全"和"社会保障"的经济秩序，是使生产力的发展和技术进步与个人自由完全协调的社会经济秩序，是不同于过去的自由放任。因此，新自由主义要求国家制定强有力的经济政策和经济立法，以保证市场的有效竞争。它要求国家注意明确什么是"应该做的"，什么是"不应该做的"，要求国家重视维持市场机制作用的一种"秩序政策"，避免对各个时期的经济运行过程加以不适当的人为干预。

西德经济学家罗勃凯不主张把社会经济制定为社会主义和资本主义，认为任何时代任何国家，所必须解决的基本经济问题是生产什么，生产多少，用什么办法生产以及为谁生产。而解决这些问题的办法无非有三种形式：一种是自给经济，这只适用于自给自足的经济，生产者和消费者是同一个人，在这种情况下，生产者是根据自己的需要而有意识地订立自己的生产计划；一种是指令经济，即由政府来制定计划，有计划地进行国民经济活动；再一种是市场经济，一切经济活动的决策都是由私人自由决定，政府完全不介入，表面看来似乎没有计划，但它是按价格原则与供求规律来进行的。

40

罗勃凯说国家好比一个富有经验的足球裁判员，裁判员的任务不是亲自踢足球，也不是对足球运动员指手画脚，教他怎样踢，裁判员的任务是不偏不倚地保证全部球赛规则得到遵守。所以在社会市场经济中，国家的任务在于保护市场经济，使它有一个稳定的竞争环境，为了这个目的，要求运用金融政策，确保货币流通的稳定。西德新自由主义强调货币流通的动荡不安是可恶之源，通货膨胀、失业、经济危机都是由此而产生的。政府应该对整个国民经济的发展所不可或缺的而私人资本又无法经营或不愿经营的那些社会性的事业，如铁路、公路、邮电、港口、科研机构、文化教育等事业，进行有效的投资或经营。如果政府完成了这些任务，那么市场经济也就具有了"社会的"性质。所以，他们认为社会市场经济是"社会化"的有明确方向的市场经济，是国家通过各种社会立法和社会政策的措施以保障"经济的人道主义"的理想体制。

41

制度经济学是在美国环境下形成的富有美国传统的资产阶级经济学流派的特征。

从 19 世纪末到 20 世纪 30 年代，这一阶段的特点是着重从社会制度发展的角度论述制度变革与社会经济之间的关系，强调制度因素对经济活动的重要作用，反对像边际效用学派那样把个人从特定社会生产关系中抽象出来，分析个人的欲望及其满足的途径，也反对像马歇尔那样用均衡的原则来解释社会经济现象。

这里所说的"经济制度"不是一般人所理解的市场制度，而是市场制度处于其中的经济制度。

新制度学派指责传统经济学的研究范围过于狭小，从而使经济学成了关于稀缺资源如何配置的"选择科学"，或者是使它成了研究某种合理行为效果的"效率科学"。格鲁奇（Allan Gruchy）说："如果经济学只是局限于研究最大化行为，而忽略产生这种行为的社会环境和文化环境，就不能解决本世纪后半叶的重大问题。"缪尔达尔也指出，经济学必须研究"整个社会制度，包括对经济领域具有重要意义的其他一切事物。"而威廉卡普则认为："把所谓的经济因素和非经济的因素截然分开，把经济过程和社会过程截然分开的做法，是有问题的，不能接受的。"

42

缪尔达尔认为，在经济生活中，除了经济因素起作用而外，社会、政治、心理、文化等非经济因素也在起着重要的作用，而这些非经济因素是无法用数量关系所能说明的。

新制度学派用制度——结构分析，其中包括权力分析、利益集团分析、规范分析，以及社会政治和经济制度的分析来代替数量分析作为基本分析方法。所谓权力分析，是指在分析社会经济活动时，着重分析权力问题，首先是"决策的权力"问题。新制度学派认为编制经济计量模型有不少缺陷，甚至会把世界看成实际上跟数学模型一样，在没有人类的情况下，研究商品和价格的变动。

制度经济学家认为，从亚当·斯密到凯恩斯，一切正统派往往以国民生产总值的大小或增长的快慢作为判断标准。国内生产总值增加就是好事，否则就不好。而国内生产总值只是一种经济价值，它只是各种社会价值中的一种。除了经济价值以外，价值还应包括社会的平等、生态的平衡、都市的整洁，以及美、尊严、生活的乐趣等等。不能允许由于追求经济价值而牺牲了其他的价值，要考虑经济增长的代价。比如，增加生产是以牺牲多少环境美为代价的。加尔布雷斯把经济价值以外的其他价值，称为文化价值。如果把经济价值和文化价值综合起来用一个价值指标来表示，这个价值标准就是"生活质量"。

43

经济增长本身是"善"还是"恶"，要根据增长的后果来判断，不能把经济增长本身当成"善"。经济稳定也是如此。然而新制度学派认为，当前资本主义各国都把经济增长和经济稳定当成是首要政策目标，而不问经济是在什么样的制度结构的基础上增长和稳定的，增长和稳定会怎样影响现存的资源配置格局和人们的福利。

权力的转移。在不同时代，谁掌握主要生产要素的供给，谁也就掌握了政权。而现代社会就不同了，最主要的生产要素不是资本，而是知识，包括技术知识和管理知识，随着生产要素重要性的变换，权力也必定转移，所以，现在是知识的所有者掌权，这些人被称为"技术结构阶层"（technostructure），主要是指社会专业人员，包括经理、科学家、工程师、会计师、律师等掌握了技术、管理知识的人。

加尔布雷斯认为，有三种人不顾事实而坚持说这个规律还在起作用：一种人是正统派经济学家。他们毕生所从事的理论研究就在于这"最大利润原则"。如果他们否认了这一点，就等于承认自己的理论过时了，就等于把他们过去花了不少投资而得到的知识报废了。另一种人是激进派。因为他们总要树立一个"敌人"，把资本家作为攻击的靶子，否则他们就无事可做，也就不成为激进派了。他们为了把资本家作为敌人，坚持说资本主义社会仍然是资本家掌权，剩余价值规律还在起作用。再就是技术结构阶层。他们是掌握了企业领导权的经理人员，在他们做了行贿、偷漏税、卖高价等不光彩事情的时候，他们需要把资本家作自己的挡箭牌，以便为自己开脱，因此他们坚持说最大利润还存在，而说自己不过是资本家的仆人而已。所以，最大利润原则并不是企业的主要目标，但这种过时的观点至今还有影响，是因为这三种人各自怀着不同目的来宣扬的结果。

44

在资本家掌握权力的时候，持有货币的多少是区别人们的标志，贫富对立是社会主要矛盾。现在是技术专家掌权，知识的多少是区别人们的标志。因此，美国社会现在的主要矛盾是粗通文字的百万富翁与非熟练工人结成联盟，反对知识分子。

现在美国的穷人是在市场体系中，而富人是在计划体系中。由于现在普遍存在着失业，市场体系中的人员是很难进入计划体系的，这就造成了"持续的不平等"。

信念的解放：把人们的思想从"传统教义"或"传统智慧"的束缚下解放出来。加尔布雷斯主张，必须从"增长就是一切"、"一切为了增长"的正统派经济学家的错误思想束缚下解脱出来，把对人的关心作为经济研究的出发点。而所谓的对"人的关心"，主要是指增进人的福利、尊重人的自由和独立、确保人与人之间的平等，提倡人类的情爱，发挥人的自我创造精神等。"在经济学中，思考的时代还没有过去。"

45

二元体系存在的主要问题是收入的不平等，而收入不平等的根源是权力的不平等。怎样才能达到权力均等化呢？主要是：第一，加强市场体系的权力，提高市场体系中企业的组织化程度，加强自身保护能力。这就是指使他们不受反托拉斯法的限制而组织起来，从而加强它同计划体系的议价能力。第二，减少计划体系的权力，限制计划体系中的大企业的过度发展，管制其价格，并使他们在资源和技术上的作用服从于公共目标。

谁来拯救社会：今天，科学教育界的地位，相当于50年前的银行界。过去银行界因供给资本而使企业界有求于自己，现在科学教育界向企业界提供技术人员和科研成果，企业界离开了科学教育界就无法生存。所以，科学教育界在人才培养目标上，在政策和立法的创议中几乎发挥独一无二的作用。因此，结构改革的重任就落在科学教育界的肩上，只有科学教育界才能拯救社会。

46

缪尔达尔在1970年写成《世界贫穷的挑战：世界反贫穷大纲》一书。他强调说，发展中国家为了实现更多的平等，从而求得较快的发展，首先必须改革权力关系。在发展中国家，权力都是掌握在"特权集团手里"，也就是说，地主、实业家、银行家、商人和高级军政官员这些人掌握着权力。而进行权力结构改革，就是要把上层集团这些人的权力转移到下层大众的手里。至于怎样才能做到这一点，缪尔达尔却避而不论，说"社会科学不做这种预测"。

国际贸易并不总是互利的。只有在贸易国双方工业化水平相当的情况下，国际贸易才是互利的，这是因为在市场力量的作用下，国际贸易一般都加剧了国家之间发展的不平衡。在自由贸易情况下，国际贸易对富国的经济有上升的"扩展效应"（spread effect），即富国由于增加了工业品的出口，工业生产得到进一步发展，劳动从生产率较低的农业部门转移到工业部门，从而增加对技术工人的要求，教育随之改善，文化进一步发展。这些都显示出积累的上升运动，其结果是使经济得到发展，富国更富。对穷国的经济有下降的"回荡效应"（backwash effect），即经济不发达的国家在输入大量的工业品以后，国内工业由于缺乏竞争能力，生产逐渐衰弱，从而造成对技术工人的需求减少，农业人口不仅无法转移到工业部门，而工人反而不得不转移到农业部门，造成城市经济得不到发展，人们生活水平得不到提高。这些都显示出积累的下降运动，其结果造成经济停滞不前，甚至倒退，穷国更穷。

47

加尔布雷斯认为，当前资本主义社会虽然是一个经济高度发达的社会，但却是一个病态的社会。与100年前相比，虽然富裕多了，物质生活条件也大大改进了，但不平等仍然存在，少数民族生活，贫民区等各种重大问题不可能简单地通过经济增长而消失。经济增长后，人们精神上受压抑的状态不仅没有消除，甚至加剧了。通货膨胀、失业、能源缺乏，城市人口拥挤，收入分配不均等等，就是当前资本主义病症的表现。这不是由于工业化程度低造成的，而恰恰是由于工业化高度发展所引起的。

他指出，从亚当·斯密到凯恩斯，一切正统学派经济学家都是把"产品越多越好"当做公共目标。然而在进入"丰裕社会"或"新工业国"阶段之后，这条"价值标准"是否适用？香烟生产得越多，得癌症的人越多；酒越多，患高血压的人越多；小汽车越多，污染、噪音越严重；军火生产更是如此。因此，"许多种商品生产的增长并不易于同社会的目标相一致"，"社会的成就不能再靠国民生产总值的实际增长来衡量"，也就是说，不能单靠产品的增长来解决社会问题。而且产品的增加与大企业、工会等这些组织力量的膨胀是不可分割的，而"组织"力量的膨胀又是与个人的"独立性"是相对立的。产品的增加必定使个人越来越从属于组织力量，"经济发展的结果不是个人和经济制度之间的和谐，而是冲突"。所以，公共目标必须改变，应该以实现均等化为"公共目标"，使社会上的每个人在权力和收入上达到均等，同时，个人能够发挥自己的独立性。

这个问题的提出，可以说对我们也是有启迪意义的，也就是不能把生产的不断增长，物质产品的不断丰富作为社会发展的惟一目的，而要考虑其他方面的平衡发展，特别是关心人、培养人、注意人的价值。社会主义社会应当是人真正"成其为人"的社会，是人的自由、人的解放的更高阶段。

48

一般来说，一国经济学的发展与该国的经济发展是相联系的。二次大战前，西方经济学的中心在英国；二次大战后，其中心转往美国。

宏观动态分析方法：运用货币均衡理论来解释经济波动收缩和扩张的原因。

达维逊认为，生产率的变化是物价变动的主要原因，货币流量变化的滞后现象对经济周期变动起着阻碍的作用。维克塞克的学说奠定了瑞典学派经济理论的基础，是瑞典学派的正宗。

1927年瑞典政府成立的失业委员会所发表的《失业委员会最后报告书》与凯恩斯的《通论》一样，都以失业和萧条为研究重点，得出通过政府干预经济以消除失业的基本政策结论。所不同的是二者对政策手段的侧重点不一样，失业委员会报告主张以货币政策为主，以财政政策为辅；而凯恩斯主张以财政政策为主，以货币政策为辅。

49

瑞典学派的一般均衡理论与凯恩斯宏观经济理论的异同点。

二者的相同点是瑞典经济学家的宏观经济理论和凯恩斯的宏观经济理论都是进行总量分析。

二者的区别在于凯恩斯经济理论的核心是通过对经济总量的分析提出有效需求理论，并根据有效需求理论提出需求管理的政策主张。此外，瑞典经济学家不同于凯恩斯经济学家的一个方法论上的特点，就是采取动态分析，也就是说考虑到时间的因素，不像凯恩斯在《通论》中那样采取短期的、比较静态的分析。

所谓比较静态分析，就是既不考虑经济变动中所含的"时延"，也不关心经济从一个均衡点向另一个均衡点移动所通过的过程，它只注意均衡的最终位置，不管其他变化。

经济波动与经济增长需要经济理论给以解释与说明。动态分析对于经济理论基础十分重要，"经济理论目的在于说明一定情况与相应发展的关系。"阐述经济变量因素随时间变化而变化的理论就是动态理论。动态分析则是研究各个时期的经济发展规律，考虑时间因素，静态分析是研究一个时点的经济发展规律，不考虑时间因素。

50

从供给价格和需求价格达到均衡的某一点开始，如果需求增加，必然引起价格调整，而价格调整又影响供给，供给增长后，达到新时点上的均衡。然后需求再增加，价格再调整，价格调整又再次影响供给。如此继续不止。这样，从时期的角度看，均衡是暂时的，刹那间的，从一个均衡到另一个均衡的移动则是长期的、不间断的。

由于瑞典经济学家在分析中强调时间因素和不同时点之间的经济变动,既讨论现在,又要讨论将来,这就必然会转入对经济变动的预期研究。所以要研究预期,这是因为一项商品价格的上升对该项商品的供给立即发生的影响是很小的,但它使企业家猜测较高的价格是否还会持续下去? 如果断定它可能会持续下去,他们就会为将来开始大大增加生产供给数量。

经济发展取决于人们的行为,它涉及到过去,也牵涉到将来,这关键又在于人们的事前估计,也就是人们的预期。通过对事前估计的分析,就可以研究经济发展的主要因素。事前估计,往往会有差异,但它与事后平衡并没有矛盾。问题是要研究事前差异怎样发展成事后的平衡。从储蓄、投资、收入来看,事前储蓄与投资不等会引起经济发展变化,由此使现时收入和现期收入、现期储蓄、投资和预期储蓄、投资产生差别,从而造成经济波动。经过一段时期以后,又达到新的均衡点,事后储蓄与投资相等。

51

维克塞尔在他的《利息和价格》一书中,提出了一个以货币数量论为基础的结论,认为企业家向银行贷款所担负的利率,其本身是无所谓高低的,利息的高低是相对于利润率而言的。在经济扩张时期,利息可能很高,但由于利润率可能更高,利率相对来说比较低;反之,在萧条时期,利率虽低,但由于投资利息率更低,相对来说则显得高了。

自然利息率的高低取决于四个因素:生产效用(特别是技术变化);固定资本和流动资本的现存量;劳动的供给;土地的供给。

所谓货币的中性,是指货币对于社会经济运行来说,只起价格媒介作用,不对经济变化发生积极的影响。

自然利息率和货币利息率都是变化的,两个利息率完全吻合是少有的,或不会有。但两种利息率变化的方式不同,自然利息率不是固定的或不能改变的量,一般地说,它的变动是持续的、不间断的;而货币利息率由于被银行控制,则通常是不连续地、跳跃式地升降。由于两种利息率不等，所以货币在经济中作用不是中性的，它可以通过利息率的作用对产量、就业、经济活动、生产的价格发生影响，成为决定产量、产品相对价格的因素之一。

52

假如货币利息率高于自然利息率，厂商得不到超额利润，还会遭受损失。厂商为了避免损失，减少投资，缩小生产规模。由于企业对劳动力的需求减少，对土地的需求减少，导致工资和租金下降，意味着生产要素的收入减少，从而对商品的需求减少。这种消费的减少，将使商品价格下降，经济活动收缩。另一方面，由于货币利息率高，人们增加储蓄、银行准备金增加，银行放款能力增强，从而使货币利息率下跌。这一过程将由于货币供给的逐步增加，和人们对货币的需求相一致时，即货币利息率与自然利息率相一致时为止。反之，如果货币利息率低于自然利息率，厂商将预感到投资有较大的效益，他们就会利用这一有利的时机，增加投资，扩大生产规模。由于企业对劳动和土地的需求增加，导致工资和租金上升，意味着生产要素的收入增加，从而对商品的需求增加。

货币均衡是指货币供求相等时，经济结构（关系）所达到的均衡状态。那么货币均衡的条件是什么？首先是货币利息率与自然利息率相一致，即市场利息率与正常利息率相一致。其次，资本的供给和需求相一致，也就是可借贷的资本与储蓄的供给相一致，即储蓄等于投资。此外，要维持一个稳定的价格水平，其中主要是消费品的价格水平。

53

维克塞尔是西方经济学界最早从总量分析的角度摒弃萨伊定律的经济学家。

西方的混合经济理论，就是为了寻找集权和分权的合理组合，其解决办法就是普通消费品的消费决策属于公众，其生产的决策权属于企业，而基本的研究统计，环境保护，公共产品的供应，经济稳定，收入和财富的分配等问题的处理，主要是政府的职责。

在每个实行劳动分工，比较发达的经济中，为了使经济正常运行，必须交流情报，配置资源，协调决策，要达到此目的，无非是通过市场机制或行政机制即中央计划机制。没有市场机制的中央计划机制会造成社会资源配置不等，投入产品不能均衡，计划调节不够灵活，就会出现商品短缺、供应票证泛滥成灾等现象，形成卖方市场，也容易产生大规模的官僚主义。官僚主义也是用行政意志代表市场调节所不可避免的结果。同时，层次重叠的金字塔式的等级制，使上层决策者没有时间和精力来考虑下层中存在的许多问题，也无法吸取下层符合实际情况的真知灼见，因此，中央集中计划职能补充而不能代替市场机制的作用。但没有中央集权计划指导的纯粹市场经济，也解决不了交流情报、配置资源和协调决策的问题。这是因为在纯粹市场经济中，企业往往不知道或不愿意考虑关于整个经济情况的情报，其生产计划往往带有很大的盲目性，结果经常出现生产和需求不符，经济动荡不安的现象。

54

林德白克反对全盘公有制，首先是因为实物金融资本可以国有化。要解决人力资本分配不平等问题，一是通过累进税制对人力资本的部分收入实行国有化；二是改进教育制度，发展教育事业，大力培养人才，使尽可能多的人通过教育和训练获得人力资本。前者是治标，后者是治本。其次是公有制不能解决权力分配不均。减少失去现有地位风险的最佳办法是避免进行任何判断的冒险。调动公众主动进取精神，克服官僚主义，是国有化经济尚未解决的基本问题之一。

在任何社会里，如果使人们能按照社会的偏好和现有的生产技术知识进行工作、生产、储蓄和投资，只能是刺激或命令。刺激主要是经济刺激，在某些特殊情况下或特殊时期，非经济刺激如友谊、威望、慈善心、权利欲、爱国心等也可能有很重要影响，但它们无法代替经济刺激或命令。无论何种性质的社会，都在把经济刺激和命令结合起来，只是程度不同而已。

经济刺激有两种形式，就是利润差和工资差。客观现实证明，适当缩小工资差别还能提高效率，有助于社会稳定，防止政治上的动乱。

55

竞争是经济和社会发展的强大杠杆。

个人之间的竞争迫使人们尽最大的努力，勤奋学习，增强技能，提高工作效率，以便立于不败之地。

林德白克认为，一个缺乏竞争的社会，在经济上必然效率低下，产品短缺，质量低劣。在社会关系的其他方面也是弊病丛生，如在人力资源的配置上不是行政命令，就是玩弄特权，走后门，裙带风，在一个等级森严的社会中，人们靠家族和遗传决定自己的地位，在人力资源配置方面竞争的作用就很小。反之，在一个没有等级观念的社会里，竞争的作用就很大，人们就有选择职业、施展才干的机会。

一个理想的社会应当把福利给予社会的每个成员，使人人得到幸福，而国家应当负起这方面的责任。林德白克反对哈耶克的国有化必然导致独裁的观点，指出在历史上除了前苏联是国有化和独裁同时出现而外，在其他国家，都是先有独裁而后有国有化。但这并不是说国有化对独裁没有任何影响，也不是说经济结构与政治结构之间没有任何关系，而是说二者之间的关系很复杂，以致无论哈耶克还是马克思主义者的简单概括都是不能令人信服的。国有化所引起的权力高度集中必然影响个人自由，但更普遍而严重的危险是官僚主义，即缺少分散的主动精神，不容许对高级官员进行批评。其解决办法就是"自由社会民主主义"方式，以便在政治上保持"民主制"，在经济上加强市场经济的作用。

56

林德白克认为，市场体系加上无政府主义就等于自由放任经济。收入分配不平等，个人缺乏社会保障，集中消费得不到照顾。

革命只不过意味着换一批压迫者，这种可能性几乎不缺少历史的例证。

在高额累进税下，资本家因税后利润不高而不愿投资，使资本外流，影响国内经济发展和就业；为了避免缴纳更多的税，很多人移居国外，造成人才外流；而且高额累进税和高额社会保险税制也使工人不愿提高技术，不愿工作，甚至不急于就业，有子女的家庭更是如此。虽然就业、晋级、多工作增加收入，但纳税等级也上升，得失相抵，所剩无几。

自由化趋势和社会化趋势，这两种趋势形成瑞典经济模式的主要特色。平均失业率不高于 1.5%–2%，用西方经济学界 4% 的临界点为标准，这是超充分就业。

57

使熊彼特更感兴趣的是洛桑学派主要代表人物瓦尔拉斯和帕累托的一般均衡理论，认为一般均衡理论是经济理论方面的杰出成就。

熊彼特还明白规定静态经济学的研究对象是"经济循环流转"，动态经济学的研究对象是"经济发展"。《经济发展理论》一书被西方认为是熊彼特理论体系的第一次重要的表述，熊彼特也因此书而闻名西方经济学界，此书是他的早期成名之作。

熊彼特根据工业革命以来主要资本主义国家 200 年来的历史统计资料，来验证其经济理论中的创新理论，阐述了资本主义经济周期的繁荣、衰退、萧条、复苏的四个阶段的形成和更迭，从而形成自己的经济周期理论。其目的是要塑造一个经济变动过程的理论模型，说明一种经济制度依靠什么力量不断地发生转变，同时自认为自己的目的和马克思是相同的。

58

熊彼特的经济发展学说，是在经济学中加进社会学成分，认为经济现实只是全部现实的一部分，应该把经济学与社会学结合起来考察社会制度模式的问题。

他把经济分析与经济思想截然分开，认为经济分析可以比较优劣，而经济思想是表述不同时代和不同国家的意识形态，是无法判断各自的优劣的。

熊彼特利用创新理论研究资本主义的演进和变更，并重视用生产技术和生产方法的变革来解释资本主义的基本特征和经济发展过程，以图把历史的发展和理论的分析结合起来。这种分析方法与西方其他经济学流派的分析方法比较起来就有很大的不同。其次，在研究对象上，西方经济学主要流派一般侧重于研究价值与收入分配等等，基本上回避了研究资本主义的生产过程。而熊彼特的创新理论比较重视对资本主义生产过程的研究，除熊彼特经济理论外，西方经济学的其他流派的研究结论都是"资本主义制度是一种公平合理的社会制度"，"资本主义经济会自动达到均衡的"，"资本主义社会可以永世长存"等。而熊彼特则认为资本主义是不会永久存在下去的，它最终必然会消亡，社会主义是可以行得通的，将来资本主义制度必然会被社会主义制度所代替。

59

创新理论：经济本身一定存在着某种破坏均衡而又恢复均衡的力量，这就是"创新"活动，正是创新促使经济的发展。

"创新"的含义：什么是"创新"？熊彼特认为，创新是对循环流转的均衡的突破。

熊彼特认为，静态中的经济主体是经济人，而动态中的经济主体则是企业家或创新者。但发明者不一定是创新者，只有那种敢于冒风险，把新的发明引入经济之中的企业家，才是"创新者"。

熊彼特所说的创新是一个经济概念，不是一个技术概念。它主要指经济上引入某种"新"东西，与技术上的新发明并不是一回事。

"创新"来自潜在利益的存在：利润是来自于垄断。它产生于从无盈利状态到新状态的过渡时期，这种过渡时期是由企业家推动的。一种新商品、新技术、新供给来源或新组织形式出现之后，继起者是会模仿的。模仿必定打破垄断，从而利润有均衡的倾向，企业利润也总是带有暂时性质的。而从创新到模仿，以获得潜在利益直至消失，这也就是一个完整的创新过程。

60

资本不是具体商品的总和，而是可供企业家随时提用的支付手段，是企业和商品世界之间的桥梁，其职能在于为企业家进行"创新"而提供必要的条件。

一个企业家的"创新"，引起其他厂商的模仿，从而出现创新浪潮，促成经济的发展。

熊彼特认为资本主义经济周期实际上包括四个阶段，即繁荣、衰退、萧条、复苏。

在"第一次浪潮"中，"创新"引起了对生产资料的扩大需求，同时，由于银行要为"创新"提供资金，所以"创新"又引起了信贷扩张。这种对生产资料的扩大需求促成了新企业的建立和新设备的增产，从而也就增加了对消费品的需求。在物价普遍上涨的情况下，社会上出现了许多投资机会，于是出现了投机，这就是"第二次浪潮"。

61

三种长短不同的经济周期：即长周期或长波、中周期或中波、短周期或短波。

长周期每一周期历时 50—60 年。熊彼特沿袭康德拉捷夫的说法，也把近百年中资本主义的经济发展过程进一步分为三个长周期，而且用"创新"理论作为基础，以各个时期的主要技术发明和生产技术的发展作为各个长周期的标志。第一个长周期是从 18 世纪 70 年代到 1842 年。这是产业革命的发生、发展时期，纺织工业的创新起了主要作用。第二个长周期是从 1842 年到 1897 年，这是蒸汽和钢铁时代。第三个长周期是从 1897 年以后，这是电气、化学和汽车工业时代。

中周期是通常所说的平均 9 年到 10 年的资本主义经济周期，又称"尤格拉周期"。

短周期是平均 40 个月，也就是将近 3 年时间的资本主义经济周期。

熊彼特认为，三种周期是彼此关连的。1 个长周期（康德拉捷夫周期）中有 6 个中周期（尤格拉周期）和 18 个短周期（基钦周期）。1 个中周期中有 3 个短周期。

62

为什么 20 世纪 30 年代发生那么严重的经济危机？熊彼特认为，这是一种偶然现象，其原因是长周期、中周期、短周期三种周期的最低点凑巧碰到了一起，再加上政治、历史原因等等。按照熊彼特的解释，对于经济周期，政府的人为的干预是不必要的，甚至是有害的。由于经济周期的基础在于"创新"及其实现期限的长短，因此资本主义的经济完全有自行恢复均衡的能力。

经济增长是通过经济周期的变动而实现的，从旧的均衡到新的均衡，经历过经济高涨到收缩的各个阶段，虽然总产量有起有落，但其发展趋势是扩大的，产品的结构也是不断变化的。因此，从旧的均衡到新的均衡的过程也就是经济增长的过程。

熊彼特认为，经济增长的过程是通过经济周期的变动来实现的，而经济周期变动的原因又在于"创新"。"创新"刺激了投资，势必引起信贷的膨胀；信贷膨胀，必然扩大对生产资料的需求，从而推动经济走向繁荣。

没有盈利机会，也就不可能有"创新"；没有"创新"，也就不可能有经济增长。

企业家为了创新而进行投资，还有心理上的特征，也就是具有显示"个人成功"的欲望。

63

熊彼特断言，社会主义的真正开路人不是社会主义宣传家，而是资本家或资本主义企业家本身。

要使各国获得比较利益，不仅应当生产比较成本较低的产品，而且应当选择比较有利的"技术创新类型"。在那些劳动力资源丰富和工资水平较低的国家，应当优先发展"节约资本的技术创新"，生产出口商品，这样才能在国际竞争中获利，并为国内提供更多的就业机会。如果按照早期发展经济学的观点，他们最初主张，这些技术水平较低的发展中国家发展原料出口部门。

所谓"制度创新"，是指能够使创新者获得追加利益的现存制度的变革。

"制度创新"与"技术创新"有类似的一面，这就是"技术创新"往往是采用技术上一种新发明的结果，"制度创新"往往是采用组织形式或经营管理形式方面的一种新发明的结果。

一旦"制度创新"得以实现以后，就会出现"制度均衡"的局面。

64

熊彼特理论上的一个最大特点，就是强调生产技术革新和生产方法的变革在资本主义经济发展过程中的至高无上的作用，把创新和生产要素的"新组合"看成是资本主义的最根本特征。

一国经济发展不能总是依靠劳动密集部门，而应该从劳动密集型向资本密集型过渡，再从资本密集型向知识密集型过渡。

经济增长的一个重要条件就是积累率的提高。

罗斯托认为投资率的提高，固然是经济迅速增长的"重要条件"，但不是"充足的"条件，如果没有适宜的制度机构，那么投资率不可能有较大幅度的提高，即使投资率提高了，也不一定实现社会经济的剧烈转变。所以，罗斯托强调制度因素的作用，强调社会、文化、心理因素的作用，而这也恰恰是有些经济学著作把罗斯托的经济学说归入制度学派的主要依据。

罗斯托在分析经济成长过程时，把采用新技术成果和传播新技术成果（即熊彼特理论中的技术方面的创新和模仿）看作是经济成长的源泉和基础。"现代成长的根源在于新技术在一个有效的基础上的不断扩散。"

65

罗斯托经济成长的六个阶段：传统社会阶段、起飞前的准备阶段、起飞阶段、成熟阶段、高额群众消费阶段、追求生活质量阶段。人类社会不再以生产有形产品为主，转而生产无形产品，即提供服务为主。

实现一国经济增长的起飞，罗斯托认为，必须具备三个条件。第一，要提高生产性的投资率，使积累在国民收入中所占的比例从 5% 提高到 10% 以上。第二，要建立起起飞主导部门。第三，要有制度上的保证。为了实现起飞，必须建立一个可以推动经济增长的有效的政治、社会和经济制度的结构，比如，建立私有财产保障的制度，使资本家有利可图，愿意投资。同时，还要保证企业家能够成长，建立中坚企业家阶级，以便保证起飞得以实现。

服务部门不仅需要采用新技术来促进本部门业务，实现高效率、优质服务，而且从企业、部门到工业结构都可以采用新的经营方式以适应市场的特点，所以新的主导部门仍将吸收新的人员，富裕的青年人中的"厌倦之感"将会被"新的事业"所吸引。

66

简单归纳起来，罗斯托认为，发展中国家需要特别注意的问题有以下十个问题。（1）防止出现"早熟消费"，也就是要防止在经济尚未进入"成熟阶段"时，就实行"高额群众消费阶段"的消费方式。（2）必须注重"基础设施"，如港口、码头、交通、动力、仓库等建设，保证主导部门带动国民经济的发展。（3）适当限制人口，降低出生率，以保证有足够的积累率。（4）利用本国的优势，发展"有赚取外汇能力"的部门，作为清偿外债、进口新技术设备的可靠收入来源。（5）解决"隐蔽失业"问题，提高劳动生产率。（6）因为缺乏一个有力量的本国私人企业家阶级，所以国家应起很大作用，在某些私人不愿意投资或无力投资的领域，由国家代替私人企业家行使其职能。（7）采取措施，防止或控制本国人才和资本的外流。（8）吸收外资，并要有制度上的保证，以便使外国投资者消除顾虑。（9）动员国内的闲置资金，必要时可以实行"强迫储蓄"。（10）加紧推广新技术。

67

罗斯托认为，在进入"追求生活质量阶段"之前，政府在经济生活中的主要任务是维持比较充分的就业，让私人市场经济去完成满足居民需求的任务。但是进入"追求生活质量阶段"以后，政府的作用就不应该只局限于维持就业了，有关增进"生活质量"的许多工作是私人市场经济无法完成的，也只有通过政府才能够实现。在这个阶段，政府应运用其强大的财政手段来发展公共服务业和环境改造事业，政府应当把提高"福利"和增进"生活质量"作为中心任务。同时，许多服务部门需要有政府和私人经济的密切配合，共同合作，才能够得到发展，所以，发展公私混合经济是"追求生活质量阶段"必不可少的。

罗斯托认为经济成长到一定程度以后之所以出现停滞，正是因为没有一种可以满足人们欲望的新产品或新服务的生产部门，只要多种新产品或服务一出现，就会吸引人们而供不应求，促使该部门必须采用新技术，并把技术的影响"扩散到其他部门，带动经济成长"。

罗斯托认为，发展中国家隐蔽失业最明显的就是农业，所以，解决发展中国家失业的重点是在农村。

68

"增长怀疑论"者认为，价值判断标准不变的假定是没有根据的，上一代人所珍视的东西很可能是后代人所鄙视的。经济增长虽然可以使人们收入普遍提高，但人们的苦恼并不会因此减少；经济增长给人们以丰富的消费品，但同时却给人们带来了不得不进行选择的累赘。经济增长给人们节省了精力和时间，由于人们之间直接接触和交往减少，同机器打交道的时间增多，因而使人与人之间的关系变得疏远了，相互信任淡薄了，诚挚的友好交往消失了，分享幸福和悲伤的乐趣不见了，由此引起的污染又成为人们不可免除的灾难。虽然"增长怀疑论"者的这种基本观点不一定正确，但是由于每代人的需求不同，价值判断标准各异，所以应该重视经济增长以后所出现的或可能出现的问题，使物质文明和精神文明建设同步前进。

更富于戏剧性的是美国总统里根和英国撒切尔夫人当政以后，改弦更张，宣布实施供给学派和货币学派的政策主张。

69

1516 年，莫尔写成并发表了人类思想史上第一部空想社会主义著作《乌托邦》。

《乌托邦》一书全名为《关于最完美的国家制度和乌托邦新岛的既有益又有趣的金书》。"乌托邦"一词由两个希腊字组成，意思是"没有的地方"。后来，"乌托邦"就成了空想社会主义的同义词。该书第一部分主要是对现实社会的批判，第二部分主要是对理想社会的空想的描写，都采用一个旅行家同莫尔的对话形式写成。《乌托邦》一书流传极广，对空想社会主义的发展产生过十分深远的影响。

在人们的心灵容易受到贪婪和虚荣思想侵蚀情况下，长期担任"与荣誉和伟大有关的职务"，会使人变得自私，蜕化变质。

他认为自由和平等这"新升的光辉四射的理性之光"，将使人重新获得人所应有的尊严和重新占有古来的神圣权利。

如果改造了教育，那就改造了世界。

70

世界上永远没有亘古不变的尽善尽美的社会制度，"一千年或一百年以前的好东西，并不是今天或者永远都是好的。因为思想随着一代代的新人而在进步，因此，组织制度也必须不断地加以改善，因为它们无非是过去的思想的一种现实化。"

一切的一切都向黄金伸出那贪得无厌的手,人人都相信他那现实的幸福必须在这里面找寻。

为什么新闻记者要说谎,为什么窃贼要偷窃,为什么商人要欺骗,为什么律师要为一件坏事辩护?一切都是为了钱。

对金钱这种虚假的偶象的崇拜,使无知的阴影夺去了人类的开朗、快乐、光明和生活。

魏特林明确指出:谁没有财产,"谁也就没有祖国。"

71

为了制定无产阶级的革命理论,马克思从 1843 年底至 1844 年初在巴黎开始研究政治经济学,直到逝世为止,呕心沥血,精益求精,历经了长达 40 年的时间。《资本论》就是这一科学研究的伟大成果。这部光辉著作不仅是马克思的主要经济学著作,同时也是"叙述科学社会主义的基本的主要的著作"。早在《莱茵报》工作时期,马克思第一次遇到了要对所谓物质利益发表意见的"难事"。

他不顾病魔缠身和家庭经济方面的困难,在大英博物馆"发狂似的"加紧研究政治经济学,以期在"洪水"即新的经济危机和革命到来之前,"至少把一些基本问题搞清楚",并且广泛研读、整理资产阶级经济学家的著作和各种文献资料,着手重新撰写一部政治经济学巨著。

《资本论》的问世,不仅实现了政治经济学的伟大变革,标志着工人阶级政治经济学的诞生,而且是对马克思主义整个理论体系的最全面、最深刻的论证。

在《资本论》中,马克思把辩证唯物主义的理论和方法运用到对资本主义社会经济结构的研究中,揭示了无产阶级和资产阶级对立的经济根源和无产阶级的阶级地位,证明了社会主义代替资本主义是一种不以人们意志为转移的"自然历史过程"和无产阶级革命的必要性。

72

《资本论》的问世，"无疑是向资产者（包括土地所有者在内）脑袋发射的最厉害的炮弹。"同时，它又是"工人阶级的《圣经》"，各国工人阶级越来越把它"看成是对自己的状况和自己的期望所作的最真切的表述"，并"日益成为伟大的工人阶级运动的基本原则"。

剩余价值理论是马克思经济学说的基石，是贯穿在《资本论》全书中的一根红线。马克思通过对剩余价值的来源及其本质的分析，揭示了资本主义生产关系中无产阶级和资产阶级对立的经济根源。

马克思的整个世界观不是教义，而是方法。它提供的不是现成的教条，而是进一步研究的出发点和供这种研究使用的方法。用马克思主义作为指导思想，就是"应该像马克思那样思考问题，只有在这个意义上'马克思主义者'这个名词才有存在的理由"。如果把马克思主义变成死记硬背并机械地加以重复的教条，恩格斯讥讽地说："关于这种马克思主义，马克思曾经说过：'我只知道我自己不是马克思主义者。'马克思大概会把海涅对自己的模仿者说的话转送给这些先生们：'我播下的是龙种，而收获的却是跳蚤。'"

附录：参考书目

1.《资本论》，【德】马克思　著，上海三联书店

2.《剩余价值学说史》，【德】马克思　著，人民出版社

3.《1844 年经济学手稿》，【德】马克思　著，人民出版社

4.《国民财富的性质和原因的研究》，【英】亚当·斯密　著，商务印书馆

5.《道德情操论》，【英】亚当·斯密　著，商务印书馆

6.《政治经济学原理》，【英】约翰·穆勒　著；商务印书馆

7.《就业、利息和货币通论》，【英】约翰·梅纳德·凯恩斯　著，商务印书馆

8.《货币论》，【英】约翰·梅纳德·凯恩斯　著，商务印书馆

9.《制度经济学》，【美】约翰·康芒斯　著，华夏出版社

10.《社会主义思想史》，【英】G·D·H·柯尔　著，商务印书馆

11.《经济学》，【美】保罗·萨缪尔森　著，商务印书馆

12.《经济学》，【美】斯蒂格利茨　著，中国人民大学出版社

13.《经济学原理》，【美】曼昆　著，商务印书馆

14.《经济发展理论》，【美】约瑟夫·阿洛伊斯·熊彼特　著，中国社会科学出版社

15.《经济分析史》，【英】熊彼特　著，商务印书馆

16.《自由选择》，【美】米尔顿·弗里德曼，罗丝·D·弗里德曼　著，机械工业出版社

17.《资本主义与自由》，【美】米尔顿·弗里德曼　著，商务印书馆

18.《改造传统农业》，【美】西奥多·W·舒尔茨　著，商务印书馆

19.《货币简史》，【美】约翰·肯尼斯·加尔布雷斯　著，上海财经大学出版社

20.《1929 大崩盘》，【美】约翰·肯尼斯·加尔布雷斯　著，上海财经大学出版社

21.《美国 90 年代的经济政策》，【美】杰弗里·法兰克尔　著，中信出版社

22.《通往奴役之路》，【英】弗里德里希·奥古斯特·哈耶克　著，中国社科出版社

23.《人口原理》，【英】马尔萨斯　著，商务印书馆

24.《功利主义》，【英】约翰·穆勒　著，上海人民出版社

25.《论政治经济学的若干未定问题》，【英】约翰·穆勒，商务印书馆

26.《政治经济学与赋税原理》，【英】大卫·李嘉图　著，译林出版社

27.《纯粹经济学要义》，【法】瓦尔拉斯　著，商务印书馆

28.《利息理论》，【美】欧文·费雪　著，商务印书馆

29.《制度契约与自由——政治经济学家的视角》，【美】詹姆斯·M·布坎南　著，中国社会科学出版社

30.《公共物品的需求与供给》，【美】詹姆斯·M·布坎南　著，上海人民出版社

31.《企业的性质》，【美】奥利弗·E·威廉姆森西德尼·G·温特　编，(科斯著)，商务印书馆

32.《经济学原理》，【英】马歇尔　著，中国社会科学出版社

33.《国民经济学原理》，【奥】门格尔　著，上海人民出版社

34.《致命的自负》，【英】弗里德里希·奥古斯特·哈耶克　著，中国社会科学出版社

35.《美国货币史》，【美】米尔顿·弗里德曼　著，北京大学出版社

36.《增长的极限》，【美】罗马俱乐部，机械工业出版社

37.《贫困与饥荒》，【印】阿马蒂亚·森，商务印书馆

38.《论财富的分配》，【英】乔治·拉姆赛　著，商务印书馆

39.《最能促进人类幸福的财富分配原理的研究》，【英】威廉·汤普逊　著，商务印书馆

40.《短缺经济学》，【匈牙利】科尔内　著，经济科学出版社

41.《中国货币史》，彭信威　著，上海人民出版社

42.《利率史》，【美】悉尼·霍默，理查德·西勒　著，中信出版社

43.《利息与价格》，【瑞典】魏克赛尔 K　著，商务印书馆

44.《宏观经济决策导向》，【美】查尔斯·L·舒尔茨　著，上海远东出版社

45.《经济增长理论》，【英】阿瑟·刘易斯　著，商务印书馆

46.《投入产出经济学》，【美】沃西里·里昂惕夫　著，商务印书馆

47.《社会主义经济的若干理论问题》，孙冶方　著，人民出版社

48.《社会主义经济问题研究》，薛暮桥　著，人民出版社

49.《非均衡的中国经济》，厉以宁著，中国大百科全书出版社

50.《从古典经济学派到马克思：若干主要学说发展论略》，陈岱孙　著，商务印书馆

51.《邓小平文选》(第三卷)，人民出版社

52.《十四大以来重要文献选编》，人民出版社